新时代乡村产业振兴干部读物系列

农产品加工流通业

农业农村部乡村产业发展司　组编

中国农业出版社

农村读物出版社

北　京

本书编委会

主　　编　孙君社
副 主 编　王民敬　张志民　裴海生
编写人员（按姓氏笔画排序）
　　　　　王民敬　孙君社　张志民　裴海生　薛文通

序

民族要复兴，乡村必振兴。产业振兴是乡村振兴的重中之重。当前，全面推进乡村振兴和农业农村现代化，其根本是汇聚更多资源要素，拓展农业多种功能，提升乡村多元价值，壮大县域乡村富民产业。国务院印发《关于促进乡村产业振兴的指导意见》，农业农村部印发《全国乡村产业发展规划（2020—2021年)》，需要进一步统一思想认识、推进措施落实。只有聚集更多力量、更多资源、更多主体支持乡村产业振兴，只有乡村产业主体队伍、参与队伍、支持队伍等壮大了，行动起来了，乡村产业振兴才有基础、才有希望。

乡村产业根植于县域，以农业农村资源为依托，以农民为主体，以农村一二三产业融合发展为路径，地域特色鲜明、创新创业活跃、业态类型丰富、利益联结紧密，是提升农业、繁荣农村、富裕农民的产业。当前，一批彰显地域特色、体现乡村气息、承载乡村价值、适应现代需要的乡村产业，正在广阔天地中不断成长、蓄势待发。

近年来，全国农村一二三产业融合水平稳步提升，农产品加工业持续发展，乡村特色产业加快发展，乡村休闲旅游业蓬勃发展，农村创业创新持续推进。促进乡村产业振兴，基层干部和广大经营者迫切需要相关知识启发思维、开阔视野、提升水平，"新时代乡村产业振兴干部读物系列""乡村产业振兴八大案例"便应运而生。丛书由农业农村部乡村产业发展司组织全国相关专家学者编写,以乡村产业振兴各级相关部门领导干部为主要读者对象,从乡村产业振兴总论、现代种养业、农产品加工流通业、乡土特色产业、乡村休闲旅游业、乡村服务业等方面介绍了基本知识和理论、以往好的经验做法,同时收集了脱贫典型案例、种养典型案例、融合典型案例、品牌典型案例、园区典型案例、休闲农业典型案例、农村电商典型案例、抱团发展典型案例等,为今后工作提供了新思路、新方法、新案例,是一套集理论性、知识性和指导性于一体的经典之作。

丛书针对目前乡村产业振兴面临的时代需求、发展需求和社会需求,层层递进、逐步升华、全面覆盖,为读者提供了贴近社会发展、实用直观的知识体系。丛书紧扣中央三农工作部署,组织编写专家和编辑人员深入生产一线调研考察,力求切实解决实际问题,为读者答疑解惑,并从传统农业向规模化、特色化、品牌化方向转变展开编写,更全面、精准地满足当今乡村产业发展的新需求。

发展壮大乡村富民产业,是一项功在当代、利在千秋、使命光荣的历史任务。我们要认真学习贯彻习近平总书记关于三农工作重要论述,贯彻落实党中央、国务院的决策部署,锐意进取,攻坚克难,培育壮大乡村产业,为全面推进乡村振兴和加快农业农村现代化奠定坚实基础。

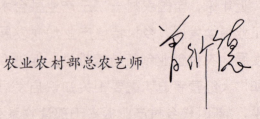

农业农村部总农艺师

前　言

党的十九大报告指出，我国社会主要矛盾已经转化为人民日益增长的美好生活需要和不平衡不充分的发展之间的矛盾。随着大健康产业快速发展，我国消费者已从"吃饱"向"吃好"转变。为消费者提供安全优质的产品，是农产品加工流通业承担的历史使命。

农产品加工流通业是新时代我国抓好"粮头食尾"和"农头工尾"、实施乡村产业振兴的关键。作为农产品加工流通领域的研究人员，我们持续关注中国农产品加工流通产业的发展，希望并致力于将农产品加工流通产业发展的现状特征、好经验好做法、发展趋势等介绍给农产品加工流通行业一线的读者朋友们。作为"新时代乡村产业振兴干部必读系列"之一，本书将让读者更加清楚地了解当前我国农产品加工流通产业的发展状况，进而为产业全面提升提供一定的启示与借鉴。

本书针对农产品加工流通业发展中出现的新变化、新问题、新模式，系统梳理了农产品从采后处理、储藏、加工到流通等环节影响产业发展的关键点，界定了内涵外延，提炼了典型模式，挖掘了鲜活案例，构建了农产品"从田头到餐桌"全产业链的大物流平台，以期展示新时代我国农产品加工流通业转型升级的生动实践。

本书的适用人群主要是"三农"干部和农产品加工流通从

业者，同时可供农产品加工流通及其相关专业的高校师生、科研工作者、决策人员和管理人员等参考阅读。

《农产品加工流通业》一书由农业农村部规划设计研究院孙君社研究员主编，共分8章，由农业农村部规划设计研究院孙君社、王民敬、张志民、裴海生以及中国农业大学食品科学与营养工程学院薛文通教授等编写，王民敬负责汇总与校对，孙君社负责统稿。本书在编写过程中得到了农产品加工流通行业众多前辈的大力支持，在此表示衷心的感谢。

各章节的分工依次为：第一章由孙君社和王民敬等编写，第二章由张志民等编写，第三章由王民敬等编写，第四章由裴海生等编写，第五章由张志民等编写，第六章由薛文通等编写，第七章由裴海生等编写，第八章由孙君社和王民敬等编写。

本书力求系统全面地阐述新时代农产品加工流通业的特征内涵、典型模式以及典型案例，为乡村产业振兴事业奋斗的干部提供决策参考。本书在写作过程中参考了许多优秀学者的研究资料，吸收了农产品加工流通企业的鲜活案例，编写人员付出了大量的心血，几易其稿，但书中观点及内容难免有不妥或疏漏之处，恳请各位读者批评指正。

王颜齐

2020 年 3 月

目　录

第一章

总　　论

我国农产品加工流通业有了长足发展，已成为农业现代化的支撑力量和国民经济的重要产业，对促进农业提质增效、农民就业增收和农村一二三产业融合发展，对提高人民群众生活质量和健康水平、保持经济平稳较快增长发挥了十分重要的作用。

第一节　发展特征及要求

一、农产品加工流通业发展特征

深入推进农产品加工业提升行动，统筹推进农产品产地初加工、精深加工和副产物循环利用。农产品产地初加工稳步推进，截至2019 年，全国近 10 万个种养大户、3 万个农民合作社、2 000 个家庭农场、4 000 家龙头企业，共建设了 15.6 万座初加工设施，新增初加工能力 1 000 万吨，果蔬等农产品产后损失率从 15％降至 6％。农产品精深加工快速发展，加工产能向主产区和优势区布局，重心向大中城市郊区、加工园区、产业集聚区和物流节点下沉，推动加工企业由小到大、加工层次由粗（初）向精（深）发展，加快改变"农村卖原料、城市搞加工"的格局。2018 年，规模以上农产品加工企业 7.9 万家、营业收入 14.9 万亿元。副产物综合利用水平不断提升，引导加工企业生产开发安全优质、营养健康、绿色生态的各类食品及加工品，促进资源循环高值梯次利用。同时，统筹农产品产地、集散地、销地批发市场建设，加强农产品物流骨干网络和冷链物流体系建设。

二、农产品加工业提升行动

为深入贯彻党的十九大精神，实施乡村振兴战略，根据《中共中央国务院关于实施乡村振兴战略的意见》和《国务院办公厅关于进一步促进农产品加工业发展的意见》（国办发〔2016〕93 号）要求，进一步推动我国农产品加工业转型升级，促进农业农村经济高质量发展，为乡村振兴提供新动能，农业农村部决定启动实施农产品加工业提升行动。

（一）重要意义

农产品加工业联结工农、沟通城乡、亦工亦农，是为耕者谋利、为食者造福的重要民生产业。

经过多年的努力，我国农产品加工业取得了长足发展，但产业大而不强、发展不平衡不充分的问题仍很突出，在满足城乡居民美好生活需求方面还有较大差距。主要表现为：加工业与种养业规模不匹配、加工产业结构不合理、内生增长动力不足、创新能力不强、发展质量和效益不高，特别是企业规模偏小、管理水平较低、产业链条短、技术装备水平不高、高质量产品供给不足、优质绿色品牌加工品缺乏等。

目前，我国已由高速增长阶段转向高质量发展阶段，正处在转变发展方式、优化经济结构、转换增长动力的攻关期。大力实施农产品加工业提升行动，对于促进加工业转型升级、实现高质量发展、深化农业供给侧结构性改革、加快培育农业农村发展新动能、促进农民持续稳定增收、提高人民生活质量和健康水平、促进经济社会持续健康发展具有十分重要的意义。

（二）总体要求

实施农产品加工业提升行动，要以习近平新时代中国特色社会主义思想为指导，深入贯彻新发展理念，落实高质量发展的要求，围绕实施乡村振兴战略，充分发挥农产品加工业在深化供给侧结构性改革、增强农业供给侧对需求侧的适应性灵活性中的重要作用，以市场需求为导向，以农产品加工业提质增效为核心，优化结构布局，强化科技支撑，提升质量品牌，促进融合发展，发挥优势、突出特色，推进质量变革、效率变革、动力变革，不断提升农产品加工业的质量效益和竞争力。

实施农产品加工业提升行动，要坚持以下基本原则：

1. 提质增效发展　把高质量发展作为根本要求，引导产业由数量增长向质量提升转变。弘扬企业家精神和工匠精神，降成本、补短板、强弱项，增品种、提品质、创品牌，提升企业效益和竞争力，推动农产品加工业的品质革命。

2. 创新驱动发展　把创新作为产业发展的第一动能和第一竞争力，引导产业由要素驱动向创新驱动转变。建立以企业为主体、市场为导向、"产学研推用"深度融合的技术创新体系，提升产业科技创新能力和企业技术装备水平。

3. 绿色引领发展　把绿色发展作为指导产业可持续发展的主攻方向，引导产业由资源消耗型向环境友好型转变。建立低碳、低耗、循环、高效的绿色加工体系，实现增效、增绿、增收，经济效益、社会效益、生态效益有机统一。

4. 产业融合发展　把融合发展作为根本路径，引导产业从分散布局向集群发展转变，延长企业产业链、提升价值链、完善利益链，推动农产品加工业与农村其他产业的深度融合。

（三）主要目标

到 2020 年，农产品加工业转型升级取得明显进展，支撑农业农村现代化和带动农民增收作用更加突出，满足城乡居民消费升级需求和美好生活需要的能力进一步增强。

1. 产业规模持续扩大　农产品加工转化率达到 68％，规模以上农产品加工业主营业务收入年均增长 6％以上，农产品加工业与农业总产值比达到 2.4∶1。

2. 结构布局不断优化　农产品加工业结构布局进一步优化，产业集中度和企业聚集度明显提高，规模以上企业显著增加，初加工、精深加工、综合利用加工和主食加工协调发展。

3. 创新能力显著增强　关键环节核心技术和装备研发取得较大突破，国家农产品加工科技协同创新体系基本建立，从业人员整体素质进一步提升。

4. 质量品牌明显提升　打造出一批具有广泛影响力和持久生命力的国内知名农业加工品牌，生产出更多营养安全、美味健康、方便实惠的食品和质优、价廉、物美、实用的农产品加工产品，高附加值产品供给比重显著增加。

（四）重点任务

1. 协调发展促提升　统筹推进初加工、精深加工、综合利用加工和主食加工协调发展。大力支持新型经营主体发展农产品保鲜、储藏、烘干、分级、包装等初加工设施，鼓励建设粮食烘储中心、果蔬加工中心，减少产后损失，提升商品化水平；引导建设一批农产品精深加工示范基地，推动企业技术装备改造升级，开发多元产品，延长产业链，提升价值链；推介一批农产品和加工副产物综合利用典型，推动副产物循环利用、全值利用和梯次利用，提升副产物附加值；认定一批主食加工示范企业，推介一批中央厨房发展新模式，开发多元化产品，提升主食品牌化水平。

2. 园区集聚促提升　引导"三区"（粮食生产功能区、重要农产品生产保护区、特色农产品优势区）大力建设规模种养基地，发展产后加工；引导加工产能向"三园"（现代农业产业园、科技园、创业园）聚集发展，鼓励企业向前端延伸带动农户、合作社、家庭农场等新型农业经营主体建设原料基地，向后端延伸建设物流营销和服务网络。引导主产区农产品就地就近加工转化增值，引导大中城市郊区发展主食加工、方便食品及农产品精深加工产业，打造产业发展集群。鼓励企业兼并重组，培育一批年产值超过 30 亿元的大型农产品加工企业，创建一批产值超过 50 亿元的国家农产品加工园区和产值超过100 亿元的国际农产品加工园区。支持贫困地区、革命老区、民族地区和边疆地区因地制宜发展农产品加工业，实现就地、就近脱贫。

3. 科技创新促提升　加强国家农产品加工技术研发体系建设，

突出企业的创新主体地位，新增一批国家农产品加工技术研发专业分中心，建设一批农产品加工技术集成基地。加快构建现代农业产业技术体系农产品加工协同创新机制，推动国家重点研发计划向农产品加工领域倾斜，支持国家食药同源产业科技创新联盟建设，攻克一批产业关键共性技术难题，取得一批行业急需的科技创新成果。加快科技成果转化应用，打造线上、线下相结合的科技成果转化平台，组织全国性、综合性的"政产学研银"合作对接活动，指导举办区域性、专业性的合作对接活动，推广一批成熟适用技术装备。

4. 品牌创建促提升　强化"产出来、加出来、管出来、树出来、讲出来"的品牌创建思路，引导企业牢固树立以质量和诚信为核心的品牌观念，支持企业积极参与先进质量管理、食品安全控制等体系认证，提升全程质量控制能力，弘扬精益求精、追求卓越的"工匠"精神。完善标准体系，加强行业标准制修订和宣贯，大力推行标准化生产，鼓励引导企业主动制定和使用先进标准。组织开展全国农产品加工业品牌创建宣传周等系列活动，通过多主体参与、多形式推进、多方位宣传的方式，组织开展培训交流，宣传展示自主品牌，增强公众消费信心，推动农产品加工业增品种、提品质、创品牌。

5. 绿色发展促提升　大力发展绿色加工，鼓励节约、集约、循环利用各类资源，引导建立低碳、低耗、循环、高效的绿色加工体系，形成"资源-加工-产品-资源"的循环发展模式，推介一批绿色加工先行区典型模式。鼓励在适宜地区建设和使用太阳能干燥、热泵干燥等高效节能环保的技术装备。提高已建农产品产地初加工设施的使用效率，积极推广相关技术，促进农产品冷藏库、烘干房等初加工设施的一库多用、一房多用、周年使用。支持农产品加工园区的循环化改造，推进清洁生产和节能减排，引导企业建立绿色工厂，加快应用节水、节能等高效节能环保技术装备。促进农产品和加工副产物综合利用企业与农民合作社等新型经营主体有机结合，推动副产物综合利用原料标准化，实现加工副产物的有效供给。针对重点地区、品种和环节，开发新能源、新材料、新产品，变废为宝，化害为利。

6. 融合发展促提升　结合农村一二三产业融合发展试点，支持农户、合作社、企业等经营主体建设、完善、提升初加工、主食加工、综合利用加工、休闲农业和乡村旅游等设施设备。鼓励农产品加工企业通过股份制、股份合作制、合作制等方式，与上下游各类市场主体组建产业联盟，让农户分享二三产业增值收益。引导鼓励利用大数据、物联网、云计算、移动互联网等新一代信息技术，培育发展网络化、智能化、精细化的现代加工新模式，引导农产品加工业与休闲、旅游、文化、教育、科普、养生养老等产业深度融合，积极发展电子商务、农商直供、加工体验、中央厨房、个性定制等新产业新业态新模式，推动产业发展向"产品＋服务"转变。

第二节　新时代新业态新模式

一、新时代的需求

党的十九大报告指出，我国社会主要矛盾已经转化为人民日益增长的美好生活需要和不平衡不充分的发展之间的矛盾。消费者由吃饱向吃好、吃对转变需求强烈。《"健康中国 2030"规划纲要》提出，全民健康是建设健康中国的根本目的；《食品安全法》于 2015 年颁布，并于 2018 年再次修订，突出了食品安全的重要地位。面向新时代，农产品加工流通业迎来新的发展机遇和挑战。"安全、健康"是时代主题，构建基于传统食疗学与现代营养学相统一的"辩证、精准、平衡"的辩证营养学方法及健康食品工程与营养体质评价体系，引领产业可持续发展。

二、新业态的标志

近年来，我国农村新产业新业态蓬勃发展，家庭农场、农民合作社、农业企业等各类新型经营主体不断涌现，农产品精深加工、休闲农业、乡村旅游、农村电商等新兴产业快速增长；许多工商企业到农村投资兴业，大批农民、退役军人、大学生等"城归"群体返乡下乡创业创新，为农业增效、农民增收、农村繁荣发展注入了前所未有的新动能。引导农产品加工业与休闲、旅游、文化、教育、科普、养生养老等产业深度融合，积极发展电子商务、农商直供、加工体验、中央厨房等新业态。2015 年 12 月 30 日，国务院办公厅印发《关于推进农村一二三产业融合发展的指导意见》，为农产品加工与流通业融合发展提供指导。按照"集聚发展、融合互动"要求，充分发挥新型城镇化辐射带动作用，引导加工产能向农产品主产区、优势区和物流节点集聚，促进加工企业向园区集中，打造专用原料、加工转化、现代物流、便捷营销融合发展的产业集群。

三、新模式的特征

以计算机、网络、通信为代表的现代信息技术革命催生了数字经济。目前，数字经济正广泛应用于现代经济活动中，提高了经济效率，促进了经济结构加速转变，正在成为全球经济复苏的重要驱动力。对于我国来说，数字经济既是经济转型增长的新变量，也是经济提质增效的新蓝海。习近平总书记在向 2019 中国国际数字经济博览会致贺信中指出，中国高度重视发展数字经济，在"创新、协调、绿色、开放、共享"的新发展理念指引下，中国正积极推进数字产业化、产业数字化，引导数字经济和实体经济深度融合，推动经济高质量发展。数字经济也在引领农业现代化，数字农业、智慧农业等农业发展新模式就是数字经济在农业领域的实现与应用。按照《国务院关于积极推进"互联网＋"行动的指导意见》（国发〔2015〕40 号）的部署要求，切实发挥互联网在农业生产要素配置中的优化和集成作用，推动互联网创新成果与农业生产、经营、管理、服务和农村经济社会各领域深度融合。2016 年，农业部、国家发展和改革委员会等八部委办共同研究制订了《"互联网＋"现代农业三年行动实施方案》。农产品加工流通业的健康发展，迫切需要新模式的引领，将农产品加工流通业纳入"互联网＋"现代农业行动，利用大数据、物联网、云计算、移动互联网等新一代信息技术，培育发展网络化、智能化、精细化的现代加工流通新模式。

第三节　加工流通基本原则及产业构建

一、加工基本属性

以可持续发展、循环经济、产业生态学（工业生态学）、清洁生产等理论为依据，以"低碳、生态、可持续发展"为理念，构建农产品加工原料价值属性、低碳加工属性、产业生态属性、产品市场属性。

（一）原料价值属性

1. 内涵　包括现代农业种植规律的原料的内在化学、物理学、生物学、生理学、结构学、风味表观物性学，以及外在原产地、有机、安全、环境等现代农产品价值。在保障国家粮食安全和食品安全的前提下，随着认知水平和技术发展水平的不断提高，利用现代高新技术，延长产业链条，发掘农产品综合利用价值，提高原料的综合附加值。

2. 系统构建　在农产品种植标准体系、种植管理体系和质量安全体系的基础上，确保农产品的质量安全。在保障国家粮食安全和食品安全的要求下进行农产品加工，实现农产品增值。原料价值系统构建须综合考虑功效成分、可获得性、可加工性、市场认可度等因素，见图1-1。

（二）低碳加工属性

1. 内涵　涉及收储、初加工、深加工、包装储藏等环节，倡导物理、生物法等的低碳技术。低碳加工倡导以"低能耗、低污染、低排放、高碳汇"为基础的加工模式。低能耗：利用新技术改进、变革生产工艺，减少煤、石油、天然气等传统能源利用，增加太阳能、风能、水能等新型能源利用，从而实现废气消减、废水循环、废渣资源化利用。低污染：减少"废水、废气、废渣"对环境的污染。低排放：废水循环利用，加工副产物高值化利用。高碳汇：通过实施"资源-产品-废弃物-再生资源"的反馈式流程，形成新的碳封闭循环模式。

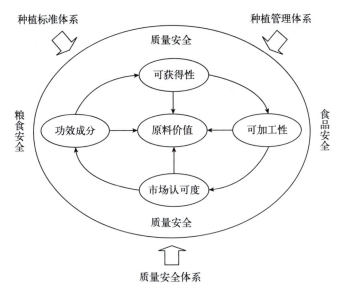

图 1-1　原料价值系统构建示意图

2. 系统构建　通过调查研究，针对不同农产品现有加工技术、工艺、装备等收集和汇总，按照"先进性、适用性、成熟度"和"减量化、资源化、无害化"的原则，通过专家咨询方式对低碳加工技术进行初步筛选形成现代农产品低碳加工技术集成模式，再通过产学研结合等方式进行中试试验为产业化规模生产创造条件，从而在生产实践中调整、完善低碳加工技术筛选的方式和方法。低碳加工系统构建见图 1-2。

市场、技术和政策支持方面的动力因素对中国低碳技术创新有着较强的驱动作用，但面临着技术风险、市场失灵、路径依赖和锁定效应以及国际低碳技术转让障碍等一系列障碍，必须正视各种障碍，加速推进中国低碳技术的创新。

(三) 产业生态属性

1. 内涵　以产业内部生态农业为基础的全产业链清洁生产以及产业外部优良的产业环境等要素融合。

2. 系统构建　产品价值的实现要经过技术创新、产业创新和市

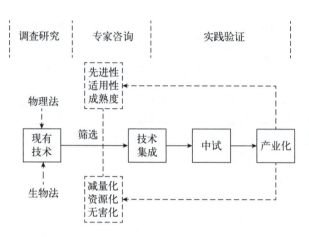

图1-2 低碳加工系统构建示意图

场创新3个过程,三者相互促进、螺旋上升。因此,将产业生态系统划分为技术创新系统、产业创新系统和市场创新系统3个子系统,构成了产业生态系统的核心层。同时,产业生态系统通过要素供给、组织管理、基础条件、产业环境和资本运作,达到产业结构优化、要素效率提升、健康消费市场引领的目标,从而实现产业健康、可持续发展。产业生态系统构建见图1-3。

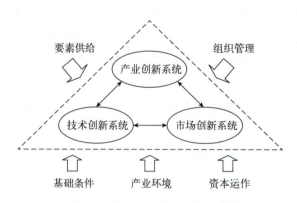

图1-3 产业生态系统构建示意图

(四) 产品市场属性

1. 内涵 响应国家及产业发展长远需求,具有主流市场需求导向的健康产品。

2. 模式构建 在综合考察"原料价值""低碳加工""产业生态"的基础上，吸引资本等资源融合，开发面向"健康、养生"需求的产品。企业主动让消费者成为产品的设计者和开发者，以更高质量和优质服务满足消费者现有需求，实现产业转型升级。企业培养产业的预见能力，引领消费者的潜在需求或未来需求，确定产业创新方向。产品市场系统构建见图 1-4。

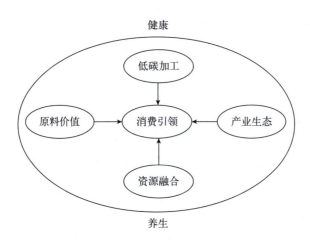

图 1-4 产品市场系统构建示意图

在现代农产品加工 4 个系统（原料价值、低碳加工、产业生态、产品市场）的基础上构建现代农产品加工模式。原料价值系统是基础，低碳加工系统是支撑，产品市场系统是导向，产业生态系统是目标。原料价值系统开发，要发挥产品市场系统的引领作用，综合考虑技术、制度、环境、文化等影响因素，面向大健康产业，以市场为导向，以消费升级引领产业升级，以高新技术应用和机制设计遵循"低碳加工、产业生态"为理念，对各环节评价实现过程监控，达到"低消耗、低排放、高产出"目标，实现"减量化、资源化和无害化"要求，为农产品加工产业转型升级提供重要借鉴。现代农产品加工模式构建见图 1-5。

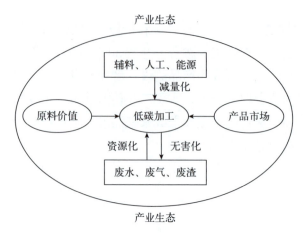

图 1-5 现代农产品加工模式构建示意图

二、产业升级要素与模式

现代农产品加工流通业由要素驱动向创新驱动转变，以产业创新为主体，以大健康市场需求为导向，实现产业升级是破解农产品加工流通业突出矛盾的关键。

集成创新是农产品加工流通业升级的核心要素，是实现农产品加工基本属性的重要保证。其内涵包括：

（一）科技创新

科技创新是科学创新和技术创新的融合体。科学创新是技术创新的基础，技术创新是科学创新在生产中的实际应用。科技创新是产业升级的核心和前提，是产业创新的基础，是产业关键点创新。

科技创新从产业发展全局出发，摸清产业发展突出问题和迫切需求，以开发"低碳、生态"技术和"健康、养生"市场为导向，分类确定研究课题，针对科学研究课题，从科学理论的解析到创新关键技术系统性地开展农产品技术开发和工程实现；针对已有科技成果，系统筛选、完善形成农产品加工企业所需关键技术。通过关键技术在农产品加工企业生产中的应用和耦合，实现产业转化；通过科技成果转化，提出对科技创新的改进措施。通过动态、持续的优化过程，科技创新系统高效运转，实现产业利润最大化。科技创新系统构建见图1-6。

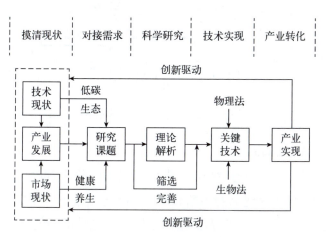

图1-6　科技创新系统构建示意图

（二）产业创新

产业创新是某一产业或产业的某个环节的创新经过传导和波及效应影响到相关产业或环节，进而提升整个产业系统的创新水平。产业创新系统根植于一系列紧密相连的主要创新源，这些创新源通过动态的技术转移和反馈机制，带动其他相关的创新，从整体上提升产业层次、促进产业发展。产业创新是科技创新的应用，是产业链的系统创新。

农产品加工产业创新是从关键技术突破开始，涉及农产品产地初加工（包括采收、预处理、原料储藏）、精深加工、产品流通等环节，分阶段、分层次逐步实现。传统农产品加工业在高技术化的过程中，通过在关键环节植入高新技术，形成耦合效应，再经传导、扩散，并对相邻环节提出与之相适应的要求，从而形成新的关键技术创新点，实现产业链上下游的耦合创新，拉动一产标准化、规范化水平提升，推动三产服务水平提升，实现创新二产驱动、一二三产业融合的发展模式。产业创新，要注重"低碳、生态、可持续"目标的实现。产业创新系统构建见图1-7。

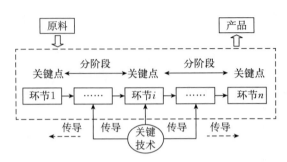

图 1-7　产业创新系统构建示意图

（三）市场创新

市场创新是以满足消费者需求为导向的市场开拓能力。随着经济社会的发展和消费理念的不断转变，消费理念由解决温饱向注重营养、安全、功能、文化等方面呈递进转变，这是市场创新的源头。在系统考察消费者需求的基础上，以大健康需求为导向，对接原料价值、低碳加工、产业生态要求，充分调动科技、文化、资本等资源，克服各种阻力，按照梯度开发（满足已有需求、引领未来需求）的原则，识别和确立消费者需求，传递和满足消费者需求，借助"互联网＋"等现代技术手段，开拓营销渠道，培育企业品牌（在新产品开发初期可对接已有的知名品牌），营造蓝海战略，实现市场的跃升。市场创新系统构建见图 1-8。

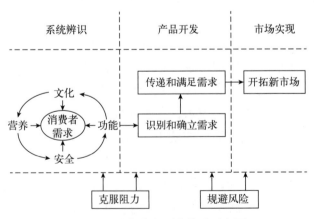

图 1-8　市场创新系统构建示意图

（四）管理创新

　　管理创新是为了提升企业生产效率而进行的有目的活动，主要包括引入现代管理理念、方法、手段和程序等。农产品加工企业多以中小型家族式粗放管理为主，管理创新要根据企业和行业发展的不同阶段，适时引入符合实际的管理模式，注重从管理产品生产到管理产业发展的转变。中小企业管理创新应从激励管理、标准化管理和信息化管理等角度开展。激励管理要注重创新精神、创新文化的培育，同时还要完善激励机制，保证员工创新的积极性；标准化管理可使管理的各项流程更加有序、透明、高效，便于组织内的成员信息获取和信息交流，从而提高组织运作的绩效；信息化管理是借助技术手段实现提高管理的效率和效益。随着生产规模扩大和外部环境改变，企业站在行业可持续发展视角制定企业发展战略并分步实施，逐步建立现代企业管理制度，规范治理结构，清晰产权归属，提高企业运转效率，为企业融资渠道的拓展、发展环境的优化提供管理保障。管理创新系统构建见图 1－9。

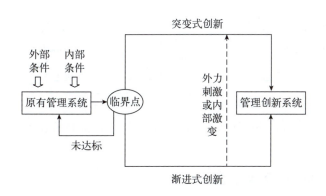

图 1－9　管理创新系统构建示意图

　　科技创新、市场创新、管理创新是产业创新的重要组成部分，三者之间的协同效应为产业创新提供源源不断的动力支持。产业创新从科技创新引动开始，挖掘原料价值，注重产业链协同发展；与市场创新对接，满足消费者需求；对管理创新提出需求，提升产业各要素效率，转化为企业利润或超额利润的价值转换机制和过程。随着产业创新的不断深入，农产品加工企业逐步建立现代企业管理制度，产业内部分工明确，指导产业创新，引领消费需求，进而对科技创新提出要求。这是动态螺旋上升的过程，需要传导一步一步实现，是各要素融合发展的结果，利用科学、可行的评价系统不断评价和修正完善。当产业创新达到一定发展阶段时，撬动资本主动进入（与产业资本对接），促进产业外部环境不断优化（一二三产业融合生态及政策），形成现代农产品加工产业升级模式，引导产业实现转型升级。现代农产品加工产业升级模式构建见图 1 - 10。

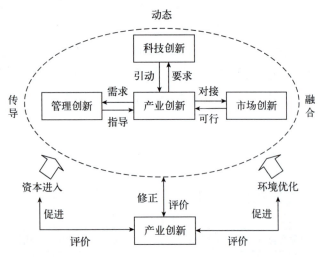

图 1 - 10   现代农产品加工产业升级模式构建示意图

三、加工流通平台

国民对农产品提出了更高的要求，不但要安全，同时更关注健康。要解决这一问题需要系统性顶层设计，以满足消费者需求为导向，构建农产品加工流通全产业链标准体系，联合企业、科研单位共同建设农产品流通平台（图 1 - 11），发挥我国在 5G、物联网、云计算、流通等基础设施领域的优势，以新业态、新科技为我国安全健康农产品流通作出贡献。

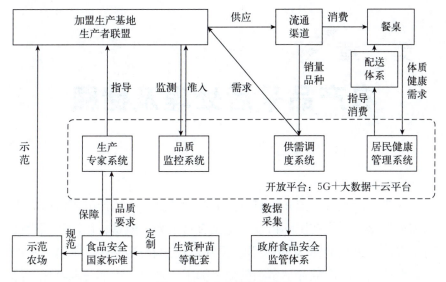

图 1-11 农产品流通平台

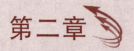

第二章
农产品采后处理及储藏

　　我国农产品种类繁多，有许多名特优产品。这些产品不仅国内市场需求旺盛，而且在国际市场上也具有竞争力。但是，由于我国目前对于农产品采后处理及储藏不够重视，我国农产品采后损失非常严重，大约1/3的产品在消费前就损失掉了。同时，大部分名特优产品都是以原始状态上市，产品价格低廉，效益较差，从而造成了人力、物力和财力的极大浪费。农产品采后处理及储藏后增值潜力巨大，世界发达国家都将农产品的采后处理及储藏放在产业发展的首要位置，将新鲜水果和蔬菜的采后损失控制在2%～5%，粮食的损耗控制在1%以下。采后产值与采收时自然产值的比例：日本为2.2∶1，美国为3.7∶1，而我国只有0.38∶1。这说明农产品采后处理及储藏工作的开展在我国有广阔的应用前景和巨大的潜力。

第一节　农产品采后处理及储藏内涵

一、农产品采后处理及储藏概念

　　鲜活农产品采后仍进行各种生理代谢活动。采用合理的采后处理方法及储藏技术，可以最大限度地保持其品质，延长储藏期及流通特性。农产品采后处理及储藏主要包括对薯类、食用豆类、粮食类、蔬菜类、水果类、花卉及观赏植物类、林产类、药用植物类等农产品进行技术处理。农产品采后处理主要是指对农产品不涉及农产品内在成分改变的加工以提供初级市场的服务活动，是为保持和改进产品质量并使其从农产品转化为商品所采取的一系列措施的总称。其过程包括整理、挑选、药剂处理、预冷、分级、包装等环节。农产品采后储藏主要是指使用冷藏、气调储藏、减压储藏、冰温储藏、辐照、防虫、防霉和臭氧保鲜等技术，抑制鲜活农产品的生命活动及减少损耗，保持其品质，延长产品周期的生产经营活动。

改革开放以来，我国经济获得高速发展，人民生活水平大幅提升，消费者的消费需求发生深刻变化，消费升级趋势显著。消费需求从"温饱型"向"品质型"跃升，"品质消费"成为消费新需求，人们也更加注重消费体验和精神愉悦。在经济进入新常态、新消费渐成主流、消费拉动经济作用明显增强的整体环境下，品质消费成为消费者在生活形态和服务模式中新的消费选择方向。人民更加注重农产品的品质保持及新服务提供。它昭示时代经济发展，演绎市场运行伦理规范，秉承消费观念变迁。

二、农产品采后处理及储藏意义

（一）有利于保持优良品质乃至在某些方面改善品质，提高商品性

农产品加工与储藏工程是农业的延伸，是农业和农村经济发展的重要组成部分，也是农业增效、农民增收、农村经济发展的重要手段，因此是解决"三农"（农业、农村、农民）问题的重要途径。随着我国经济的进一步发展、人口的不断增长以及城市化进程的加快，人民对优质农产品的需求不断扩大，对其质量有了更高的要求。但是，农产品采收后由于组织的生理失调或衰老、机械损伤、病原微生物侵染危害（寄生菌与腐生菌居多）等原因，我国农产品品质总体不高，商品性差，经济效益低下。农产品的采后处理及储藏是现代农业产业发展的重要环节。通过采后处理及储藏，将易腐畜禽、果蔬、粮食等通过预冷、加工、储存和冷藏运输，有效地保持了食品的外观、色泽、营养成分和风味物质，保质保鲜，延长了食品保存期，显著提高了农产品的商品性，并延长了农产品的流通特性。目前，发达国家水果产后商品化处理的比例接近100％，而我国还不到总产量的1％。

发达国家果品的储藏量占果品总产量的 45%~70%，而我国果品储藏量仅占总产量的 33%。农产品采后处理及储藏可以促进农业生产由数量效益型向质量效益型转变，促进产业结构的调整和优化，是传统农业向现代农业跨域发展的重要手段，可更好地实现农业的经济效益。

（二）有利于减少产后损失，保障我国农产品供应安全

我国农产品生产受季节性、区域性限制较大，由于农产品的采后处理及储藏加工技术落后，导致产后损失严重，品质、品相下降，质量安全隐患增大。我国农产品产后损失达 20%~30%（粮食、马铃薯、水果和蔬菜产后损失率分别达到 7%~11%、15%~20%、15%~20%和 20%~25%），每年有 8 000 万吨以上的农产品腐烂，预计经济损失高达 3 000 亿元以上。尤其是蔬菜和果品等鲜活农产品，含水量大，营养丰富，易腐烂变质。农产品的采后处理及储藏可以使果蔬产后损失率分别从 15%~20%、20%~25%降低到 4%和 6%以下，显著减少产后损失，巩固我国农产品增产成果，加快推进现代农业发展，促进农业增效、农民增收。

（三）可延长产品上市周期，方便人民生活，并增加生产者和经营者的经济效益

我国传统农业的大部分农产品是采后直接进入市场。这种形式的生产，短时间大量上市，加重了市场销售的压力，造成我国农产品价格低廉。这种农业发展模式严重制约着农民增收，农民收益得不到有效保障。农产品采后处理及储藏产业的发展可以延缓农产品采后生理活动，延长农产品保存周期，并通过错峰反季节销售显著提高农产品经济价值；还可以带动区域农业种植结构进一步优化，加大农业标准化推广力度，提高农产品质量，促使农民规模种植粮食、蔬菜、瓜类、水果等优质农产品，保证农民获得比较稳定的收益，对壮大区域主导产业、推动区域经济高质量发展具有重要意义。

（四）有利于产品品牌的塑造，获得最大的经济效益

农产品采后处理及储藏可以保持和改进农产品品质，并使其从农产品加工转化为商品。对于初级农产品而言，其大小不一、形状各

异、着色不均、成熟度差异显著，必然造成农产品优质不优价。农产品按照大小、重量、色泽、形状、成熟度等分成若干等级，使农产品商品化、标准化，包装分大包装和小包装，若干小包装集成一个大包装，可进一步提高产品的商品性。随着人们消费水平和审美情趣的提高，经过净化、分类/级、包装等，优质农产品的市场价值更高，更有利于产品品牌的塑造，有利于完善农产品的市场功能、提升市场档次和配送能力，有利于提高中高档农产品的经济效益。

三、农产品采后处理及储藏创新

（一）产业模式创新

1. 农产品采后处理连接冷链流通，向农产品运输体系扩展，形成了农业经营的现代化　随着现代农业的发展、居民消费和农产品出口的需求变化，我国农产品采后处理及储藏的目的是保证农产品质量，为人们提供质量优良的鲜活农产品。大部分生鲜农产品到达消费者手中需要经过冷链流通体系，我国原来产后农产品经营主要在常温下流通，冷链流通各个环节缺乏系统化、规范化和连贯性，特别是极度容易变质的农产品在低温产品处理、运输、销售等环节经常出现"断链现象"。目前，我国优质农产品产区的农产品产后加工储藏已经开始向上下游产业延伸，向上打造自己的标准化种植基地以保证产品质量，向下通过建立自己的冷链流通体系以对接销地批发市场，实现农产品"从田头到餐桌"的全产业链。不仅保障了农产品的质量安全和健康，而且提高了企业的综合竞争能力和抗风险能力。

农产品产地初加工储存设备、设施的出现，更需要现代化的农业生产体系。一家一户分散生产，农民往往连自身的生活都难以维持，产地初加工储存更难有立足之地。只有通过联合建立生产合作组织，农民成为合格的经营主体，发展集约化生产，才能实现农业经营的现代化。

2. 农产品追溯与农产品采后处理及储藏的相互融合　随着互联网、物联网等新技术的广泛应用，以及行业间的相互渗透，农产品追溯体系与农产品采后处理及储藏体系已经密不可分。进入 21 世纪以来，农产品质量安全问题日趋严重。面对严峻的农产品质量安全形势，发达国家纷纷要求进口的农产品必须具有可追溯性。我国各地农业主产区陆续开展了可追溯系统的试点工作。追溯是指通过登记的识别码，对农产品或行为的历史、使用以及位置予以追踪的能力。农产品质量追溯系统涉及农产品"从田头到餐桌"的全过程，包含整个智慧农业的全流程跟踪管理，关联农户、合作社、生产企业、农资供应商、产品销售商、政府和消费者，贯穿了农产品生产基地管理、种植养殖过程管理、采摘收割、加工、储存、运输、上市销售、政府监管等各个环节。采后处理及储藏是可追溯系统的关键环节，是保障农产品安全的重要部分。可以显著提高生产企业诚信意识和生产管理水平，提升我国农产品的国际竞争力。

（二）技术创新

1. 农产品的规格化、标准化　农产品产地初加工的技术特点：一是加工的季节性，收成的不确定性；二是原料品质变化快，鲜度保持难度大；三是成熟期、品种、气候、病虫害的影响，原料的品质均一性差；四是场地条件、环境污染等带来卫生处理要求高；五是加工程度低，附加值低，需要提高效率、低成本操作。农产品产地初加工及储藏要实现农产品的规格化、标准化。

所谓规格，指由政府或权威组织对农产品的用途、档次、特性进行的分类规定；标准是对各规格产品控制品质的尺度。例如，小麦应该根据加工用途不同有不同的规格：软质（弱筋）小麦、中间质小麦、硬质（强筋）小麦；而各种小麦又可以分为不同等级。由于现代食品工业的发展，对农产品规格标准有了越来越严格的要求，其中安全卫生标准只是这些要求的一部分，更多的是其他质量标准。因此，农产品标准化初加工也是把农产品由"三无产品"转化为商品、转化为品牌商品的需要。经过这样的转变，农产品才能很好地与现代市场接轨，才能实现自己真正的价值，才能为农民增收。

尤其在农产品生产效益较低的情况下，我国的许多技术不能单纯靠引进，应根据国情自主创新研发。由于附加值低，因此对许多所谓"龙头企业"也缺乏吸引力。

2. 采用先进的技术装备体系 目前，我国已经构建了完整农产品产地加工储藏技术标准框架体系。主要集成了农产品产地加工工程（干燥、清选、分级、预冷等）和农产品储藏工程（储仓、冷库、保鲜库）等方面的技术，形成各类国际国内先进水平的农产品产地加工与安全储藏工程建设的技术方案、建设模式、建设标准与规程规范。在全国已经开展了农户玉米储粮仓集群示范、小型农民专业合作社玉米籽粒烘储示范、中型农民专业合作社玉米籽粒烘储示范、马铃薯农户混合储藏模式示范、商品薯专业合作社产地储藏模式示范、农户花生新型热风烘房模式示范、合作社大型花生烘干机模式示范、香蕉商品化处理集成技术示范等重要的集成技术应用示范工程，取得了显著成效。

第二节 农产品采后处理及储藏产业技术模式

一、预冷处理技术

预冷是将新鲜农产品在运输、储藏和加工以前迅速除去产品内热，将其品温降到适宜温度的过程。预冷可以减少产品的腐败/腐烂，最大限度地保持农产品的新鲜度和品质。例如，牛奶采后就需要及时进行冷却处理。由于刚挤出的牛奶营养丰富且温度十分适宜细菌等微生物繁殖，很容易因细菌繁殖而导致牛奶酸败变质。鲜奶挤出、过滤、净化后，尽量减少在室温环境中停留，要立即采用冷却技术降至 5 ℃以下（要求挤出 2 小时内降至 4 ℃），细菌活性受到抑制，才能较长时间地保存原料奶。牛奶冷却生产工艺流程为：挤奶→缓存罐→冷却（一级、二级冷却）→储奶罐→运输。主要技术要点如下：

（一）自动挤奶缓存

挤奶机挤出的鲜奶经集乳罐由奶泵泵入缓存罐，缓存罐内设液位感应器，感应到的数据传输到电控箱的中央处理器，经计算后发送给控制器，控制器输出信号来控制奶泵启停。

（二）冷却

奶泵把缓存罐的牛奶输送至管式换热器与冷媒进行换热。管式换热器分为两级冷却：第一级冷却经地下水把牛奶从 35 ℃冷却到20 ℃；第二级冷却用冷媒直接与牛奶进行热交换，从 20 ℃冷却到 4 ℃以下。

（三）储奶

牛奶温度通过系统管道上的温度传感器测量，经智能分析系统计算后发送给奶泵变频控制器，变频控制器调节奶泵转速控制牛奶流量，从此保证牛奶温度始终在降温要求范围以内，冷却后的牛奶直接输送至储奶罐。

（四）运输

为防止牛奶在运输途中温度升高，应及时送到工厂加工处理。特别是在夏季，运输应安排在夜间或早晨，使用专用低温奶槽车。运输容器应保持清洁，封闭良好，防止震荡。

二、果蔬商品化处理技术

果蔬是人们日常膳食中不可缺少的重要农产品，含有大量的维生素、无机盐、植物蛋白质、碳水化合物、纤维素等营养物质。新鲜果蔬的原料品种、产地、上市期、食用部位和食用方法不同，故商品化处理的工艺方法各异。

（一）6种常见果蔬商品化处理工艺路线

1. 根茎类果蔬加工方法 一般初加工步骤是：去除原料表面杂质→清洗→刮剥去表皮、污斑→洗涤→浸泡→沥水→包装。

2. 叶菜类果蔬加工方法 一般初加工步骤是：摘剔→浸泡→洗涤→沥水→理顺→浸泡、洗涤（用冷水洗涤、用盐水洗涤、用高锰酸钾溶液洗涤）→沥水→包装。

3. 花菜类蔬菜初加工方法 一般初加工步骤是：去蒂及花柄（茎）→清洗→沥水→浸泡→沥水→包装。

4. 瓜类果蔬加工方法 一般初加工步骤是：去除原料表面杂质→清洗→去表皮、污斑→洗涤→去籽瓤→清洗→沥水→包装。

5. 茄果类蔬菜加工方法 一般初加工步骤是：去除原料表面杂质→清洗→去蒂及表皮或籽瓤→洗涤→沥水→包装。

6. 豆类蔬菜初加工方法 荷兰、扁豆等荚果均食用的豆类：掐去蒂和顶尖→去筋→清洗→沥水→包装。

食种子的豌豆类：剥去外壳→取出籽粒→清洗→沥水→包装。

（二）商品化处理工艺技术

1. 整理与挑选 这是采后处理的第一步。其目的是剔除有机械损伤、病虫危害、外观畸形、老叶黄叶等不符合商品要求的产品，以便改进产品的外观、改善商品形象，且便于包装、储运，有利于销售和食用。

2. 清洗 农产品在上市销售前需进行清洗、涂蜡。它可以改善商品外观，提高商品价值；减少表面的病原微生物；减少水分蒸腾作用，保持产品的新鲜度；抑制呼吸代谢，延缓衰老。目前常用的主要是以超声波和气泡作为蔬菜清洗动力的新型气泡果蔬清洗机。当溃灭的气泡靠近过流的固体边界时，水流中不断溃灭的气泡产生强高压的反复作用，可破坏固体表面，从而产生气蚀现象。气泡加速运动，远壁向内凹进，靠近近壁，近壁被穿透形成速度很高的微射流。这种微射流指向蔬菜表面，其破坏和冲蚀能力很强，靠近固体壁面处的微射流冲击压力可达 70～180 兆帕，这么高的动压力可以完全清洗掉农产品表面的污染物而且可以缩短清洗时间。当水中气泡不断产生、增长、破灭时，则气泡溃灭的冲击压力连续不断地作用到蔬菜表面，有效地清除蔬菜表面的污染物。

常用清洗液种类有：50～100 毫升/升漂白粉；1％～2％碳酸氢钠；1.5％碳酸钠；1.5％肥皂水＋1％磷酸三钠；2％～3％氯化钙。

3. 涂蜡 常用于果品初加工处理，即人为地在农产品表面涂一层蜡质，以便增加产品光泽、改进外观、防止水分蒸发，有利于延长储藏寿命。

果蜡成分：天然蜡、合成或天然的高聚物、乳化剂、水和有机溶剂。

涂蜡方法：人工或机械喷雾。

4. 分级 产品收获后，按市场的分级标准进行大小或品质分级。

分级标准：参见国家标准和地方标准。

分级方法：我国一般是在形状、新鲜度、颜色、品质、病虫害等方面已经符合要求的基础上，按大小或重量分级。

5. 抛光　抛光是加工的关键工序之一。抛光可去除农产品表面的粉尘，而且能使农产品表面呈现一定的亮光，外观效果好，商品价值提高。

目前流行的是湿式抛光，也就是在抛光的过程中加入适量的水，以提高农产品的光洁度和抛光均匀度。

6. 包装　农产品包装是推进标准化、商品化，保证安全运输和储藏的重要措施。合理的包装可使农产品在运输中保持良好的状态，减少机械伤、病害蔓延和水分蒸发，避免腐烂变质，提高商品率和卫生质量。

包装容器应具有保护性、通透性和防潮性，清洁、无污染，方便储运，而且美观、低成本。

三、储藏加工技术

农产品储藏加工是一门涉及多学科的综合性应用科学。储藏加工的生产技术、设备使用则涉及化学、物理、微生物、数学、机械等各个应用学科。我国农产品储藏加工历史悠久，进入 21 世纪后，其生产规模和技术水平更是有了很大的提高，在开发、利用、发展名特优产品加工方面作出了显著的成绩。目前，国内主要农产品储藏有常规储藏、冷窖储藏、冷库储藏和气调储藏等方式。

（一）常规储藏

在常温常湿条件下，利用自然温度变化和简易的场所，对农产品（主要为粮油）采取适时通风和密闭进行保管的储藏方式。主要技术要点如下：

1. 自然通风　指利用空气自然对流，让外界干燥的低温冷空气与粮堆内湿热空气进行交换，以达到降低温度和水分的目的。一般情况下，当大气湿度小于 70%、外温低于粮温 5 ℃时，通风对降温、降水都有利。

2. 常规密闭　指通过关闭仓房门窗或用异物压盖粮面等一般性的密闭措施，使粮堆内空气相对静止，并与外界隔绝。包括低温密闭和高温密闭 2 种。

储粮质量要求：储粮水分应在安全标准内，没有害虫，杂质少，各部位水分、温度基本一致。

（二）冷窖储藏

主要为棚窖、井窖、窑洞 3 种农户常用的储藏方式。

1. 棚窖　一般为地下式和半地下式。窖深 1～1.3 米，长方形，地上堆土 0.6 米，窖上方架竹竿或硬秸秆、堆土。有的入口处设帘门，像一个地下室。大小尺寸无规定，大的有几十到几百平方米。

2. 井窖　井窖储藏是一种投资少、温湿度较稳定和易于控制的简易储藏方法，而且储藏时间较长，是我国北方较常见的一种农户自建储藏农产品的方式。可储藏大白菜、萝卜、马铃薯、苹果、梨等。井窖由井筒和储藏洞组成。井筒深度依地下水位高低而不同，北方一般 5～7 米，南方一般 2～3 米，以不出水为准。修建井窖时，先挖一个直径 1 米以内的圆井口，越往下挖井筒直径逐渐扩大，至底部时，再向侧旁挖高 2 米、宽约 2 米的储藏洞。储藏洞的长度随储藏能力而定，整个井窖呈喇叭形。井窖挖好后，还需要用砖石将储藏洞侧壁砌好，顶部也用砖石砌成拱桥状，井口最好也用砖石修砌。修砌好的井口应高出地面 40～50 厘米，以防止雨水流入窖内。

3. 窑洞　窑洞是我国西北地区常用的古老的果蔬储藏方式之一。由于其储藏成本较低，现在仍然是我国西北地区尤其是西北果品产区的首要选择。土窑洞的形式构造很多，当前推广使用的主要有大平窑和母子窑 2 种。大平窑主要由窑门、窑身和排气筒组成。

（三）冷库储藏

冷库储藏，即利用制冷机组和保温隔热性能良好的库房，保持恒定的低温进行储藏。可分为高温冷库储藏和低温冷库储藏 2 种。

主要特点：有良好隔热性能的库房建筑，包括库门、库顶、风机、月台等设施；有一套制冷机组，根据制冷剂不同可分为氨气、氟利昂、四氟乙烷、二氯三氟乙烷、溴化锂、乙二醇等类型；可人为设定恒定的温度；高造价、高耗能；保鲜效果好，通风性能强，周年利用率高。

1. 高温冷库 恒温冷藏库，也称高温库，主要用于储藏新鲜的蛋品、水果、蔬菜、花卉、中药材等商品。储藏品种不同，要求的室温也不一样。一般室温为 0～4 ℃。冷却设备采用空气冷却器，安装在库房一端的中央，采用多喷口的风道均匀送风。由于果蔬在储藏中仍有呼吸作用，所以库内除保持合适的温湿度条件外，还应引进适当新空气（室外新风）。如果储藏冷却肉，则其储藏期不能超过 14～20 天。

2. 低温冷库 速冻冷藏库，也称低温库，用于储藏已冻结好的食品。其库温为 −35～−18 ℃。一般肉类的冷冻储藏温度为 −25～−18 ℃，水产品储藏温度为 −30～−20 ℃。冰激凌制品储藏温度为 −30～−23 ℃。某些特殊水产品要求更低的储藏温度，达 −40 ℃以下。国外有采用更低储藏温度的趋势，如金枪鱼冷藏间温度达 −50 ℃。

（四）气调储藏

气调储藏是通过改变储藏环境中的气体成分来减缓农产品采后生理活动的一种储藏方法。一般指在特定气体环境中的冷法，气调储藏为目前国际上最有效、最先进的果蔬储藏保鲜方法。这种储藏方法的主要优点：一是能保持农产品的稳定性，抑制其成熟过程；二是大大降低农产品，特别是果蔬的低温伤害，减少生理损伤和微生物损害，从而降低损失；三是可以延长储藏时间，尤其能很好地保持果蔬的生理结构，保持果蔬原有的色香味，减少干耗，提高产品质量；四是改变果蔬的经营周期，可提高经济效益。

目前，通常采用降低氧气浓度和提高二氧化碳浓度的方法来抑制所储农产品的呼吸强度等生理活动，减少农产品体内物质消耗，从而达到延缓农产品衰老、延长储藏期，使其更持久地保持新鲜和可食状态。可分为自发气调和人工气调 2 种模式。

1. 自发气调 利用农产品自身的呼吸作用降低储藏环境中的氧气浓度，通过生物降氧从而达到提高二氧化碳浓度的气调储藏方法。包括自然缺氧、微生物降氧等储藏方式。

2. 人工气调　根据产品需要人为设定并自动调节储藏环境气体成分且保持稳定的储藏方法。包括充氮储藏、液氮储藏、分子筛富氮、制氮机储藏、排气净化、充二氧化碳、二氧化碳发生器、抽气真空等储藏方式。

四、保鲜防腐处理

微生物的感染和繁殖，是农产品腐烂变质、丧失营养成分及色香味的重要原因。在储藏过程中，应采用一定的措施来抑制微生物活动。主要采用化学合成物质和天然物质作为食品保鲜剂及防腐剂。实践证明，采用保鲜剂、防腐剂是对农产品进行短期储藏最经济、最有效和最简捷的办法之一。

目前，国内常用的保鲜防腐剂有以下几类：

1. 植物激素类　如 2，4-D、吲哚乙酸、萘乙酸、青鲜素、丁酰肼、矮壮素、苄基腺嘌呤、激动素、赤霉素等。

2. 化学防腐剂类　如仲丁胺制剂、美帕曲星、保果灵、山梨酸、托布津、多菌灵、噻菌灵等。

3. 乙烯脱除剂　如活性炭、氧化铝、硅藻土、活性白土、高锰酸钾等。

4. 气体调节剂　如脱氧剂、二氧化碳发生剂、二氧化碳脱除剂等。

五、产后减损技术

我国粮食产后储藏、运输、加工前等环节的损失浪费总量每年达 350 亿千克以上，远超餐饮环节的"舌尖上的浪费"。因仓储缺乏技术和相关设施，产后损失十分惊人。我国每季粮食收储后，由于防霉措施及技术缺乏指导，损失比例都在 8% 左右；每年因虫、鼠、霉造成粮食损失达 200 亿千克以上，是粮食产后损失的主要因素。来自国家粮食和物资储备局的数据显示，全国粮食企业有近 900 亿千克仓容属于危仓老库，防鼠、防霉、防虫条件较差。正常粮仓一年损耗标准为 0.2%，而这些老库损失高达 0.4%～1%。

（一）防鼠

1. 药物灭鼠　粮仓有粮食供老鼠取食，却没有水，老鼠口渴。因此，配制毒水灭鼠效果非常好。毒水配制：选用溴敌隆母液，浓度为 50 毫克/千克。为增加老鼠的口感（适口性），可以加 5％的食糖作为诱饵，效果更佳。为了提高戒备水平，可以往毒水里加少量颜料，供人们警戒明示。

2. 物理捕获　将鼠笼等设施放置于墙边进行捕获。

3. 隔绝保护　应检查门窗、墙洞、管洞等通往外界的通道，发现问题及时采用相应材料进行封堵。门口可设立 60 厘米高的可抽插的金属制或铁皮镶嵌的挡鼠板，杜绝外界鼠类入侵。

（二）防霉

1. 提高粮食质量，增强抗霉能力　切实保证粮食干燥、纯净、完整、无虫和无病，增强粮食的抗霉能力。

2. 改善储粮环境，防止霉菌扩大污染　保持粮仓、器材、仓库环境的清洁卫生。不同质量的粮食分开储存，从而防止微生物的传播感染。

3. 控制生态条件，抑菌防霉

（1）控制湿度和水分——干燥防霉。粮仓内的相对湿度保持在65％～70％，使粮食保持在与此温度相平衡的安全水分界限之内。谷类粮食水分在 13％～15％，豆类水分在 12％～14％，油料类水分在8％～10％。

（2）控制温度——低温防霉。可以利用自然低温，在适当时机进行粮食冷冻或冷风降温，而后隔热密闭保存。或者人工制冷，再进行低温冷冻储藏。一般所说"低温储藏"的温湿度界限为温度在 10～15 ℃，与之平衡的相对湿度为 70％～75％，基本上可以做到防霉。

（3）控制粮堆气体成分——缺氧防霉。实践证明，通过生物脱氧或机械脱氧，使粮堆氧气浓度控制在 2％以下，或二氧化碳浓度增加到 40％～50％，对粮食微生物特别是多种储藏真菌有抑制作用。

（4）化学药剂处理——化学防霉。截至目前，许多用于粮食上的杀菌剂和抑菌剂都不是很理想。但一些杀虫熏蒸剂，却有较强的杀菌力。例如，现在多用的磷化氢，就有很好的防霉效果。由于化学药剂对粮食品质和使用安全有一定的副作用，一般不宜多采用。

（三）防虫

虽然国内外商品化的储粮防虫化学药剂种类很多，但目前防治工作主要向绿色、环保、高效等方向发展。我国科研工作者开发出了多种新型防治药剂和防治方式。目前，储粮害虫的防治主要有非化学防治和新型化学药剂防治 2 种方法。

1. 非化学防治　非化学防治包括物理防治、生物防治和气调储藏。

（1）物理防治。由低温防治、惰性粉防治、诱捕器防治和辐照防治组成。低温防治技术是一项技术比较成熟、在国内外应用比较广泛的防治方法；惰性粉作为物理防治中的一种极具潜力、无毒、高效，能很好地保护谷物免受虫、霉危害，且易与粮食分离，是未来被看好的新型储粮保护剂；国内部分直属库广泛使用瓦楞纸捕器、探管状捕器和陷阱状捕器等效果较好；辐照防治在我国还处于起步阶段，用于储粮害虫方面还比较少，而美国、加拿大等国的技术应用较为成熟。

（2）生物防治。主要由昆虫性激素、储藏物病原微生物、捕食和寄生性天敌、储藏产品抗虫、植物性药剂和生长调节剂等方面组成。现阶段一定程度上替代了化学药剂，由于其不会像化学防治那样立即见效、使用不方便及成本相对较高等问题，因此产业化难度较大。

（3）气调储藏，也可以抑制虫、霉危害。早在 20 世纪 80 年代，气调储藏技术就已用于谷物的处理方面。利用微生物和害虫本身的呼吸作用消耗环境中的氧气，从而达到抑制害虫的目的；也有利用氮气进行气调储藏，大大降低了该技术的应用成本。

2. 新型化学药剂防治　化学防治是目前储粮害虫防治的主要手段。新型熏蒸剂的研发与应用使用方便、效果较好，主要有丙烯醛、灭虫丁、氧硫化碳。在谷物保护剂方面，目前国内外研究应用最多的药剂主要有甲基毒死蜱、杀螟硫磷、防虫磷等。

第三节　收储运体系

现代农业体系已经把农产品采后商品化处理、运输和储藏融为一体。优良的农产品主产区除了拥有一定数量的合作社及经纪人外，产地还配备了采后处理、分级和包装的机械，配备了冷藏运输车、冷藏库和气调库，从而完整地将包装车间与冷藏库和气调库连接起来，保证了产品质量，形成了完整的对外供应产品的体制机制。

优良的农产品收储运体系各个节点实现了有效衔接。其主要节点情况：上游有养殖或者种植基地、冷藏库、初加工基地等；中游有冷藏库、产地批发市场和销地批发市场、配送中心等；下游有农贸市场、超市、零售摊贩、餐饮企业等。这些构成了完整的农产品收储运体系。

农产品收储运体系见图 2-1。

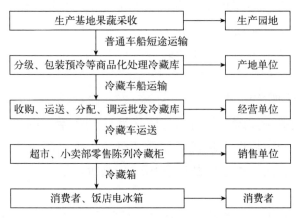

图 2-1　农产品收储运体系

收储运体系的关键控制点对产品运输环境提出了新的要求：

（1）振动可造成机械伤，促进乙烯合成，加快成熟。

（2）产品温度上升，可加速代谢和水分消耗，促进成熟。

（3）运输中湿度过低，导致产品萎蔫。

（4）二氧化碳、氧气成分的改变，可影响正常代谢。

（5）包装可起到保护和保鲜作用。

第四节 案例分析

案例1：辽宁丰特施生物科技有限公司

（一）企业概况

该公司是辽宁省新型农业产业典范，主要以绿色蔬菜的种、产、销为一体的全产业链运营。目前，黄瓜单品已实现全国10多个大中城市销售。合作签约棚户达3000户，能覆盖20万左右的终端消费者。公司建有标准的蔬菜采收流程、严格的农残检测机制和完善的仓储流通中心。

（二）基地建设

该公司在特定的时期，每天单一黄瓜的销售量达20万千克。公司以"公司＋基地＋农户"的模式运营，同时建有种苗厂和化肥厂。公司提供种苗及肥料，同时免费提供种植技术。在基地建立了农业种植培训学校，在体系内实现标准化种植。公司建立分拣冷藏中心，用于农产品的分级、质检、包装、冷藏及流通，实现农产品供应链"最初一公里"，提高了农产品商业化处理，带动了当地棚户规模化种植，实现了效益最大化。

（三）市场策略

公司贯彻"五个统一"（统一供应生产资料、统一技术培训、统一标准化生产、统一供应种苗、统一协议收购）的标准，积极为体系内农户提供产前、产中、产后全方位的保障服务。具体做法是：除统一供应生产资料、统一供应种苗和统一协议收购外，还统一技术培训，请专家、技术人员就大棚日常管理、蔬菜种植进行技术指导，提高农户种植技术水平，让农户掌握一整套生产技术规程；统一标准化生产，积极引导农户改变传统施肥用药习惯，逐步实现施肥前先测土，因土施肥和合理用药的转变，确保建立良好的生产环境。公司开展自己的线上销售平台——"戴姥爷",同时也注册了"戴姥爷"商标,线上线下相结合。通过淘宝、微店、微博、微信公众号等互联网平台进行产品的推广与销售,提高不同消费人群的市场营销针对性,提高市场占有率。

(四)追溯系统

公司和棚户签订合作协议,并且一棚一编码。编码具有唯一性,即为大棚编号。同时,公司设立专门的服务部门,为与公司合作的所有大棚建立单独的完整的信息档案表。从大棚的具体位置、棚户姓名、种植作物、作物品种、施肥时间、施肥明细到采摘情况和药检情况等,所有信息都可以通过二维码展示在消费者面前。

对蔬菜生长周期的追溯:一是蔬菜生长周期中土壤、水质的检测报告;二是蔬菜生长过程中的图片、视频等资料;三是肥料和农药的使用明细;四是蔬菜装箱前抽样检测的内容及结果等。

第三章

果 蔬 加 工

果蔬既是人们日常生活中不可缺少的食物，也是食品工业的重要原料。果蔬是人类健康不可缺少的营养之源，它为人体健康提供多种营养素，尤其是维生素、矿物质、膳食纤维的主要食源。当前，我国果蔬加工总体水平得到了明显提高，已初步形成了产加销一体化、高标准化、精细化等产业模式，开发了营养保持、方便适口、多样化等创新产品。但与发达国家相比，我国果蔬加工在资源消耗率、技术装备水平、生产效率、加工附加值等方面仍需进一步提升。

第一节　果蔬加工内涵

一、果蔬加工概念

果蔬加工是指以新鲜果蔬为原料，根据其不同的理化特性，采用适宜的加工方法，制成各种制品的过程。果蔬加工特性包括风味、色素、质地、营养 4 类物质的变化，其中，风味物质的变化主要指糖、有机酸、单宁、芳香物质的变化；色素物质的变化主要指叶绿素、类胡萝卜素、类黄酮色素和花青素的变化；质地物质的变化主要指水分、果胶物质、纤维素和半纤维素的变化；营养物质的变化总趋势是向着减少与劣变的方向发展。

二、果蔬加工意义

（一）满足人民生活需要

果蔬加工可以把果蔬原料加工为营养丰富、口味好、花色品种多的产品，满足人民群众日益增长的物质和消费需求，更好地服务大众生活，为社会提供更多、更好的营养美食。

（二）提高果蔬产品附加值

我国果蔬总产量虽位居世界首位，但储藏、保鲜及加工能力较低，不足总产量的 10%，90% 以上都是鲜销。一般果蔬产品的鲜销价格明显低于经过储藏处理或加工的产品。果蔬鲜销、储藏与加工的产出比约为 1∶10。采用适当的果蔬加工方法可以显著提高产品附加值，实现果蔬良好的经济效益。

（三）促进果蔬加工持续健康发展

我国果蔬市场结构发生了根本改变，为了打破消费时节和消费方式的限制，应拉长消费链条、优化消费环节，实现产品消费的多样化，以解决果蔬的供需矛盾。果蔬加工是调节市场余缺、缓解产销矛盾、繁荣市场的重要措施，能够促进果蔬产业的持续健康发展。

三、果蔬加工创新

（一）产业模式创新

1. 加速果蔬产加销一体化　既重视鲜食品种的改良和发展，又重视加工专用品种的引进与推广，保证果蔬鲜食和加工品种合理布局；培育果蔬加工骨干企业，加速果蔬产加销一体化进程，形成果蔬生产专业化、加工规模化、管理现代化、服务社会化和科工贸一体化。

2. 推动果蔬加工高标准化　对标国际标准，在"原料-加工-流通"等全产业链建立全程质量控制体系，用信息、生物等高新技术改造提升果蔬加工技术和装备水平，突破果蔬精深加工和综合利用，加快我国果蔬加工实现由数量效益向质量效益转变，促进果蔬加工的高质量发展。

3. 推进果蔬加工精细化　遵从果蔬原料的内在化学、物理学、生物学、生理学、结构学、风味表观物性学，全面挖掘果蔬原料价值，利用现代技术手段，开发果蔬全植株利用产业模式，促进果蔬加工的精细化水平。

（二）产品创新

1. 果蔬加工产品向营养保持方向发展 开发既保持果蔬原有色泽、营养和风味，又便于储存和运输的果蔬产品。例如，果蔬干制技术生产的果蔬干、果蔬粉，主要出口国外市场，具有较强的竞争力。

2. 果蔬加工产品向方便适口方向发展 开发方便适口的果蔬产品，口感酥脆、风味各异、有益健康、老少皆宜，丰富产品体验。例如，采用真空技术生产的果蔬脆片，既保存了新鲜果蔬纯天然的色泽、营养和风味，又具有低脂肪、低热量和高纤维素的特点；其含油率明显低于传统油炸食品，无油腻感。

3. 果蔬加工产品向多样化方向发展 随着生活水平的提高、生活需求的多样化以及国内外市场需求的变化，人们对果蔬加工提出多元化要求，要求不断创新现有生产工艺，研制新的生产线，形成适合国内不同消费层次和口味以及不同消费市场的多元产品生产体系。北方人喜欢口味浓烈的食品，而口味清淡的食品在南方备受欢迎；日本、韩国、新加坡等国家的人民多喜食腌制、速冻蔬菜，而欧洲的人们青睐甜中带酸的果品。满足国内外多元化的消费需求，是果蔬加工业发展的方向。

第二节　果蔬加工技术模式

一、果蔬速冻

果蔬速冻，是将经过预处理后的果蔬原料采用现代冻结技术，在尽可能短的时间内将其温度降到冻结点以下的预期低温（－18 ℃），使果蔬当中的绝大部分水分（80％以上）变成细小的均匀冰晶，利用低温效应来抑制微生物活动和酶的活性，使果蔬能长期保存的一种加工方法。该方法具有营养价值高、品质均一等优点，但需要冷链。蔬菜速冻工艺流程为：原料选择→前处理→蔬菜烫漂→冷却→沥干→布料→速冻→包装→冻藏；水果速冻工艺流程为：原料选择→前处理→水果浸糖（兼有预冷却作用）→沥干→布料→速冻→包装→冻藏。

主要技术要点如下：

（一）浸糖

1. 目的

（1）隔氧免遭氧化损失。

（2）防干耗（脱水）。

（3）糖溶液冻结的膨胀率小于水，保护细胞防止破坏果肉组织。

2. 方法 30%～50%糖溶液＋0.1%～0.5%维生素C＋0.5%柠檬酸（护色）。

（二）预冷却

1. 目的

（1）快速降温，防止营养、色、香、味的损失。

（2）降低初温，提高生产效率，缩短冷冻时间。

2. 方法

（1）水冷蔬菜（冷水冲凉）将物料温度降至10℃以下。

（2）风冷水果（风吹冷却）。

果蔬速冻装备（生产线）主要包括隧道式速冻机、单螺旋速冻机、双螺旋速冻机、流化速冻机、液氮式速冻机等。

二、果蔬干制

干制又称干燥或脱水，即采取一定手段蒸发果蔬中水分的工艺过程。制品是果干和脱水菜，具有良好的保藏性，能较好地保持果蔬的原有风味。果蔬含有大量的水分，富有营养，是微生物良好的培养基。果蔬的腐败多数是微生物侵染繁殖的结果。微生物在生长和繁殖过程中离不开水和营养物质。只要果蔬受伤、衰老等，微生物就乘虚而入，从而造成果蔬腐烂。经过干燥，提高了渗透压或降低了果蔬的活度，有效地抑制微生物活动和果蔬本身酶的活性，产品得以保存。其工艺流程为：原料选择与处理→清洗→去皮→切分→热烫→干制→回软压块→包装→储藏。

主要技术要点如下：

（一）原料选择

1. 苹果 要求果实充分成熟且不发绵；以果皮薄、单宁含量少、干物质含量高的品种为宜，如国光、红玉、金冠、胜利、红星等为干制的好品种。

2. 李　要求大小中等，果形圆整，外皮薄，核小且离核，肉厚致密，纤维少，含糖量在 10% 以上，充分成熟，以树上能自行落下为最好。适宜干制的品种有贵州青脆李、辽宁鸡心李等。

3. 枣　要求果形长度在 10 厘米左右，含糖量在 10% 以上。适宜干制的品种有湖北荆州花、江苏大乌嘴、江苏小乌嘴、陕西大荔黄花等。

4. 辣椒　要求果实细长，肉肥厚，颜色深红，辛辣味强，成熟一致。常用于干制的以辛辣型品种为优，如西农 20 号线辣椒、成都大金条、成都二金条等。

5. 食用菌　要求肉厚，菌伞边缘向内卷，菌盖完整新鲜。适宜干制的品种有香菇、黑木耳、银耳、白蘑菇等。

（二）分级、清洗

原料按成熟度、大小、品质及新鲜度进行选别分级，并剔除病虫害、腐烂变质果和不适宜干制的部分。采用手工或机械进行清洗，以除去原料表面附着的污物，确保产品清洁卫生。

（三）去皮、去核、切分

干制前去皮，以提高制品的品质，有利于水分蒸发，促进干燥。一般采用手工、机械、热力和化学等方法。果品类去皮后再去核。核果类（桃、杏、李等）结合去核，可对半切分；仁果类（苹果、梨等）一般切分成圆片或瓣状；蔬菜（萝卜、胡萝卜、马铃薯等）可切成圆片、细条或方块，瓜类、白菜、甘蓝宜切成细条状，生姜宜切成片状。

（四）热烫

原料经热烫后，酶的活性钝化，组织内空气被驱除，减少了氧化变色，增加了制品透明度；同时，经热烫细胞壁可透性增强，有利于脱水干燥和干制品吸水复原。将切片或不切分的原料投入沸水中或常压蒸汽中处理数分钟，处理后迅速冷却。

（五）浸碱处理

葡萄、李等果实的表皮附着有蜡粉，影响干燥脱水。干制前，需进行浸碱处理，并易于吸收二氧化碳，有消毒灭菌作用。常用碱有氢氧化钠、碳酸钠或碳酸氢钠。葡萄一般用 1.5%～4.0% 的氢氧化钠溶液处理 1～5 秒，李用 0.25%～1.5% 的氢氧化钠溶液处理 5～30 秒，以果面蜡质溶去并出现微小裂纹为宜。处理时，碱液应保持沸腾状态，浸后立即用清水漂洗。必要时，待冲洗后再用稀酸溶液中和。

（六）硫处理

熏蒸，在密闭空间燃烧硫黄粉，用量为原料重量的 0.1%～0.2%，熏蒸约 0.5 小时。浸硫：将原料装入缸、盆等容器中，加入浓度为原料和水总重量 0.1%～0.2% 的亚硫酸（盐）液，淹没原料，浸渍数小时即可。

果蔬干制包括自然干制和人工干制。自然干制是在自然条件下利用太阳辐射能、热风等使果蔬干燥的方法。人工干制是人工控制干燥条件的干燥方法，可大大缩短干燥时间，获得较高质量的产品，且不受季节限制。与自然干制相比，人工干制所需设备及安装费用较高，操作技术比较复杂，因此成本也较高。人工干制包括烘房干燥、隧道式干燥、输送带式干燥、真空干燥、喷雾干燥、冷冻干燥、微波干燥、太阳能干燥、远红外干燥等。

三、果蔬糖制与腌制

（一）果蔬糖制

果蔬糖制是以食糖防腐保藏作用为基础的一种加工方法。糖制品要做到较长时间的保藏，必须使制品的含糖量达到一定的浓度。高浓度的糖液会形成较高的渗透压，微生物在高渗环境下会发生生理干燥直至质壁分离；高浓度的糖液使水分活度大大降低，可被微生物利用的水分大为减少；糖制使氧在糖液中的溶解度降低，也使微生物的活动受阻。以果脯蜜饯为例，果蔬糖制的加工工艺为：原料选择→去皮→切分→硬化处理→漂洗→预煮→加糖（→上糖衣→糖衣蜜饯）→

煮制→烘干→蜜饯。

主要技术要点如下：

1. 预处理　选别分级→去皮、切分、切缝、刺孔→盐腌→保脆和硬化→硫处理→染色→漂洗和预煮。

（1）腌制。盐胚：用食盐、少量明矾或石灰腌制。盐胚只作为南方凉果制品的原料，盐胚腌制包括盐腌、曝晒、回软和复晒 4 个过程。

（2）保脆和硬化。为提高原料的耐煮性和疏脆性，在糖制前应对原料进行硬化处理。钙镁离子与原料中的果胶物质生成不溶性盐，0.1％的氯化钙与 0.2％～0.3％的亚硫酸氢钠混合液浸泡 30～60 分钟，起到护色兼保脆的双重作用。草莓、樱桃用含有 0.75％～1.0％二氧化硫的亚硫酸与 0.4％～0.6％的氢氧化钙混合液浸泡，可达到防腐烂兼硬化的目的。明矾具有触媒作用，能提高樱桃、草莓、青梅的染色效果。在糖制前，需漂洗去除残余的硬化剂。

（3）硫处理和染色。硫处理：可抑制氧化变色，获得色泽清淡而半透明的制品。浸入含 0.1％～0.2％二氧化硫的亚硫酸溶液中，数小时后脱硫。染色：我国规定只许用苋菜红、胭脂红、柠檬黄、靛蓝和苏丹黄 5 种合成色素。南方凉果类制品中，多数用柠檬黄染色，红色果品用胭脂红或苋菜红素染色，绿色可用柠檬黄和靛蓝按 6∶4 比例调配。

（4）漂洗和预煮。凡经上述处理的原料，糖制前均需漂洗或预煮，除去残留的二氧化硫、食盐、染色剂、石灰或明矾，以免对制品外观和风味产生不良影响。预煮还具有排氧、钝化酶、防止氧化变色和脱苦脱涩的作用。

2. 糖制

（1）蜜制（冷制）。适用于皮薄多汁、质地柔软的原料；不加热，色香味和营养价值高。包括分次加糖法、一次加糖多次浓缩法、减压蜜制法、蜜制干燥法 4 种。

（2）煮制（糖煮）。缩短加工期，色香味较差，维生素损失多。包括一次煮制法、多次煮制法、快速煮制法、减压煮制法、扩散煮制法 5 种。

3. 烘晒与上糖衣　除糖渍蜜饯外,在糖制后需行烘晒,烘烤温度不宜超过 65 ℃;烘烤后,应保持完整、饱满、不皱缩、不结晶,质地柔软,含水量为 18%～22%,含糖量为 60%～65%;糖衣蜜饯:干燥后用过饱和糖液浸泡一下,取出冷却,制品表面形成一层糖衣薄膜。

4. 整理和包装

(1) 包装。防潮和防霉,便于转运和储藏;干态和半干态蜜饯用塑料食品包装袋。带汁的糖渍蜜饯用罐头形式,密封后用 90 ℃进行巴氏杀菌 20～30 分钟,冷却。

(2) 储藏。12～15 ℃,避免低于 10 ℃引起蔗糖晶析。

(二)蔬菜腌制

蔬菜腌制是利用食盐以及其他添加物质渗入到蔬菜组织内,降低水分活度,提高结合水含量及渗透压,有选择地控制有益微生物的活动和发酵,并抑制腐败菌的生长,从而防止蔬菜败坏的保藏方法。其腌制品称为蔬菜腌制品,又称酱腌菜或腌菜。按是否发酵分为两大类:发酵性蔬菜腌制品和非发酵性蔬菜腌制品。其中,发酵性蔬菜腌制品包括泡菜和酸菜,非发酵性蔬菜腌制品包括咸菜类(涪陵榨菜、梅干菜等)、酱菜类(什锦酱菜、酱瓜等)、糖醋菜类(糖醋藠头、糖醋蒜等)。影响腌制的因素包括食盐浓度、原料的组织及化学成分、酸碱度(pH)、温度、糖含量、气体成分。以四川泡菜为例,其加工工艺为:原料→选别→修整→清洗→入坛泡制(泡菜盐水配制)→发酵成熟→商品包装→成品。

主要技术要点如下:

1. 原料的精选和清洗　泡菜以脆为贵,常用的蔬菜有萝卜、胡萝卜、卷心菜、球形白菜,混合搭配。此外,还用红辣椒作为配菜。原料要求鲜嫩适度,冲洗干净,沥干水分。

2. 切菜工序　萝卜、胡萝卜等切成条形,宽 5～10 毫米、长 5～8 厘米,卷心菜、白菜切成小块,红辣椒保持完整或切成段。

3. 泡头道菜(腌渍)　配制 2%～6% 的盐水,将洗净的蔬菜在其中浸渍一下。目的是利用食盐渗透压除去菜中的部分水分，杀死部分腐败菌，同时能保持正式泡制时的盐水浓度。

4. 泡制 将蔬菜放入盐水中进行泡制。盐水根据需要配制成浓度为 2%～10% 不等，同时加入 20%～30% 的老汤（老酸水）和适量的调味料。为增进泡菜的品质和风味，一般在盐水中加入 2.5% 白酒、2% 红糖，有些泡菜还加入酒酿。常用的香辛料有八角、花椒、白菌、排草等。香辛料放在纱布袋里，泡在盐水中。泡制在专用的泡菜坛子中进行。

四、果蔬罐藏

果蔬罐藏是将果蔬原料经预处理后密闭在罐式容器中，通过杀菌工艺杀灭大部分微生物，并维持其密闭和真空条件，进而在常温下得以长期保存的一种加工技术。果蔬罐藏借助于罐藏条件（排气、密封、杀菌）杀灭罐内引起败坏、产毒、致病的有害微生物，破坏原料组织的酶活性，应用真空使残存的微生物在无氧条件下无法生长活动，保持密闭状态使食品不再受外界微生物的污染，从而达到长期保存的目的。果蔬罐藏工艺流程为：原料选择→预处理→热烫→装罐（灌注液）→排气→密封→杀菌→冷却。

主要技术要点如下：

1. 原料选择 色鲜、味美，质地柔嫩、坚实，大小一致，耐高温处理，成熟度均匀，可溶性固形物含量高，可食部分比例大，去皮去核容易，且抗病性和耐储性较强，无机械损伤或病虫害。

2. 原料的预处理

（1）挑选、分级。挑选：剔除成熟度不够或过熟、变质、有病虫害、有严重机械损伤的不合格原料。

分级：按原料大小、色泽和成熟度等进行分级。分级有手工分级和机械分级 2 种，机械分级一般采用振动筛式分级和滚筒式分级。

（2）清洗。清洗的目的是除去果蔬原料表面附着的泥沙、污物、大量的微生物及残留农药等，以保证原料清洁卫生，从而保证果蔬制品的质量。洗涤的方法有人工洗涤和机械洗涤（水槽洗涤、滚筒式洗涤、喷淋式洗涤和压气式洗涤等）。

人工洗涤特点：简单易行，投资少，适用于任何种类的果蔬，但劳动强度大，非连续化作业，效率低。对一些易损伤的果品（如杨梅、草莓、樱桃等），此法较适宜。

机械洗涤特点：设备种类较多，适合于质地比较硬和表面不怕机械损伤的果品（如李、黄桃等）原料。

清洗用水应符合饮用水标准。农药残留较多的果蔬原料应采用化学药剂进行清洗。例如，水剂类用 40 ℃ 左右温水清洗；油剂类用 1.5％肥皂和 0.5％～1.5％的磷酸三钠混合溶液加温到 37～40 ℃进行清洗；含砷和铅的农药用 0.5％～1％稀盐酸溶液在常温下浸泡 5 分钟进行清洗，也可采用 600 毫克/千克的漂白粉、0.1％的高锰酸钾等。

（3）去皮、去核、去芯。凡是表皮粗厚、坚硬、具有不良风味或在加工中容易引起不良后果的果蔬都需去皮。方法有手工去皮、机械去皮、热力去皮、碱液去皮、酶法去皮和冷冻去皮等。

（4）切分、修整。为保持产品的良好外观形状，需要对切分后的原料块或不经切分的原料进行适当的修整。主要是修整形状不规则、不美观的地方，以及除掉未去净的皮、病变组织和黑色斑点等。

（5）烫漂。破坏酶的活性、稳定色泽、改善风味，软化组织，杀死部分附着于原料上的微生物，排除原料组织中的空气。用热水烫漂或蒸汽烫漂，热烫温度和时间应根据果蔬种类、块状大小和工艺要求等条件而定。一般在不低于 90 ℃的温度下热烫 2～5 分钟。

（6）硬化。为提高原料的耐煮性和脆性，需进行硬化处理。即将原料浸于石灰、氯化钙或亚硫酸氢钙等的水溶液中，使钙离子与原料中的果胶物质生成不溶性盐类，细胞间相互黏结在一起，提高其硬度和耐煮性。

（7）护色。果蔬原料去皮和切分后，放置于空气中，很快发生褐变。不仅影响制品外观，也破坏产品风味和营养价值。褐变是酶促褐变，其关键作用因子有酚类底物、酶和氧气。一般护色措施均从排除氧气和抑制酶活性两方面着手。

3. 装罐

（1）空罐准备。对空罐进行检查和清洗。金属罐：剔除罐身凹陷，罐口变形，焊锡不良，严重锈蚀等不合格品。玻璃罐：剔除罐身不正，罐口不圆或有沙粒和缺损，罐壁厚薄不均，有严重气泡、裂纹和沙石等不合格罐。合格的空罐用热水冲洗或 0.01% 的漂白粉溶液浸泡后用清水冲洗。回收的空罐，则先用 50 ℃ 左右、2%～3% 的氢氧化钠溶液浸泡 5～10 分钟后再进行洗涤。

（2）罐液配制。大多数果蔬罐头在加工中将果（菜）块装入罐内后都要向罐内加注汁液，这种汁液称为罐液。水果罐头的罐液为糖水，蔬菜罐头的罐液多为稀盐水或调味液。罐头加注罐液的作用：一是填充罐内果（菜）块间的空隙，以排除空气，保护营养成分；二是改善风味；三是加强热传递，提高杀菌效果。

（3）装罐方法。装罐的方法分为人工装罐和机械装罐。人工装罐多用于原料差异较大和果蔬等块状物料。机械装罐多用于颗粒、流体或半流体制品。

（4）装罐。装罐时，要做到以下 5 点：一是装罐应迅速及时，不应停留过长时间，以防污染；二是装罐量要符合要求，保证产品质量；三是罐上部应留有一定的顶隙，顶隙深度为 3～8 毫米；四是原料要合理搭配，均匀一致，排列整齐；五是装罐后应及时擦净瓶口，除去细小碎块及外溢糖液。

4. 注液　装罐后，要及时向罐内加注液汁。可增进罐头风味；提高罐头初温，促进对流传热，提高加热杀菌效果；排除罐内部分空气，减少杀菌时罐内压力；防止罐头在储藏过程中氧化。不同品种加注不同的液汁。

5. 预封　预封可预防固体食品膨胀而出现汁液外溢的危险，并避免排除汽箱上蒸汽冷凝水落入罐内污染食品；同时，还可防止固体从排汽箱送至封罐机过程中，罐头顶隙温度降低导致外界冷空气窜入。罐头能在较高温度下封罐，提高了罐头的真空度，也减轻了"氢胀"的可能。

6. 排气　排气是罐头密封前或密封时将罐内空气排除，使罐内形成一定程度的真空状态的操作过程。排气可抑制好氧性微生物及霉菌的活动，减轻食品色、香、味的变化，特别是减少维生素等营养物质的氧化损耗；此外，还可延长罐头制品的储藏寿命，有助于保证和提高罐头食品的质量。这是罐头生产中的一个重要工序。

排气方法包括热力排气法、真空排气法、喷蒸汽封罐排气法 3 种。热力排气法是利用加热的方法使罐内空气受热膨胀，并向外逸出；真空排气法是利用真空封罐机在抽气的同时进行密封的排气方法；喷蒸汽封罐排气法则是在密封前的瞬间，向罐内顶隙部位喷射蒸汽，以排除空气。

7. 密封 密封方式包括金属罐的密封、玻璃罐的密封和蒸煮袋的密封 3 种类型。其中，玻璃罐的密封形式主要有卷封式、旋转式、揿压式；蒸煮袋的密封一般采用真空包装机进行热熔密封。

8. 杀菌 罐头密封后应立即杀菌。常用的杀菌方式有低压（常压）杀菌和高压杀菌 2 种。低压（常压）杀菌：100 ℃以下，时间 10～30 秒。根据操作方法的不同，杀菌方式可分为间歇式杀菌和连续式杀菌。适用于 pH 在 4.6 以下的水果及部分酸性蔬菜类罐头。高压杀菌：100 ℃以上，时间 40～90 秒，适用于低酸性食品（pH≥4.6），如肉、鱼类、大部分蔬菜罐头。

9. 冷却 冷却是罐头生产工艺中不可缺少的工艺环节。冷却可以缩短物料的受热时间，减少物料中热敏物质的损失，抑制嗜热微生物在高温下的大量繁殖。

10. 包装 应根据商品的性质，以及食品生产、流通与消费的社会性，采用合适的材料与机械进行包装。成品应注明批号和生产日期。

五、果蔬汁加工

果蔬汁依其形状和浓度不同分为 4 类：原果蔬汁、浓缩果蔬汁、果饴（加糖果蔬汁、果蔬汁糖浆）和果蔬汁粉。

原果蔬汁：又称天然果蔬汁，是由新鲜果蔬直接制取的汁液（或原汁）。按其透明与否可分为澄清果蔬汁和混浊果蔬汁 2 种。澄清果蔬汁也称为透明果蔬汁，体态澄清、无悬浮颗粒；混浊果蔬汁的外观呈混浊均匀的液态，果蔬汁内含有果肉微粒，同时保留了一定数量的植物胶质。

浓缩果蔬汁：原果蔬汁经蒸发或冷冻，或采取其他适当的方法，使其浓度提高到 20 白利度以上。浓缩果蔬汁不得加糖、色素、防腐剂、香料、乳化剂及人工甜味剂等添加剂。浓缩 1～6 倍不等，可溶性固形物有的可高达 60%～75%。

果饴：在原果蔬汁中加入大量食糖或在糖浆中加入一定比例的果蔬汁而配制成的产品。一般含糖量高，也有含酸量高者。通常可溶性固形物分为 45% 和 60% 两种。

果蔬汁粉：浓缩果蔬汁或果蔬汁糖浆通过喷雾干燥法制成的脱水干燥产品，含水量为 1%～3%。

榨汁是果蔬汁生产的关键环节，原料破碎、打浆后，要进行榨汁前处理，然后进入榨汁和浸提工艺。果蔬的出汁率取决于原料的种类、品种、质地、新鲜度、成熟度、榨汁方法及榨汁效能等。出汁率还受挤压压力、果蔬破碎度、挤压层厚度、预排汁、挤压温度及时间、挤压速度等影响。在榨汁中，常常用汁液获得量与原果浆总重量的比值表示出汁率。在浸提法中，也有用可溶性固形物获得量与可溶性固形物总含量的比值表示出汁率。

果蔬汁工艺流程为：

原料→预处理（挑选、清洗、破碎、热处理、酶处理等）

→ ┌ 榨汁→澄清精滤（澄清汁）┐ ┌ 杀菌→灌装→冷却→成品
　 └ 打浆→均质脱气（混浊汁）┘ └ 浓缩（浓缩汁）→干燥（果蔬汁粉）

主要技术要点如下：

1. 榨汁前预处理

（1）挑选与清洗。原料必须进行挑选，剔除霉变果、腐烂果、未成熟和受伤变质的果实。清洗一般先浸泡后喷淋或流动水冲洗。对于农药残留较多的果实，清洗时可添加稀盐酸溶液或脂肪酸系洗涤剂进行处理。

（2）破碎。许多果蔬榨汁前常需破碎，特别是皮和果肉致密的果蔬，更需要破碎来提高出汁率。果实破碎必须适度，破碎过于细小，肉质会变成糊状，致使压榨时外层的果蔬汁很快被压出形成一厚饼，而内层的果蔬汁不易出来，造成出汁率降低。破碎程度视品种不同而异。果蔬破碎采用破碎机和磨碎机，有辊压式、锤磨和打浆机等。不同的果蔬种类采用不同的机械。

（3）热处理和酶处理。加热使细胞原生质中的蛋白质凝固，改变细胞的结构，同时使果肉软化、果胶部分水解，降低了果汁黏度；另外，加热可抑制多种酶类（如果胶酶、多酚氧化酶、脂肪氧化酶、过氧化氢酶等）的活性，从而不使产品发生分层、变色、产生异味等不良变化；再者，对于一些含水溶性色素的果蔬，加热有利于色素的提取。果胶酶和纤维素酶、半纤维素酶可使果肉组织分解，提高出汁率。使用时，应注意与破碎后的果蔬组织充分混合，根据原料品种控制其用量，根据酶的性质不同掌握适当的 pH、温度和作用时间。

2. 榨汁、打浆　果蔬榨汁有压榨法和浸提法 2 种。制取带肉果汁或混浊果汁有时还采用打浆法。大多果蔬含有丰富的汁液，故以压榨法为多用。仅在山楂、李、干果、乌梅等果干采用浸提法。杨梅、草莓等浆果有时也用浸提法来改善色泽和风味。榨汁工艺要求时间短，以防止和减轻果蔬汁色香味和营养成分的损失。常用榨汁、打浆设备包括连续螺旋式压榨机、带式榨汁机、柑橘榨汁机、活塞式榨汁机、离心式榨汁机、打浆机等。

3. 澄清　澄清方法包括酶法、明胶-单宁法、皂土法、硅胶-酶-明胶联合法、物理澄清法（加热澄清法、冷冻澄清法）等。

4. 过滤　除去细小的悬浮物质。过滤速度受到过滤器孔径大小、施加压力、果蔬汁黏度、悬浮颗粒的密度和大小、果蔬汁温度等影响。过滤方法包括硅藻土过滤机过滤、板框过滤机过滤、离心分离、真空过滤、膜分离技术。

5. 调整和混合　改进果蔬汁风味，增加营养、色泽。

（1）糖酸调整。先调糖后调酸，一般用蔗糖和柠檬酸。加入比例因不同原汁、不同风味而异。

（2）混合。混合的目的是改善风味、营养及色泽。混合后的产品须进一步均质，防止出现分层、褐变等现象。

6. 均质　生产混浊果蔬汁时，为了防止产生固液分离、降低产品品质，常进行均质处理。均质是将果蔬汁通过一定的设备使其细小颗粒进一步细微化，使果胶和果蔬汁亲和，保持果蔬汁均一稳定的外观。常用的均质设备有高压均质机、胶体磨等。

7. 脱气　果蔬汁中含有大量的氧气、二氧化碳和氮气等。这些气体以溶解形式在细微粒子表面吸附着，也许有一小部分以果蔬汁的化学成分形式存在。这些气体中的氧气可导致果蔬汁营养成分损失和色泽变差。脱气，即采用一定的机械和化学方法除去果蔬汁中气体的工艺过程。

（1）真空脱气。真空脱气原理是气体在液体内的溶解度与该气体在液面上的分压呈正比。果蔬汁进行真空脱气时，液面上的压力逐渐降低，溶解在果蔬汁中的气体不断逸出，直至总压降到果蔬汁的蒸汽压，达到平衡状态，此时几乎所有气体已被排除。

真空脱气的缺点是在脱气的同时有很多的低沸点芳香物质被汽化而除去，同时果蔬汁中的少量水分也被蒸发除去。因此，对于那些芳香的果蔬，可以安装芳香回收装置，将气体冷凝，再将冷凝液作为香料回加到产品中。

（2）置换法。吸附的气体通过氮气、二氧化碳等惰性气体的置换被排除。

（3）化学脱气法。利用一些抗氧化剂或需氧的酶类作为脱气剂，效果甚好。如果蔬汁中加入抗坏血酸即可起到脱气作用，但应注意此类物品不适合在含花色苷丰富的果蔬汁中应用。果蔬汁中加入葡萄糖氧化酶也可以起良好的脱气作用，D-吡喃型葡萄糖脱氢酶是一种典型的需氧脱气酶，可把葡萄糖氧化成葡萄糖酸，同时可耗氧从而达到脱气的目的。

8. 浓缩　浓缩果蔬汁由澄清果蔬汁经脱水浓缩后制得。它容量小，可溶性固形物高达65%～75%；可节省包装和运输费用，便于储运；糖、酸含量提高，增加了产品的保藏性；浓缩汁用途广泛。

（1）真空浓缩法。

强制循环式浓缩：利用泵和搅拌桨机械地使果蔬汁循环，加热管内的流速为 2～4 米/秒，在管内呈沸腾状态，液面高度控制到分离注入处，其水垢生成较少，传热系数大。

降膜式浓缩：物料从蒸发器入口流入后，在真空条件下扩散开，分布成薄层，同时分别流入排列整齐的加热管或板内，靠物料自身重力从上往下流动，部分水分便汽化成水蒸气逸出。为了减少蒸汽和冷却水的消耗、降低成本，生产上常选用多效系统。

离心薄膜式浓缩：离心薄膜蒸发器为一回转圆锥体，需浓缩的果蔬汁经进料口进入回转圆筒内，通过分配器的喷嘴进入圆锥体的加热表面，在离心力的作用下形成 0.1 毫米以下的薄膜，瞬间蒸发浓缩。

真空闪蒸浓缩法：最大的特点是果蔬汁浓缩时接触面大，热交换效率高。

（2）反渗透浓缩法。不需加热，可在常温下实现分离或浓缩，品质变化较少；在密封回路中操作，不受氧气的影响；在不发生相变条件下操作，挥发性成分的损失相对较少；节能，所需能量约为蒸发浓缩的 1/17、冷冻浓缩的 1/2。

（3）冷冻浓缩法。果蔬汁的冷冻浓缩应用了冰晶与水溶液的固液平衡原理。冷冻浓缩虽可生产出最好质量的产品，但也有一些问题，如能耗高、设备价格高、产品浓缩度低；酶没有被有效钝化；分离时一部分果蔬汁损失等。

9. 干燥　果蔬汁通常含有 85% 以上的水分，制成粉末具有很多优点，但干燥并不能提高制品质量，只能最大限度地保留原有的颜色和风味。常用的干燥方法有喷雾干燥法和滚筒干燥法。

10. 杀菌和包装

（1）果蔬汁杀菌的目的：一是消灭微生物，防止发酵；二是钝化各种酶类，避免各种不良的变化。果蔬汁杀菌的微生物对象为酵母和霉菌，杀菌方法有：巴氏杀菌（62～65 ℃、30 分钟）、高温短时杀菌（80～85 ℃、15 秒以上）和超高温瞬时杀菌（120 ℃以上、3～10 秒）。

果蔬汁的杀菌依赖于热交换器，主要有管式、片式和刮板式3种。

（2）果蔬汁的灌装。现代生产上的灌装方式有：

传统灌装法：将果蔬汁加热到85 ℃以上，趁热装罐（瓶）、密封，在适当的温度下进行杀菌，之后冷却。此法产品的加热时间较长，品质下降较明显，但对设备投入不大、要求不高，在高酸性果蔬汁中有时可获得较好的产品。

热灌装：将果蔬汁在高温短时或超高温瞬时杀菌，之后趁热灌入已预先消毒的洁净瓶内或罐内，趁热密封，之后倒瓶处理，冷却。此法较常用于高酸性的果蔬汁及果蔬汁饮料，也适合于茶饮料。

无菌灌装：果蔬汁采用高温短时杀菌，可保持营养成分、色泽和风味。无菌包装容器及杀菌容器依次有复合纸容器、塑料容器（先制成容器后杀菌罐装或同时成形杀菌罐装两种）、复合塑料薄膜袋、金属罐（马口铁、铝和易开盖罐）、玻璃瓶。包装容器的杀菌可采用热杀菌（热空气、过热蒸汽等）、辐射杀菌（紫外线、射线等）、化学药物杀菌（过氧化氢、环氧乙烷等），也可以几种方法联用。周围环境的无菌必须保持连接处、阀门、热交换器、均质机、泵等的密封性和保持整个系统的正压。操作结束后用CIP装置，加0.5%～2%的氢氧化钠热溶液循环洗涤，稀盐酸中和，然后用热蒸汽杀菌。无菌室应用高效空气滤菌器处理，且达到一定的卫生标准。

（3）果蔬汁的包装要求。包装容器和材料应具有一定的化学稳定性，不与内容物起化学反应；对人体无害；具有良好的综合性防护功能；加工性能好，资源丰富，成本低廉，能满足工业化生产的需要。另外，要求材料新颖、美观、轻便、便于携带。

六、现代果蔬加工新技术

（一）超临界流体萃取技术

1. 概述　超临界流体萃取是一种新的分离技术。Hannay 在 1897年就发现了超临界流体的独特溶解现象。20 世纪 50 年代，美国Todd 从理论上提出将超临界流体用于萃取分离的可能性，直到70 年代才引起人们的普遍重视。1978 年，德国建成了第一个利用超临界流体萃取技术从咖啡豆中脱除咖啡因的工厂。近年来，超临界流体萃取技术在美国、德国、日本等发达国家发展极为迅速，其应用领域有食品、医药、化妆品、化工等行业，特别是在食品行业中的应用发展尤为迅速。由于其选择性强，特别适用于热敏性、易氧化物质的提取和分离。因此，为天然食品原料的开发和应用开辟了广阔前景。

常用作超临界流体的溶剂有二氧化碳、氨、乙烯、丙烷、丙烯、水、甲苯等。目前研究较多和工业上最常用的萃取剂是二氧化碳。二氧化碳的临界温度为 31.04 ℃，临界压力为 7.38 兆帕，临界条件易达到，并且具有化学性质不活泼、与大部分物质不反应、无色无毒无味、不燃烧、安全性好、价格便宜、纯度高、容易获得等优点。超临界二氧化碳是一种非极性的溶剂，对非极性的化合物有较高的亲和力。当化合物中极性官能团出现时，超临界二氧化碳会降低该化合物被萃取的可能性，甚至使之完全不能被萃取。此时，需要在超临界二氧化碳中加入少量夹带剂，以增强其溶解力和选择性。常与超临界二氧化碳一起使用的夹带剂有甲醇、乙烷、乙醇、乙酸酯、丙酮、二氯甲烷、己烷、水等。

2. 原理 超临界流体萃取分离的基本原理是，利用超临界流体对物料有较好的渗透性和较强的溶解能力，将超临界流体与待分离的物质接触，使其有选择性地依次把不同极性、不同沸点和不同分子量的成分萃取出来。而且，超临界流体的密度和介电常数随着密闭体系压力的增强而增大，极性也增大，利用程序升压可对不同极性的成分进行分步提取。当然，对应各压力范围所得到的萃取物不可能是单一的，但可以通过控制条件得到最佳比例的混合成分，然后借助减压、升温的方法使超临界流体变成普通气体，被萃取物质则自动完成或基本析出，从而达到分离提纯的目的，并将萃取、分离两个过程合为一体。

超临界流体萃取分离过程是以高压下的高密度超临界流体为溶剂，萃取所需成分，然后采用升温、降压或吸附等手段将溶剂与所萃取的组分分离。超临界流体萃取包括原料预处理、萃取和分离以及二氧化碳增压和循环等过程。

超临界流体萃取工艺主要由超临界流体萃取溶质、被萃取的溶质与超临界流体分离两部分组成。根据分离槽中萃取剂与溶质分离方式的不同，超临界流体萃取可分为 3 种方式：

等压升温法：从萃取槽出来的萃取相在等压条件下经加热升温进入分离槽，溶质分离；溶剂经调温装置冷却后，回到萃取槽循环使用。

等温减压法：从萃取槽出来的萃取相在等温条件下减压、膨胀，进入分离槽，溶质分离；溶剂经调压装置加压后，再回到萃取槽中。

恒温恒压法：从萃取槽出来的萃取相在等温条件下进入分离槽，萃取相中的溶质由分离槽中吸附剂吸附，溶剂再回到萃取槽中循环使用。

此外，还有添加惰性气体的方法。其特点是，在分离时加入惰性气体如氧气、氢气等，使溶质在超临界流体中的溶解度显著下降。整个过程是在等温等压下进行，因此非常节能。但吸附法和添加惰性气体的方法存在如何使超临界流体、吸附剂及惰性气体分离的问题。

3. 在果蔬加工中的应用

（1）果蔬中天然香料和风味物质的提取。果蔬中的挥发性芳香成分由精油和某些具有特殊香味的成分组成。在超临界条件下，精油和具有特殊香味的成分可同时被抽出，并且植物精油在超临界二氧化碳流体中溶解度很大，与液体二氧化碳几乎能完全互溶。因此，精油可以完全从果蔬组织中被抽提出来。加之超临界流体对固体颗粒的渗透性很强，使萃取过程不仅效率高，而且与传统工艺相比有较高的收率。利用超临界流体二氧化碳萃取技术生产天然香辛料的植物原料有很多，如啤酒花、生姜、大蒜、洋葱、山苍子、辣根、香荚兰、木香、辛夷、砂仁和八角茴香等。Seied Mahdi Pourmortazavi 等研究了利用超临界流体萃取果蔬中的精油。结果表明，与蒸馏法相比，此法萃取时间短、成本低，获得产品更纯净。

（2）天然色素及各种天然添加剂的提取。超临界流体二氧化碳萃取技术可以分离辣椒红色素、番茄红素和 β-胡萝卜素等天然色素。辣椒红色素是从成熟的辣椒果皮中提取出来的一种天然红色素。它色调鲜艳、热稳定性好，对人体安全无害，具有营养和着色双重功能，是一种理想的、有广阔发展前景的着色剂。目前，辣椒红色素已实现超临界流体二氧化碳萃取生产。玉米黄素存在于玉米、辣椒、桃、柑橘等多种粮食和果蔬原料中，采用超临界流体二氧化碳萃取玉米黄素，除了避免溶剂残留问题外，所得产品的外观、溶解度、澄清度、色调等综合指标均优于采用有机溶剂萃取所得的产品。此外，超临界流体二氧化碳萃取剩余物有利于蛋白质的回收。

（二）超微粉碎技术

1. 概述 超微粉碎技术的应用是食品加工业的一种新尝试。美国、日本市售的果味凉茶、冻干水果粉、超低温速冻龟鳖粉等，都是应用超微粉碎技术加工而成。超微粉碎食品可作为食品原料添加到糕点、糖果、果冻、果酱、冰激凌、酸奶等多种食品中，增加食品的营养，增进食品的色、香、味，改善食品的品质，丰富食品的品种。鉴于超微粉碎食品的溶解性、吸附性和分散性好，容易消化吸收，故可作为减肥食品、糖尿病人专用食品、中老年食品、保健食品、强化食品和特殊营养食品。

2. 原理 超微粉碎技术是利用各种特殊的粉碎设备，对物料进行碾磨、冲击、剪切等，将粒径 3 毫米以上的物料粉碎至粒径为10～25 微米以下微细颗粒，从而使产品具有界面活性，呈现出特殊功能的过程。与传统的粉碎、破碎、碾碎等加工技术相比，超微粉碎产品的粒度更加微小。

超微粉碎设备按其作用原理不同可分为气流式和机械式两大类。气流式超微粉碎设备是利用转子线速率所产生的超高速气流，将产品加速到超高速气流中，转子上设置若干交错排列、能产生变速涡流的小室，形成高频振动，使产品的运动方向和速率瞬间产生剧烈变化，促使产品颗粒间急促撞击、摩擦，从而达到粉碎的目的。与普通机械式超微粉碎相比，气流式超微粉碎可将产品粉碎得很细，粒度分布范围很窄，即粒度更均匀。又因为气体在喷嘴处膨胀可降温，粉碎过程不产生热量，所以粉碎温度很低。这一特性对于低熔点和热敏性物料的超微粉碎特别重要。其缺点是能耗大，一般认为要高出其他粉碎方法数倍。机械式超微粉碎设备又分为球磨机、冲击式超微粉碎机、胶体磨粉碎机、超声波粉碎机 4 类。超声波粉碎机的原理是：高频超声波由超声波发生器和换能器产生，超声波在待处理的物料中引起超声空化效应。由于超声波传播时产生疏密区，而负压可在介质中产生许多空腔，这些空腔随振动的高频压力变化而膨胀、爆炸，真空腔爆炸时能将物料振碎。同时，由于超声波在液体中传播时产生剧烈的扰动作用，使颗粒产生很大的速率，从而相互碰撞或与容器碰撞而击碎液体中的固体颗粒或生物组织。超声波粉碎后的物料颗粒在 4 微米以下，而且粒度分布均匀。

3. 在果蔬加工中的应用 蔬菜在低温下磨成微膏粉，既保存了营养素，其纤维质也因微细化而使口感更佳。例如，柿树叶富含维生素 C、芦丁、胆碱、黄酮苷、胡萝卜素、多糖、氨基酸及多种微量元素。若经超微粉碎加工成柿叶精粉，可作为食品添加剂制成面条、面包以及各类柿叶保健茶。成人每日饮用柿叶茶 6 克，可获得维生素 C 20 毫克，具有明显阻断亚硝胺致癌物生成的作用。另外，柿叶茶不含咖啡因，风味独特、清香自然。可见，开发柿叶产品，可变废为宝、前景广阔。

利用超微粉碎技术对植物进行深加工的产品种类繁多，如枇杷叶粉、甘薯叶粉、桑叶粉、银杏叶粉、豆类蛋白粉、茉莉花粉、月季花粉、甘草粉、脱水蔬菜粉、辣椒粉等。

（三）酶工程技术

1. 概述 酶工程技术是利用酶和细胞或细胞器所具有的催化功能来生产人类所需产品的技术，包括酶的研制与生产、酶和细胞或细胞器的固定化技术、酶分子的修饰改造以及生物传感器。酶是活细胞产生的具有高效催化功能、高度专一性和高度受控性的一类特殊蛋白质，其催化作用的条件要求非常温和，可在常温常压下进行，又有可调控性。食品工业是应用酶工程技术最早和最广泛的行业。近年来，固定化细胞技术和固定化酶反应器的推广应用，促进了食品中新产品的开发，产品品种增加，质量提高，成本下降，为食品行业带来了巨大的社会效益和经济效益。

酶制剂中酶的来源主要有植物、动物和微生物。人们最早多从植物、动物组织中提取。例如，从动物胰脏和麦芽中提取淀粉酶，从动物胃膜、胰脏和木瓜、菠萝中提取蛋白酶。酶大多由微生物生产，这是因为微生物种类多，几乎所有酶都能从微生物中找到，而且其生产不受季节、气候限制。由于微生物容易培养、繁殖快、产量高，故可在短时间内廉价地大量生产。

近年来，基因工程技术的迅速发展，为酶产量的提高和新酶种的研发开辟了新的途径。基因工程技术的最大贡献在于，它能按照人们的意愿构建新的物种或者赋予新的功能。虽然目前基因工程还未形成大规模的产业，但是它作为一种改良菌种、提高产酶能力、改变酶性能的手段，已受到了人们的极大关注。例如，利用改良的过氧化物酶能够在高温和酸性条件下脱甲基和烷基，生产一些食品特有的香气因子。基因工程生产α-淀粉酶是目前人们研究最多的课题，美国CPC国际公司Moffet研究中心成功地采用基因工程菌生产了α-淀粉酶，并已获得美国食品药品监督管理局（FDA）的批准。此外，运用基因工程技术提高葡萄糖异构酶、纤维素酶、糖化酶等酶活力的研究也取得了一定成绩。

2. 原理　酶是生物体内活细胞产生的一种生物催化剂，大多数由蛋白质组成（少数为RNA），能在机体中十分温和的条件下，高效率地催化各种生物化学反应，促进生物体的新陈代谢。生命活动中的消化、吸收、呼吸、运动和生殖都是酶促反应过程。酶是细胞赖以生存的基础，细胞新陈代谢包括的所有化学反应几乎都是在酶的催化下进行的。但是，酶不一定只在细胞内起催化作用。在细胞外，酶同样可以通过降低化学反应活化能而起到催化各种化学反应的作用。

3. 在果蔬加工中的应用　果蔬加工中最常用的酶有果胶酶、纤维素酶、半纤维素酶、淀粉酶、阿拉伯糖酶等。利用果胶酶可以明显提高果汁澄清度，增加果汁出汁率，降低果汁相对黏度，提高果汁过滤效果。果胶酶主要由滋生物产生，人们通过一系列诱变育种技术，可以筛选出优良菌种。随着人们对天然健康食品需求的不断增加，近年来，采用果胶酶和其他酶（如纤维素酶等）处理可以大大提高果蔬出汁率，简化工艺步骤，并且可制得透明澄清的果蔬汁。再经过调配就可以制成品种繁多的饮料食品，如胡萝卜汁、南瓜汁、番茄汁、洋葱汁等。葡萄糖氧化酶可用于果蔬汁脱氧化，国内外对其生产及固定化方法进行了深入研究。特别是近年来，随着葡萄糖酸钙、葡萄糖酸锌等葡萄糖酸系列产品的兴起，其需求日益增加，因而开发性能优良的固定化葡萄糖氧化酶用于氧化葡萄糖、生产葡萄糖酸更具实际意义。

第三节　案例分析

案例 1：四川眉山泡菜产业

2005 年，四川省眉山市经过充分调研，决定以东坡区为龙头，加快发展泡菜产业集群，打造"中国泡菜之乡"，把泡菜产业发展成农业产业化的支柱产业和农民增收致富的主导产业。围绕发展都市近郊型现代农业，依托传统优势，利用创新驱动，注入文化内涵，眉山坚持"一二三产业融合"发展东坡泡菜，将"小泡菜"做成了百亿"大产业"。产业发展气势如虹，市场份额稳居四川半壁江山，眉山名副其实地成为中国泡菜产业的主产区和核心区。2018 年上半年，60 多家企业入驻泡菜产业园区，其中国家级龙头企业 4 家、省级龙头企业 7 家、市级企业 18 家。吉香居、通惠、川南、李记等龙头企业成为全国首批自营进出口贸易泡菜企业。东坡泡菜产品远销欧美、日韩等 100 多个国家和地区，可谓"东坡泡菜、味连世界"。

主要做法：

1. 绿色种植——筑牢品质之基　为了保证原料品质，眉山制定蔬菜绿色生态种植、采收、储运标准，强化配套设施建设，优化品种结构，引导蔬菜合作社、基地农户和周边农户采用大棚、喷灌、水肥一体化等节地节水节肥技术，提高生产水平，高标准、规范化地推进蔬菜基地建设。2010 年被评为全国绿色食品蔬菜标准化生产基地、全国调味品原味辅料种植基地。2017 年，眉山已建成标准化泡菜原料基地 43 万亩*，全市泡菜产业带动和惠及基地农户 21 万户，

＊　亩为非法定计量单位，1 亩＝1/15 公顷。——编者注

增收 7.4 亿元。"东坡泡菜"连续两年荣登中国品牌价值评价榜，品牌价值达 105 亿元。

2. 科技研发——提升核心竞争力　坚持"产业集中、企业入园、集群发展"的思路，眉山在市中心城区岷江东岸建设面积 10 余平方公里的"中国泡菜城"园区。同时，在东坡区松江镇、太和镇建设泡菜集中区，形成李记、吉香居、味聚特三大泡菜产业工业园。泡菜加工与包装、冷链、流通形成产业集群。目前，中国泡菜城已聚集泡菜及上下游龙头企业 30 余家，其中亿元以上企业 12 家。按"民办公助"原则成立四川东坡中国泡菜产业技术研究院，收集各类泡菜菌种资源 3 000 多株，收集并解析泡菜产品配方 150 余个，科技成果转化经济效益达到 10 亿元以上，被科技部授予"四川优质泡菜产业国家科技特派员创业链"。研究院独家起草并经商务部审核颁布了全国第一个泡菜行业国家标准，在标准的引领下，泡菜产品获得绿色食品认证 74 个、有机食品认证 21 个，无公害生产覆盖率 100%。

3. 三产互动——打响泡菜品牌　自 2009 年起，眉山连续举办了 8 届中国泡菜博览会，形成和发布了《中国泡菜眉山宣言》，眉山市成为中国泡菜展销会永久会址。"东坡泡菜"成功创建国家地理标志保护产品和国家地理标志证明商标。眉山泡菜龙头企业先后创建中国驰名商标 5 个，省级著名商标、名牌产品 23 个。一二产业延伸第三产业。眉山以泡菜原料基地建设为纽带，不断拓展泡菜产业休闲观光、文化体验等多种功能，让"园区变景区、田园变公园"，2016 年成功创建国家 AAAA 级旅游景区。初步形成以泡菜博物馆、泡菜风情街、泡菜广场、企业观光生产线、万亩绿色蔬菜基地、水天花月湿地公园为核心的旅游观光环线，2016 年接待旅游观光 50 万人次，实现旅游综合收入 6 500 万元。

案例 2：遵义辣椒加工产业

辣椒产业是贵州省遵义市的一个支柱性农业产业，常年种植面积在 200 万亩以上，居全国辣椒产区之首。遵义有全国最大的辣椒专业批发市场，每年 40 万吨辣椒流向全国各地及多个国家和地区，年交易额达 60 亿元。"遵义辣椒"已成为引领全国辣椒行业发展的风向标。

"遵义辣椒"以个儿小、味辣而香闻名于世。遵义人爱辣、嗜辣，种植辣椒已有 400 余年历史，是贵州辣椒主产地。辣椒不仅是遵义人餐桌上的佳肴佐料，更成为遵义富农强农惠民的重要主导产业之一。近年来，遵义市已逐步形成集生产、加工、销售、市场、品牌、会展于一体的辣椒全产业链。全市辣椒常年种植面积在 200 万亩以上，居全国辣椒产区之首，是全国辣椒种植面积最大的地级市。2018 年，遵义市年鲜椒产量 270 万吨，占全球的 6%、全国的 10%、贵州省的 51%，实现产值 80 余亿元。

辣椒加工园吸引省内外企业 10 余家，2019 年实现工业产值 4.5 亿元，新增就业人数 5 000 余人。

辣椒加工分精加工和粗加工两大类。粗加工往往指干辣椒剪把、辣椒脱把、辣椒烘干；精加工主要包括剁辣椒系列制品、辣椒粉、辣椒面、油辣椒、泡椒等。遵义辣椒主要精加工产品有油辣椒、泡椒、豆瓣酱、剁椒、辣椒酱、糊辣椒、干辣椒七大系列共 50 余个品种。

位于虾子世界辣椒食品加工园的贵州省贵三红食品有限公司，是一家集辣椒种植、加工、研发、生产、销售于一体的省级农业产业化重点龙头企业。2019 年 3 月，贵三红食品有限公司推出"遵义特产辣椒酱"。该产品小规格、便携带，目前已与中国东方航空集团有限公司以及美团、饿了么等外卖平台建立了合作。而在"遵义特产辣椒酱"系列产品推出之前，贵三红食品有限公司还推出了"遵义朝天椒礼盒"系列。这是遵义市第一款以遵义朝天椒为主题的礼盒产品，包括辣椒油、辣椒酱、油辣椒、糟辣椒、花椒油、香辣豆豉6款小品，展现了遵义朝天椒品味温醇、香辣协调的特点，深受礼品市场和旅游市场的青睐。与贵三红食品有限公司相邻，便是辣得笑食品有限公司的生产基地。2017年9月，该公司搬迁至虾子世界辣椒食品加工园，建起年产5 000吨酱卤制品生产线一条，年产2 000吨辣椒制品生产线一条。

辣得笑食品有限公司已开发产品30多个，每天都有100多吨的食材从公司生产基地发往全市的50多家门店，再从门店走进千家万户。2018年，公司实现销售收入3 000万元，2019年达到了6 000万元。而同为辣椒加工企业，老干妈年营业额超过了40亿元。

启示：

1. "优品种"和"提品质"是产业基础和品类基础，是特产成为品牌、转换为市场价值的前提，必须认真、科学、持久地做 遵义辣椒能够做到出口80多个国家和地区，其基础就是品质好。党委、政府统筹各方力量倾注在这件事上，才会形成"种得好、品质好、市场好、效益好"的良性循环。

2. 小包装，让特产"飞"上天 小规格、便携带是特产包装的必然趋势。除此之外，贵三红食品有限公司研发的"遵义特产辣椒酱"与中国东方航空集团有限公司建立合作，对其他品类的农产品也是一个启示。在布局传统渠道的同时，也可以考虑航空渠道，让特产"飞上天"。但要注意，航空公司对食品质量的要求是非常严格的。

3. 农产品要从幕后转到台前 公司不仅要打造贵三红、辣得笑等辣椒加工品牌，也要想办法让农产品品牌发光、发亮，而不是默默做幕后英雄。例如，可以引入专业品牌农业咨询公司协助进行顶层设计，为区域公用品牌"寻根塑魂"，提升品牌价值，进一步推动遵义辣椒品牌向全球市场迈进，实现"中国辣椒、遵义定价、买卖全球"的总目标。

第四章

粮 油 加 工

粮食和油料是人们赖以生存的基本食物来源，对于中国这样一个以农村人口为主要人口构成的农业大国，尤其如此。而各种粮食和油料都必须经过加工才能达到食用或工业利用的要求。粮油加工主要是生产食品，随着社会发展和科技进步，粮油原料加工成为食品的方法和手段不断改进，水平不断提高，加工范围不断扩大，同时又不断向除食品之外的其他方向扩展。

第一节　粮油加工内涵

一、粮油加工概念

粮食和油料是农产品的重要组成部分，是人类赖以生存的基础。狭义的农产品一般指粮油原料，粮油原料主要是农作物的籽粒，也包括富含淀粉和蛋白质的植物根茎组织，如稻谷、小麦、玉米、大豆、杂粮、花生、油菜籽、甘薯、马铃薯等。

粮油原料的化学组成是以碳水化合物（主要是淀粉）、蛋白质和脂肪为主，粮油原料经过初加工成为粮油成品，是人们食物的主要来源。对粮油原料进行精深加工和转化，可制得若干种高附加值的食品、工业和医药等行业应用的重要原材料。以粮食、油料为基本原料，采用物理机械、化学、生物工程等技术进行加工转化，制成供食用以及工业、医药等各行业应用的成品或半成品的生产领域统称为粮油加工业。

按加工转化的程度不同，可分为粮油加工业、粮油食品制造业、粮油深加工产品制造业。在传统意义上，粮油加工主要是指谷物的脱皮碾磨和植物油的提取，加工产品主要是米、面、油以及各种产品。随着社会发展和科技进步，粮油加工不断向高水平、深层次扩展，粮油食品制造业的比例增加，粮油深加工产品制造业正在兴起，从原料到各种产品的加工转化是一个不可分割的系统，粮油加工的内涵不断扩大。

总之，以粮食、油料为基本原料进行加工制得各种食品以及工业产品的过程都属于粮油加工的范畴。

二、粮油加工意义

（一）居民营养健康消费升级的需要

大力发展粮油加工，可以满足不同人群对优质化、多样化、个性化、定制化粮油产品的需求；可以增加优质米、专用米、专用粉、专用油和营养功能性新产品，以及绿色、有机等"中国好粮油"产品的供给；大力发展全谷物食品，增加糙米、全麦粉、杂粮、杂豆、薯类及其制品和木本特种食用油脂等优质营养健康产品的供给；提高"名、特、优、新"产品的比例，充分发挥"老字号"的品牌效应等。总之，在新时代，粮油加工企业要把深入推进粮食行业结构性改革、提高安全优质营养健康粮油食品的供给能力作为首要任务，以助力"健康中国"建设。

（二）推动食品质量安全的需要

粮油加工企业坚守食品安全底线，把产品质量安全放在第一位，并在保证质量安全的前提下，把"适口、营养、健康、方便"作为今后的发展方向。按照食品安全、绿色生态、营养健康等要求，完善原料采购、检验、在线检测和成品质量检验，建立"从田头到餐桌"覆盖生产经营全过程的粮油质量安全信息追溯体系，确保粮油产品质量安全万无一失。提倡"适度加工"，最大限度地保存粮油原料中固有的营养成分，防止"过度加工"。科学制修订粮油方面的国家标准、行业标准和团体标准，规范和引领粮油加工业的健康发展。广泛进行科普宣传，引领科学消费、合理消费和健康消费。

三、粮油加工创新

（一）产业创新

1. 加强粮油主产品的原料标准化、专用化　积极开展适合加工的优质、专用型粮油原料品种的选育工作，加快粮油原料的优质化和专用化进程。完善和制定质量标准，尽快改变我国粮油加工原料参差不齐的现状，为粮油加工业提供优质原料，从根本上保证加工产品的质量。

2. 大力推进粮油加工主食化　为适应人们生活水平进一步提高和生活节奏加快的需要，粮油加工企业要把发展主食品生产看作是粮食行业推进供给侧结构性改革、调整产业结构的重要组成部分，是粮油加工业向精深加工延伸、方便百姓、企业增效的有效途径。为此，要积极开发适合不同群体需要、不同营养功能、不同区域特色的优质米面制品，诸如优质米粉（米线）、米粥、米饭、馒头、挂面、鲜湿及冷冻面食等大众主食品和区域特色主食品种及品牌。与此同时，要积极开发玉米、杂粮及薯类主食制品的工业化生产，以丰富市场满足不同人群的需要。

3. 重视资源的综合利用　粮油加工企业在生产米、面、油产品的同时，还生产出大量的副产物。例如，稻谷加工中生产出的稻壳、米糠、碎米等，小米加工中生产出的麦麸、小麦胚芽等，油料加工中生产出的饼粕、皮壳、油脚、馏出物等。充分利用这些副产物资源，为社会创造更多的财富是粮油加工企业义不容辞的责任。当前，对这些资源利用的重点放在以下方面：一是大力推广米糠和玉米胚的集中制油；二是稻壳和皮壳用作供热和发电；三是提高碎米、胚芽和麸皮等副产物的综合开发利用；四是饼粕的最佳有效利用。

（二）产品创新

1. 粮油加工产品向营养化、健康化发展　研究开发粮油原料与食品色、香、味及营养素的保存技术，应用品质改良与提高的新工艺和新技术，在分子水平上研究食品稳定性、加工可能性，提高营养及感官质量。应用现代营养学的最新成就，研究提高米、面、油的营养效价和改善膳食结构的食用技术，开发功能食品、运动食品、婴儿食品、老年保健食品等。加强全谷物的营养健康及加工技术研究开发，尤其是全麦粉及其制品、糙米及其制品、杂粮及其制品的研究开发，推动我国粮油食品加工的营养健康升级。

2. 粮油加工产品向多样化、便捷化发展　现代快节奏的生活使得产品多样化、便捷化成为消费者购买时考虑的重要因素之一。便捷化的消费方式将带动半成品、预制食品、速冻食品等快捷食品的增长。餐饮行业同样展现出便捷化的消费特点，外卖、路餐、快餐以及方便携带的休闲食品等越来越受欢迎。再者是消费渠道的便捷化，多种渠道的融合发展为消费者带来了数字化、便捷化的消费体验，使得消费者能打破时间、空间的限制，轻松地购买到多样化的食品。因此，粮油加工产品的开发应注重向多样化、便捷化发展。

第二节　粮油加工技术模式

粮油加工是以主要粮油作物为基本原料，从初加工到深加工和综合利用。我国粮油加工业经过多年发展取得了巨大成就，现已拥有制米、制粉、油脂提取和精炼、淀粉生产、制糖、焙烤、酿酒、调味品、糖果、氨基酸、抗生素、酶制剂和饲料等门类齐全的粮油加工工业体系。根据加工方法和加工产品的不同，粮油加工主要包括以下方面：粮食的碾磨加工，以米、面为主要原料的食品加工，植物油脂的提取、精炼加工，淀粉生产及深加工与转化，植物蛋白质产品的生产，粮油加工副产品的综合利用。

一、稻谷加工

稻谷是中国最重要的粮食作物之一。我国稻谷产量居世界首位，总产量约占全球稻谷产量的 1/3，中国粮食产量的 40% 以上是稻谷。同时，中国又是世界上最大的大米消费国。大米既是我国 2/3 人口的主要食粮，又是食品行业主要的基础原料之一。此外，稻谷加工得到的副产品有着广泛的用途。

（一）稻谷清理

稻谷在生长、收割、储藏和运输过程中，都有可能混入各种杂质。在加工过程中，为了不降低产品的纯度，提高大米质量和设备的工作效率，延长设备寿命，避免尘土飞扬污染车间、堵塞输送管道等，清除杂质是稻谷加工的一项重要任务。在稻谷所含杂质中，以稗子和石子最难清除。稻谷清理后，含杂总量不应超过 0.6%。其中，每千克稻谷含沙石不应超过 1 粒；而清除的大杂质中，每千克大杂质中含谷粒不超过 50 克。

1. 风选法　风选法是根据谷粒和杂质在悬浮速度等空气动力学性质方面的差异，利用一定形式的气流使杂质与谷粒分离的方法。按气流的运动方向不同，可分为垂直气流风选法、倾斜气流风选法和水平气流风选法等；按气流运动方式不同，又分为吸式风选法、吹式风选法和循环式风选法等。

物料在受到垂直上升的气流作用时，其运动状态由本身大小、比重和空气速度决定。当空气作用力和浮力之和大于其重力时，物料上升；当空气作用力和浮力之和小于其重力时，物料下降；而当空气作用力和浮力之和等于其重力时，物料则处于悬浮状态。

2. 筛选法　筛选法是根据杂质与谷粒在粒度大小、形状等方面存在的差异，选择合适筛孔尺寸的筛面组合，使杂质和谷粒的混合物通过筛面时分别成为筛上物和筛下物，从而达到稻谷和杂质分离的目的。

筛选法必须具有 3 个基本条件：一是过筛物必须与筛面接触；二是选择合适的筛孔形状及大小；三是筛选物料与筛面应有相对运动。筛面形式有冲孔筛（图 4-1）和编织筛（图 4-2）2 种。冲孔筛一般用 0.5～2.5 毫米厚的薄钢板制造，开孔率低、质量大、刚度好和不变形。冲孔筛又有平面和波纹 2 种筛面，筛孔形状有圆形、长方形、等边三角形和方形等。筛孔的排列方式有平行排列和交错排列，如图 4-3 所示。

筛选法在稻谷制米加工中使用极为广泛，不仅用于清理，更多地用于同类型物料的分级。

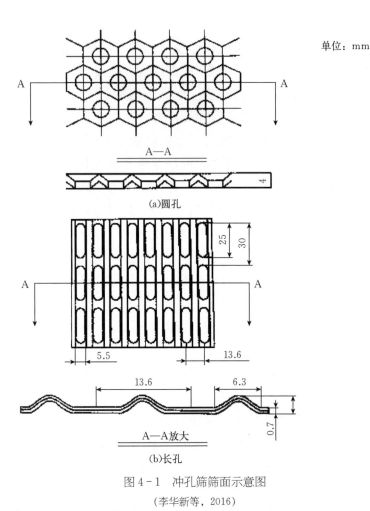

单位：mm

A—A

(a)圆孔

A—A放大

(b)长孔

图4-1　冲孔筛筛面示意图

(李华新等，2016)

3. 密度分选法　密度分选法是借助谷粒与杂质密度的不同，利用运动过程中产生自动分级的原理，采用适当的分级面使之分离。密度分选法有干法、湿法之分，一般干法使用较为普遍。干法密度去石机是典型设备之一，有吹式和吸式 2 种类型。吹式密度去石机的机内装有在正压状态下吹送气流的风机，这种去石机性能稳定，但易造成粉尘外逸而影响工作条件和环境卫生；吸式密度去石机处于负的工作压力下，工作环境较好，设备结构也较为简单，但性能不够稳定。密度去石机出心连杆带动作往复运动，其工作机理如图 4-4 所示。密

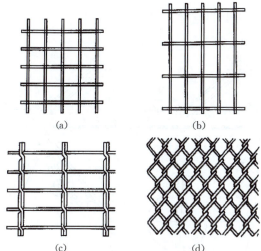

(a)   (b)

(c)   (d)

图 4－2 编织筛筛面示意图

(李华新等，2016)

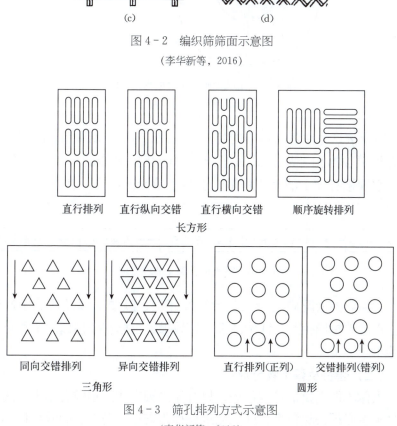

| 直行排列 | 直行纵向交错 | 直行横向交错 | 顺序旋转排列 |

长方形

| 同向交错排列 | 异向交错排列 | 直行排列（正列） | 交错排列（错列） |

三角形   圆形

图 4－3 筛孔排列方式示意图

(李华新等，2016)

度去石机的工作原理实际上综合考虑了谷粒和杂质在密度容摩系数、悬速度等物理性质上的差异。

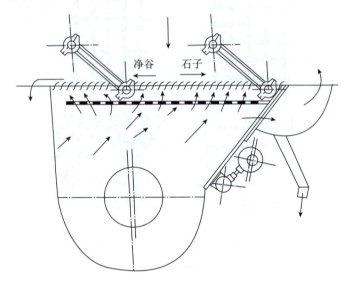

图4-4　密度去石机工作原理示意图

(李华新等，2016)

以上清理方法各有不同的特点。因此，在选择设计清理流程时，只有利用谷物和杂质的最大差异，才能获得最佳的分离和清理效果。常规稻谷加工清理流程是以上各个单元的组合，在顺序上一般如图4-5所示。

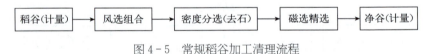

图4-5　常规稻谷加工清理流程

对清理的情况应进行工艺效果的评价，以便了解设备的工作情况，正确地指导生产。评价清理工艺效果的指标有净粮提取率和杂质去除率。

（二）砻谷及砻下物分离

人体不能消化稻谷的颖壳，只有除去颖壳才能碾成食用米。清理后的稻谷必须去除稻壳，此工艺过程称为砻谷。砻谷后的混合物称为砻下物，用于砻谷的机械称为砻谷机。由于砻谷机机械性能的限制，稻谷经一次脱壳后不能完全成为糙米，而是包括尚未脱壳的相谷和已经脱壳的糙米及谷壳等混合物（通称砻下物）。砻下物不能直接进入下一工段进行碾米，必须将它们分开。将谷壳与谷糙分开的过程称为谷壳分离，将稻谷与糙米分开的过程称为谷糙分离，谷壳分离和谷糙分离统称为砻下物分离。稻谷经砻谷机脱壳后的砻下物是糙米、稻壳和稻谷的混合物。

1. 砻谷 砻谷是根据稻谷结构的特点，由砻谷机施加一定的机械力而实现的。根据脱壳时的受力和脱壳方式，稻谷脱壳可分为挤压搓撕脱壳、端压搓撕脱壳和撞击脱壳 3 种。砻谷工艺流程如图 4 - 6 所示。

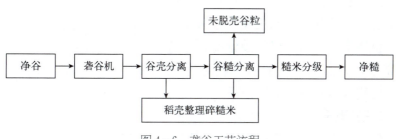

图 4 - 6 砻谷工艺流程

（1）挤压搓撕脱壳。挤压搓撕脱壳是指谷粒两侧受两个不等速运动的工作面的挤压、搓撕而脱去颖壳的方法。胶辊砻谷机是应用挤压搓撕脱壳机理的典型设备（图 4 - 7），这种砻谷机最为常用，其工作部件是一对富有弹性的橡胶辊或聚酯合成胶辊，两辊做相向不等速运动，依靠挤压力和摩擦力使稻壳破裂并与糙米分离，两辊间的压力可以调节。不同品种的稻谷需要的压力不同，压力过大，会使米粒变色、变脆，并缩短本来就有限的辊筒寿命。

（2）端压搓撕脱壳。端压搓撕脱壳是指谷粒长度方向的两端受两个不等速运动的工作面的挤压、搓撕而脱去颖壳的方法。

（3）撞击脱壳。撞击脱壳是指高速运动的谷粒与固定工作面撞击而脱去颖壳的方法。离心撞谷机是谷物进入设备后落在离心盘上，在离心力的作用下，谷粒被高速甩向设备的内筒壁而产生强大的撞击力，从而将稻壳撞裂。

2. 谷壳分离 谷壳分离主要利用稻壳与谷糙在悬浮速度上存在较大的差异而使之相互分离。风选法是谷壳分离的首选方法。一般砻谷机的下部均带有谷壳分离装置，即砻下物流经分级板自动分级，稻壳浮于砻下物上层由气流穿过砻下物时带起，从而使稻壳从砻下物中分离出来。

3. 谷糙分离 由于砻谷机不可能一次全部脱去稻谷颖壳，砻谷后的糙米中仍有一小部分稻谷未脱壳。为保证净糙入机碾米，故需进行谷糙分离。谷糙分离是对分离稻壳后的砻下物进行分选，使糙米与未脱壳稻谷分开。

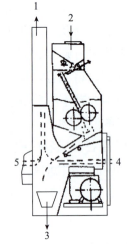

图 4-7 LT 型胶辊砻谷机

(李华新等，2016)

1. 稻壳 2. 净稻谷 3. 谷糙
4. 前进风 5. 后进风

（三）碾米

碾米的目的主要是碾除糙米的皮层。碾米是应用物理（机械）或化学的方法，将糙米表面的皮层部分或全部剥除的工序。碾米的基本要求是在保证成品米符合规定质量标准的前提下，提高纯度，提高出米率，提高产量，降低成本，保证安全生产。

1. 碾米原理 机械碾米按其作用力的特性分为摩擦擦离碾白和研削碾白。

（1）摩擦擦离碾白。由于米粒与碾白室构件之间、米粒与米粒之间的相对运动，糙米在碾白室内产生相互间的摩擦力。当这种摩擦力深入米粒皮层的内部，米皮沿胚乳表面产生相对滑动，并被拉伸、断裂直至擦离（图 4-8）。这种由于强烈的摩擦作用而使糙米皮层剥落的过程称为擦离作

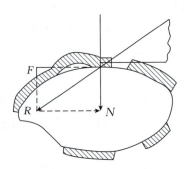

图 4-8 摩擦擦离作用

(李华新等，2016)

注：F 为摩擦力，N 为法向力，
R 为二者合力。

用，利用擦离作用使糙米碾白的方法称为摩擦擦离碾白。

（2）研削碾白。研削碾白就是借助高速转动的金刚砂辊筒表面无数锐利的砂刃对糙米皮层进行运动研削，使米皮破裂脱落，达到糙米碾白的目的（图4-9）。研削碾白压力小，产生的碎米较少，成品表面光洁度较差，米色暗而无光，易出现精度不均现象，米糠含淀粉较多。研削碾白适宜于碾制籽粒结构强度较差、表皮干硬的粉质米粒。

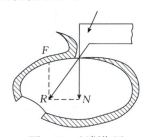

图4-9　研削作用

（李华新等，2016）

注：F 为摩擦力，N 为法向力，R 为二者合力。

2. 碾米机　碾米机的主要工作构件由进料机构、碾白室、出料机构、传动机构以及机座等部分组成。其中的心脏，是影响碾米工艺效果的关键因素。

我国碾米定型设备 NS 型砂辊碾米机的结构如图4-10所示。

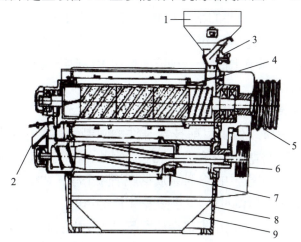

图4-10　NS型砂辊碾米机的结构

（李华新等，2016）

1. 进料斗　2. 分路器　3. 流量调节装置　4. 碾白室　5. 传动带轮
6. 防护罩　7. 擦米室　8. 机架　9. 接糠斗

3. 成品及副产品整理　经碾米机碾制得到的大米，其中还混有一些米糠、碎米及异色米粒，还不能直接作为商品上市，仍需要进行成品整理。成品整理可以提高商品价值，有利于储藏、改善食用品质、提高经济效益，其主要工序包括擦米、凉米、分级、抛光、色选、配米等。擦米工序紧接碾米工序之后，可借助装有橡皮条、牛皮条、鬃毛刷的转筒或铁辊，对米粒进行搅动和擦刷，擦去黏附在米粒表面的细糠粒。在米糠中常会混入少量整米和碎米，通过副产品整理，可把这些整米和碎米分离出来，从而提高碾米机的出米率。糠秕混合物主要是米糠、米秕及少量碎米、整米等，虽然是副产品，但它们仍有利用价值。以米糠为原料开发出来的产品有上百种之多；米秕可用作制糖、制酒的原料；碎米可用于生产高蛋白粉，制作饮料、酒类等。

成品、副产品及下脚整理的要求是：成品的纯度和外观性能应符合国家标准或目标市场的特殊要求；经过整理后，副产品和下脚中的含粮数量达到规定标准。

二、小麦加工

小麦是全世界主要的粮食作物，也是世界上栽培最早的作物之一，它在人类文明的发展过程中发挥了极其重要的作用。目前，小麦已成为全世界分布范围最广、种植面积最大、总产量最高、供给营养最多的粮食作物之一。

（一）小麦加工前处理

1. 清理杂质　由于目前技术条件的限制，小麦在生长、收割、储存、运输等过程中都会有杂质混入。因此，在制粉前必须对小麦进行清理。只有把小麦中的各种杂质彻底清除干净，才能保证面粉的质量，确保人民的身体健康，达到安全生产的目的。

（1）风选法。利用小麦与杂质空气动力学性质的不同进行清理的方法称为风选法。空气动力学性质一般用悬浮速度表示。常用的风选设备有垂直风道和吸风分离器。

（2）筛选法。利用小麦与杂质粒度大小的不同进行清理的方法称为筛选法。粒度大小一般以小麦和杂质厚度、宽度为依据。筛选法需要配备有合适筛孔的运动筛面，通过筛面与小麦的相对运动，使小麦发生运动分层，粒度小、密度大的物质接触筛面成为筛下物。常用的筛选设备有振动筛、平面回转筛和初清筛等。

（3）密度分选法。按照小麦密度的不同进行分选的方法称为密度分选法。密度分选法需要介质的参与，如空气和水。利用空气作为介质的方法称为干法密度分选；利用水作为介质的方法称为湿法密度分选。干法密度分选常用的设备有密度去石机、重力分级机等，湿法密度分选常用的设备有去石洗麦机等。

（4）精选法。利用杂质与小麦的集合形状和长度不同进行清理的方法称为精选法。利用几何形状不同进行清理需要借助斜面和螺旋面，通过小麦和球形杂质发生的不同运动轨迹来进行分离。常用的设备有抛车（又称螺旋精选机）等，利用长度不同进行清理需要借助有袋孔的旋转表面，短粒嵌入袋孔被带走，长粒留于袋孔外不被带走，从而达到分离的目的。常用的设备有滚筒精选机、碟片精选机、碟片滚筒组合机等。

（5）撞击法。土块及小麦表面黏附的灰尘，其结合强度低于小麦本身，可以通过高速旋转构件的撞击使其破碎脱落，利用合适的筛孔使其分离，从而达到清理的目的。撞击法常用的设备有打麦机、撞击机和刷麦机等。

（6）碾削法。利用旋转的粗糙表面（如沙粒面）清理小麦表面灰尘或碾刮小麦麦皮的清理方法称为碾削法。碾削法常用于剥皮制粉。通过几道砂辊表面的碾削可以部分分离小麦的麦皮，从而可以缩短粉路，更便于制粉。碾削法常用的设备有剥皮机等。

2. 小麦清理流程　小麦粉的生产过程包括破碎、分级、在制品整理、同质合并及面粉后处理等过程。所谓在制品，就是制粉过程中的中间产品；而同质合并就是将不同系统中质量相同的在制品合并在一起进行处理。

（1）破碎。破碎过程的任务有两点：其一是破碎小麦，剥刮皮层上的胚乳，使皮层和胚乳分离。该过程中要尽可能保证小麦麦皮的粒度，防止麦皮过碎混入面粉中，从而降低面粉的品质。其二是将胚乳破坏成粒度符合要求的面粉。

（2）分级。分级过程的任务主要有两点：其一是及时分离出粒度达到要求的面粉，目的是减少后路的负荷，防止面粉由于过度研磨而使质量降低；其二是对在制品按粒度进行分级，目的在于使磨粉机对不同粒度的物料进行分类破碎。

（3）在制品整理。在制品整理的任务：为了提高面粉的质量，对重要的在制品按质量进行分级，该任务主要由清粉机来完成；为了减轻磨粉机的负荷，提高面粉质量，对质量好的在制品进一步破碎，该任务主要由强力清粉机来完成；为了提高分级效果，对研磨后的物料进行松散，该过程由打板松粉机来完成。

（4）同质合并。同质合并的任务是对不同品质的在制品进行分类合并，以便分别研磨，从而提高工艺效果。同质合并使用到的设备主要有各种输送设备和溜管。

（5）面粉后处理。面粉后处理是非常重要的过程。通过该过程，可以生产出符合消费者要求的面粉。根据消费者的要求，面粉后处理有以下 3 项任务。

配粉：利用不同品种的小麦及粉路中不同部位生产出的面粉进行搭配，从而生产出符合要求的面粉。配粉过程中使用的设备有配粉仓、仓底振动卸料器、配粉称、混合机、输送设备、卧式圆筛等。

品质改良：包括两个方面的内容：其一是对面粉品质特性进行改良。通过添加维生素 C、复合酶制剂等强筋剂强化面筋的筋力；通过添加 L-半胱氨酸、亚硫酸氢钠、蛋白酶等减筋剂减弱面筋的筋力。其二是添加面筋中缺少的营养成分，如在面粉中添加铁、锌、钙，以及 B 族维生素、大豆粉等，补充面粉的营养成分。

增白：添加氧化剂，释放原子态的氧，使面粉中的胡萝卜素被氧化，从而改善面粉的色泽。

3. 面粉产品的处理

（1）杀虫。现代化面粉厂均配备面粉撞击杀虫机，可以杀死面粉中各个虫期的害虫及虫卵，延长安全储藏期。

（2）漂白、熟化。小麦胚乳中含有叶黄素、类胡萝卜素等黄色素，所以新制面粉颜色略黄。经过 2~3 周的储藏，在空气缓慢氧化作用下，面粉中的色素遭到破坏，面粉颜色变白，同时筋力也因氧化作用而有所增加，这就是面粉的自然熟化。

（3）空气分级。面粉由大小不同的粉粒组成，小的 1 μm 以下，大的约 200 μm。最小的粉粒主要是蛋白质碎片，含蛋白质多；稍大一些的粉粒主要是游离的淀粉粒，含蛋白质少；更大的粉粒则是胚乳碎块，保持着原有的淀粉粒镶框在蛋白质的结构中。蛋白质含量与小麦胚乳相同。根据这些情况，即可得到高蛋白小麦粉（粉粒小于 17 μm）、低蛋白小麦粉（粉粒大小为 17～40 微米）和一般蛋白质含量的小麦粉（粉粒大于 35～40 微米）。这样得到的高蛋白质含量比原小麦胚乳的蛋白质含量可高出 1 倍。

三、油料加工

制油前，应对油料进行一系列的处理，使油料具有最佳的制油性能，以满足不同制油工艺的要求。通常在制油前对油料进行清理除杂、剥壳、破碎、软化、轧坯、膨化、蒸炒等工作，统称为油料的预处理。

（一）油料的清理

1. 油料清理的目的　油料清理是指利用各种清理设备去除油料中所含杂质的工序的总称。进入油厂的植物油料中不可避免地会夹带一些杂质，一般情况下油料含杂质达 1%～6%，最高达 10%。油料中绝大多数杂质在制油过程中会吸附一定数量的油脂而存在于饼粕内，从而造成油分损失，出油率降低。混入油料中的有机杂质会使油色加深或使油中沉淀物过多影响油的品质，同时饼粕质量较差，影响饼粕资源的开发利用。混入油料的杂质往往会造成生产设备效率下降，生产环境粉尘飞扬、空气混浊。因此，采用各种清理设备将这些杂质清除可减少油料油脂损失，提高出油率；提高油脂及饼粕的质量；提高设备的处理能力；保证设备的安全运行；保证生产的环境卫生。

2. 油料清理的方法　油料中杂质种类较多，二者在粒度、密度、表面特性、磁性及力学性质等物理性质上存在较大差异。根据油料与杂质在物理性质上的明显差异，可以选择风选、磁选等方法除去各种杂质。对于棉籽脱绒、菜籽来讲，可采用专用设备进行处理。选择清理设备应视原料含杂质情况，力求设备简单、流程简短、除杂效率高。

（二）油料的剥壳及仁壳分离

1. 剥壳的目的 大多数油料都带有皮壳，除大豆、油菜籽、芝麻含壳率较低外，其他油料如棉籽、花生、葵花籽等含壳率均在20%以上。含壳率高的油料必须进行脱壳处理，而含壳率低的油料仅在考虑其蛋白质利用时才进行脱皮处理。油料皮壳中含油率极低，制油时不仅不出油，反而会吸附油脂，造成出油率降低。剥壳后制油能减少油脂损失，提高出油率。油料皮壳中色素、胶质和蜡含量较高，如果这些物质在制油过程中溶入毛油，会造成毛油色泽深、含蜡高、精炼处理困难。剥壳后制油，毛油质量好，精炼率高。油料带壳制油，会因体积大而造成设备处理能力下降，因皮壳坚硬而造成设备磨损，从而影响轧坯效果。

2. 剥壳的方法 油料剥壳时，根据油料皮壳性质、形状大小、仁皮结合情况的不同，可采用不同的剥壳方法。常用的剥壳方法有：

（1）摩擦搓碾法。借粗糙工作面的搓碾作用使油料壳破碎。例如，圆盘剥壳机用于棉籽、花生的剥壳。

（2）撞击法。借壁面或打板与油料之间的撞击作用使皮壳破碎。例如，离心式剥壳机用于葵花籽、茶籽的剥壳。

（3）剪切法。借锐利工作面的剪切作用使油料皮壳破碎。例如，刀板剥壳机用于棉籽剥壳。

（4）挤压法。借轧辊的挤压作用使油料皮壳破碎。例如，轧辊剥壳机用于蓖麻籽剥壳。

（5）气流冲击法。借助高速气流将油料与壳碰撞，使油料皮壳破碎。

（三）油料的破碎与软化

1. 破碎 破碎是在机械外力作用下，将油料粒度变小的工序。对于大粒油料，如大豆、花生仁，破碎后有利于轧坯操作；对于预榨饼，破碎后其粒度应符合浸出和二次压榨的要求。

对油料或预榨饼的破碎要求：破碎后，粒度均匀、不出油、不成团、粉末少。对于大豆、花生仁，要求破碎成 6～8 瓣即可。预榨饼要求块粒长度控制在 6～10 毫米为好。

2. 软化 软化是调节油料的水分和温度，使油料可塑性增加的工序。对于直接浸出制油而言，软化也是调节油料入浸水分的主要工序。

软化的目的在于调节油料的水分和温度，改变其硬度和脆性，使之具有适宜的可塑性，为轧坯和蒸炒创造良好的操作条件。对于含油率低的、水分含量低的油料，软化操作必不可少；对于含油率较高的花生、水分含量高的油菜籽等一般不软化。

（四）机械压榨法制油

机械压榨法制油就是借助机械外力把油脂从料坯中挤压出来的过程。在压榨制油过程中，榨料粒子主要发生物料变形、摩擦生热、水分蒸发、油脂分离等物理变化，同时也有蛋白质变性、酶的钝化失活、某些物质之间结合等生物化学反应。压榨过程实际上包括油脂从榨料粒子孔隙中被挤压出来和榨料粒子受压变形形成油饼两个过程。

1. 压榨过程 在压榨取油过程中，受榨料坯的粒子受到强大的压力作用，致使油脂液体部分中的非脂物质凝胶部分发生两个不同的变化，即油脂从榨料空隙中被挤压出来和料坯经弹性变形成为坚硬的油饼。

在压榨的开始阶段，粒子发生变形并在个别接触处结合，粒子间空隙缩小，油脂开始被压出；在压榨的主要阶段，粒子进一步变形结合，其内空隙更小，油脂大量压出；压榨的结束阶段，粒子结合完成，其内空隙的横截面突然缩小，油路封闭，油脂很少被榨出。解除压力后的油饼，由于弹性变形而膨胀，其内形成细孔，有时有粗的裂缝，未排走的油脂反而被吸入。

2. 压榨设备 为取得良好的压榨取油效果，设备也同样重要。设备类型与结构的优劣，在一定程度上影响到工艺规程的制定和参数的确定。油料品种繁多，要求压榨设备在结构设计上尽可能满足多方面的要求。同时，榨油设备应具有生产能力大、出油效率高、操作维护方便、一机多用、动力消耗少等特点。目前，压榨设备主要有两大类：间隙式生产的液压榨油机和连续式生产的螺旋榨油机。

(1) 液压榨油机。液压榨油机是利用液体传送压力的原理，使油料在饼圈内受到挤压，将油脂取出的一种间隙式压榨设备。该机结构简单、操作方便、动力消耗小、油饼质量好、能够加工多种油料，适用于小型油厂进行零星分散油料的加工。但其劳动强度大、工艺条件严格，已逐渐被连续压榨设备所取代。在边远缺乏电力的地区，它仍是可选的取油设备。

常见的液压榨油机有卧式和立式之分（图 4 - 11、图 4 - 12）。凡液压榨油机均包括榨油机本体和液压系统两大部分。

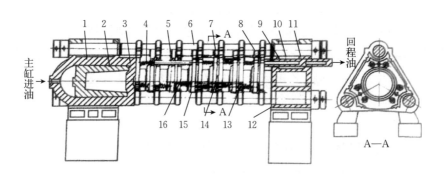

图 4 - 11　卧式液压榨油机

(李华新等，2016)

1. 油缸　2. 活塞　3. 嵌入板　4. 弹簧　5. 回程杆　6. 榨柱（连续柱）　7. 出饼推杆

8. 榨膛顶端导轨轴承　9. 回程油缸　10. 回程杆　11. 回程活塞　12. 顶盖

13. 出饼拉杆　14. 榨膛　15. 底部导轨轴承　16. 压盖（蒸汽板）

(2) 螺旋榨油机。螺旋榨油机是国际上普遍采用的较先进的连续式榨油设备。其工作原理是：旋转的螺旋轴通过在榨膛内形成的推进作用，使榨料连续向前推进。同时，由于榨料螺旋导程的缩短或根圆直径增大，使榨膛空间体积不断缩小而产生压力，把榨料压缩，并把料坯中的油分挤压出来，油分从榨笼缝隙中流出。同时，将残渣压成饼块，从榨轴末端不断排出。

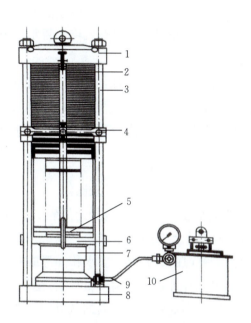

图 4 - 12 立式液压榨油机

(李华新等，2016)

1. 顶板 2. 支柱 3. 拉杆 4. 支板 5. 承饼板 6. 中座 7. 油缸
8. 底板 9. 管路 10. 油泵及油箱

螺旋榨油机取油的特点是连续化生产、单机处理量大、劳动强度低、出油率高、饼薄易粉碎，有利于综合利用，故应用十分广泛。

四、玉米加工

在食品行业中，玉米主要作为淀粉及其深加工的原料。随着人们健康意识的增强和各种专用型玉米的推广使用，玉米的营养和食用价值逐渐为世人所重视。由于玉米含有抗氧化、抗癌因子——谷胱甘肽以及丰富的胡萝卜素和膳食纤维等，运用现代食品工程技术生产多种多样的米食品显得尤为重要，而且也展示了广阔的开发利用前景。

（一）玉米渣和玉米粉的加工

玉米干磨制粉有两种基本方法，即去胚工艺和不去胚工艺。不去胚的干磨加工属于旧法，是将整个籽粒全部磨粉，胚留在粉中会影响其储藏保鲜时间。大多数的商品玉米粉是用新法加工的，即用去皮玉米籽粒再去胚后加工的，能同时生产玉米糁、脱脂玉米粉及玉米胚芽等干法分离产品。

1. 工艺流程　玉米渣和玉米干法制粉加工包括清理、水分调节、脱皮、破粒脱胚、粗碎、精选和制粉等工序，基本工艺流程为：

玉米清理→水分调节→破粒脱胚→粗碎→精选→制粉脱脂→玉米粉。

玉米胚芽　玉米糁

2. 改良玉米粉的加工　以普通玉米为原料，采用生物发酵、酶催化修饰和超微粉碎技术生产改良玉米粉，保留了米的原有色泽和风味，克服了玉米粉口感粗糙的缺点，加水和面形成的面团具有一定的延展性和黏弹性。可制作水饺、面条、面包、馒头和包子等面制食品，加工制作的食品像小麦粉一样口感细腻滑爽、柔软筋道。

（1）工艺流程。改良玉米粉的加工包括玉米糁的生物发酵处理和膨化、微细化粉碎等关键技术，基本加工工艺流程为：

玉米清理→脱皮、脱胚、破糁→生物发酵→玉米糁烘干→挤压膨化→超微粉碎→计量包装。

（2）操作要点。

清理破糁：经过清理、脱皮、脱胚、破糁处理，达到如下指标：杂质含量≤0.3%，含沙量≤0.2%，磁性金属含量≤0.03克/千克，脱胚率≥90%，破糁4～6瓣，生产合格的玉米糁。

生物发酵：在玉米糁中添加酸性蛋白酶、α-淀粉酶和纤维素酶。加水发酵一段时间，利用生物酶的催化修饰作用和微生物（乳酸菌）的发酵作用，使玉米淀粉和蛋白质发生生物降解改性反应，将蛋白质分子解聚。胚乳中的蛋白质失去结晶结构，继而膨胀变为凝胶体，促使淀粉颗粒从包围它的蛋白质中释放出来，引起淀粉变性，增加其黏弹性。蛋白质轻度降解增加黏度，使玉米粉的面团性状得到明显改善。

玉米糁烘干：玉米糁发酵后，含水率为50%。经过烘干，使玉米糁中的水分降至 14％ 左右。烘干温度控制在 120 ℃。

挤压膨化：烘干后的玉米糁在挤压膨化机内经过短时高温膨化处理，水分降至 6％～7％，散发出玉米的自然清香风味。

超微粉碎：采用气流式超微粉碎机，以高速旋转所产生的超高气流，将玉米糁膨化物料加速携带到高速气流中。通过转子上的小室产生高压湍流，从而发生高频振荡，使玉米糁颗粒间激烈碰撞、摩擦，最终裂解成粉末。

（二）玉米薄片方便粥的加工

利用挤压膨化技术使玉米产生一系列的质构变化，糊化之后的 α-淀粉不易恢复 β-淀粉的粗硬状态，并能赋予独特的焦香味道。在玉米挤压膨化的基础上，通过切割造粒与压片成型生产冲调复水性好的玉米薄片粥，产品质地柔和、口感爽滑、易于消化，并具有传统玉米粥的清香风味。

1. 工艺流程　玉米薄片方便粥加工的基本工艺流程为：

玉米粉碎→配料→挤压膨化→切割造粒→冷却→压片→烘干→包装。

2. 操作要点

（1）原料粉碎。选取去皮脱胚的新鲜玉米原料，经磨粉机磨至 50～60 目*。

（2）配料。选用转叶式拌粉机配料，加水量为 20％～24％，搅拌均匀。

（3）挤压膨化。将配好的物料加入单螺杆挤压膨化机后，物料随螺杆旋转，沿轴向前推进并逐渐压缩。经过强烈地搅拌、摩擦、剪切混合以及来自机筒外部的加热，物料迅速升温（140～160 ℃）、升压（0.5～0.7 兆帕），形成流动性的凝胶状态。通过由若干个均匀圆孔组成的模板连续、均匀、稳定地挤出条状物料。物料由高温高压骤然降为常温常压，瞬时完成膨化过程。

（4）切割造粒。物料在挤出的同时，被模头前的旋转刀具切割成大小均匀的小颗粒。通过调整刀具转速，可改变切割长度。切断后的

---

*　目为非法定计量单位，指物料的粒度或粗细度。对应筛孔尺寸为 0.250～0.300 毫米。

小粒形成大小一致的球形膨化半成品。膨化成型的球形颗粒应表面光滑，无粘连现象。

（5）冷却输送。在旋切机溶料处有一 1.5 米长水平放置的输送机，输送机由有网孔的钢丝网传动，网带底部装有风机，向半成品吹风冷却。冷却后的温度为 40～60 ℃，水分可降到 15%～18%，半成品表面冷却并失掉部分水分使半成品表面得到硬化，并避免半成品相互粘连结块。

（6）辊轧压片。压片机由一对钢提组成，钢提直径 310 毫米，转速为 60 转/分。冷却后的半成品送到压片机内轧成薄片，通过调整钢提的间隙可调节轧片厚度，一般为 0.2～0.5 纳米压片的半成品应表面平整、大小一致，内部组织均匀，辊压时水分继续挥发，压片后水分可降至 10%～14%。

（7）烘烤。压片后的半成品水分仍比较高，为延长保质期，需进一步干燥至含水率为 3%～6%，烘后的成品还能产生玉米特有的香味。烘烤操作可采用远红隧道式烤炉，网带长度 14.5 米，烘烤时间为 5～15 分钟。

3. 产品特点　烘烤干燥后的玉米薄片装袋后，佐以甜味或其他风味调料，可直接冲调食用。或按一定比例添加奶粉、豆粉、糖及各种香料制成不同风味的快餐方便粥，可增加花色品种。除冲调成粥食用外，将玉米膨化后不经轧片而直接磨粉制成膨化玉米粉，可作为焙烤食品的配料，适用于加工玉米面包饼及烧饼等食品。

五、薯类加工

（一）马铃薯淀粉生产

1. 马铃薯的原料特征　马铃薯是多年生草本植物，属于块茎类。马铃薯块茎呈扁形、圆形、长圆形及柱状等，其表皮上有若干个芽眼。块茎的外表面有周皮覆盖，紧贴周皮的是形成层环。这个环的细胞充满了原生质，并含有大量的淀粉颗粒。形成层环往里是马铃薯含淀粉的主要部分，称外部果肉。中心部分是内部果肉，淀粉含量较少。马铃薯块茎中的主要物质含量随品种、土壤、气候、耕种、储存等情况而有较大变化。

2. 马铃薯淀粉生产工艺　马铃薯淀粉生产的主要任务是尽可能地打破马铃薯块茎的细胞壁，从释放出来的淀粉颗粒中清除可溶性及不溶性的杂质。马铃薯淀粉生产工艺为：原料输送及清洗→马铃薯磨碎→细胞液分离→从料浆中洗涤淀粉→细胞液水的分离→淀粉乳精制→细渣洗涤→淀粉乳洗涤→淀粉干燥。

3. 马铃薯淀粉生产的工艺要点

（1）原料输送及清洗。

原料输送：规模较大的生产企业，由于加工量大，原料从储仓向生产车间输送可采用水力输送。水力输送的方式是通过沟槽。连接仓库和生产车间的沟槽应具有一定的坡度。在始端连续供水，水流携带马铃薯一起流动到生产车间的洗涤工段。在水力输送的过程中，马铃薯表面的部分污泥被洗掉。输送的沟槽越长，马铃薯洗涤得越充分。

马铃薯清洗：在水力输送过程中，可洗除部分杂质；彻底的清洗是在洗涤机中进行，以洗净附着在马铃薯表面的污染物。洗涤机是通过搅动轴上安装的搅动杆，在旋转过程中使马铃薯在水中翻动，以洗净污物。在沙质土壤中收获的马铃薯洗涤时间可短些，为 8～10 分钟；在黑黏土中收获的马铃薯洗涤时间要长些，为 12～15 分钟。

（2）磨碎。马铃薯磨碎的目的在于尽可能地使块茎的细胞破裂，并从中释放出淀粉颗粒。磨碎时多采用擦碎机。擦碎机是在其旋转的转鼓上安装有带齿的钢锯，通过钢锯对进入机内的马铃薯进行擦碎操作。擦碎后的马铃薯悬浮液由破裂的和未破裂的细胞、细胞液及淀粉颗粒组成。除擦碎机外，也可采用粉碎机进行破碎，如锤片式粉碎机等。

（3）细胞液分离。磨碎后，从马铃薯细胞中释放出来的细胞液是溶于水的蛋白质、氨基酸、微量元素、维生素及其他物质的混合物。天然的细胞液中含干物质 4.5%～7%。这些细胞液在空气中氧气的作用下，发生氧化反应而使淀粉的颜色发暗。为了合理地利用马铃薯中的营养成分、改善加工淀粉的质量、提高淀粉产量，应将这部分细胞液分离。分离细胞液是通过离心机进行的。在分离时，应尽量减少淀粉的损失。分离出的浓细胞液可作为副产品加以利用。为了便于输送，可用净水或工艺水按 1：(1～2) 的比例将细胞液中含淀粉的浆料加以稀释，再送至下道工序。

(4) 从浆料中洗涤淀粉。稀释的马铃薯浆料是一种悬浮液，其中包含了淀粉颗粒、破裂及未破裂的马铃薯细胞，还有残留在浆液中的部分可溶性物质。本工序的任务是从浆料中筛除粗渣滓。方法是，用水把浆料放在不同结构的筛分设备上，采取不同的工艺流程进行洗涤。可选用振动筛、离心喷射筛、弧形筛等。粗渣留在筛面上，筛下物包括淀粉及部分细渣的悬浮液。

(5) 细胞液水的分离。在被洗出来的筛下物悬浮液中，干物质含量只有 3%～4%。其中，稀释后的细胞水分由于仍含有易被空气氧化的成分，所以容易变成暗褐色，从而影响淀粉的颜色。应立即用离心机将稀释后的细胞液水分分离开来，所用设备为卧式沉降式离心机。

(6) 淀粉乳精制。淀粉乳精制就是把大部分细渣从淀粉乳中清除。精制环节对马铃薯淀粉最终质量有很大影响。在精制的淀粉乳中，淀粉占干物质的 91%～94%，其余大部分为细渣。淀粉乳的精制一般也在振动筛、离心筛或弧形筛上进行，筛网应采用双料筛绢或尼龙筛绢，每平方厘米筛孔数在 1 400 个以上，孔眼尺寸为 140～160 微米，筛孔有效面积占筛面的 34% 左右。

(7) 细渣洗涤。在淀粉乳精制工序中，留在筛面的细渣里还含有 30%～60% 的游离淀粉。为了分离出这些淀粉，要对这些细渣进行洗涤。由于细渣和淀粉在大小及质量上相差不大，所以不易分离，最好采用曲筛洗涤工艺。

(8) 淀粉乳洗涤。精制淀粉乳中淀粉的干物质纯度可达 97%～98%，但仍有 2%～3% 的杂质，主要是细沙、纤维及少量的可溶性物质，有必要再进行清洗。除沙和洗涤淀粉，可采用不同类型的旋液分离器。

(9) 淀粉干燥。马铃薯淀粉的脱水和干燥，采用机械脱水和气流干燥工艺。

(二) 甘薯淀粉生产

生产甘薯淀粉的原料有鲜甘薯和甘薯干。鲜甘薯由于不便运输、储存困难，因而必须及时加工。用鲜甘薯加工淀粉的季节性强，要在甘薯收获后两三个月内加工，因而不能满足常年需要。所以，鲜甘薯淀粉的生产多属小型工业或农村传统作坊式。一般工业生产都是以甘薯干为原料，采取机械化操作，淀粉得率较高。以甘薯干为原料的淀粉加工工艺为：

预处理→浸泡→破碎→筛分→流槽分离→碱处理→清洗→酸处理→清洗→离心脱水→成品淀粉。

1. 预处理　甘薯干在加工和运输过程中容易混入各种杂质，所以必须经过预处理。方法有干法和湿法 2 种。干法是采用筛选、风选及磁选等设备；湿法是用洗涤机或洗涤槽清洗，除去杂质。

2. 浸泡　为了提高淀粉得率，可用石灰水浸泡，浸泡液 pH 为 10～11，浸泡时间约 12 小时，温度控制在 40 ℃左右。浸泡后，甘薯片的含水率为 60％左右。然后用水淋洗，洗去色素和尘土。

3. 破碎　破碎是甘薯干淀粉生产的重要工序。破碎的好坏，直接影响到产品的质量和淀粉的得率。浸泡后的甘薯片随水进入锤片式粉碎机进行破碎。一般采用二次破碎，即甘薯片经第一次破碎后，分离出淀粉；再将筛上薯渣进行第二次破碎，然后过筛。在破碎过程中，为降低瞬时温升，根据两次破碎粒度的不同，调整粉浆浓度。第一次破碎为 3～3.5 波美度，第二次破碎为 2～2.5 波美度。

4. 筛分　经过破碎得到的甘薯粉浆必须进行筛分，分离出粉渣。筛分一般分粗筛和细筛两次处理。粗筛使用 80 目尼龙布，细筛使用 120 目尼龙布。在筛分过程中，由于粉浆中含有的果胶等胶体物质易滞留在筛面上，影响分离效果。因此，应经常清洗筛面，保持筛面畅通。

5. 流槽分离　经筛分所得的淀粉乳还需进一步除去其中的蛋白质、可溶性糖类、色素等杂质，一般采用沉淀流槽。淀粉乳流经流槽，相对密度大的淀粉沉于槽底，蛋白质等胶体物质随汁水流出至黄粉槽，沉淀的淀粉用水冲洗入漂洗池。

6. 碱、酸处理和清洗　为进一步提高淀粉乳的纯度，还需对淀粉进行碱、酸处理。用碱处理的目的是除去淀粉中的碱溶性蛋白质和果胶杂质。用酸处理的目的是溶解淀粉浆中的钙、镁等金属盐类。淀粉乳在碱洗过程中往往增加了金属盐类，如不用酸处理总钙量会过高。用无机酸溶解后再用水洗涤除去，便可得到灰分含量低的淀粉。

7. 离心脱水 清洗后淀粉的水分含量达 50%～60%，用离心机脱水，可使淀粉含水量降到 12%～13%，即得成品淀粉。

（三）木薯淀粉生产

木薯又称树薯、树番薯、南洋薯、木番薯等，属大戟科亚灌木，是多年生木本植物。木薯原产于南美洲，后传入非洲、亚洲各地。目前，世界上产木薯最多的国家有印度尼西亚、巴西、尼日利亚、刚果、泰国等。木薯适应性强、产量高、分布面积广，其栽培粗放、耐旱性强，除要求气温高外，对地势、土壤、降水量要求不高，贫瘠土地也可用来种植。我国木薯产地主要有广东、广西、福建、云南等省份。木薯的块根呈圆筒形，前端较尖，长度可达 100 厘米以上。一棵木薯的块根可达 30～50 千克或以上。木薯的块根可分为表皮、皮层、肉质和薯心四部分。表皮的色泽有紫红色、白色、灰白色和淡黄色。

1. 木薯的主要成分 木薯的化学组成为淀粉及碳水化合物 25%、维生素 2%、蛋白质 3%、其他 5%、水分 65%。木薯的化学组成因品种、生长期、土壤、降水量而有很大的不同。从品种上来说，木薯可分为甜种薯和苦种薯。甜种薯适宜作食品原料，苦种薯则因淀粉含量高而适于制作淀粉。苦种薯含有一种有毒物——氰苷，约为 0.05%，比甜种薯高 10 倍。氰苷在木薯本身所含的一种酶的作用下，可水解成丙酮氰酸，丙酮氰酸又可进一步分解成氢氰酸，氢氰酸有剧毒。经分析表明，每 100 克木薯块根的外皮含氢氰酸 17.7 毫克，内皮层每 100 克含 142.4 毫克，薯肉中每 100 克含 14.2 毫克。因此，无论是用于食用还是生产淀粉，都应把薯皮去掉。另外，由于氰苷易溶于水，制取的淀粉一般氰苷含量可降到卫生标准以下。应注意的是，氰苷与水中铁离子结合生成蓝色的亚铁氰化物，使淀粉着色。因此，在生产淀粉时应避免使用铁质设备，所用水质也应符合要求。

2. 木薯淀粉生产工艺流程 清洗→去皮→破碎→筛分→流槽分

离→酸碱处理→清洗→脱水→干燥→成品淀粉。

3. 操作规程

（1）清洗。木薯加工前必须彻底清洗，以去除所有细微污物；否则，木薯本身带进的杂质会影响淀粉的色泽和品质。

（2）去皮。洗净的木薯，在破碎前应该去皮，因为木薯的皮层含有有毒物——氰化物。木薯汁中的酶作用于氰化物则生成氢氰酸，遇铁生成蓝色的普鲁士蓝，影响淀粉的色泽。所以在生产木薯淀粉时，应避免使用铁质设备，而且必须除去木薯的外皮，以防止淀粉着色，从而确保淀粉质量。

（3）破碎、筛分与分离。将去皮的木薯送入锤碎机进行破碎。为了使木薯块根得到充分破碎，可以采用 2 次处理。在破碎过程中，不断加水，破碎的薯糊用离心筛或平摇筛分离粉渣，并用流槽分离出蛋白质和可溶性糖类等杂质，从而得到粗制淀粉。

（4）酸碱处理。为使淀粉容易沉淀，经流槽分离后的淀粉乳应加入 0.3% 的 $Ca(OH)_2$ 溶液进行处理，最后洗净；或在淀粉乳中加酸和盐等化学试剂，以提高淀粉的纯度。方法一，加浓硫酸。按 1 升 2% 的淀粉乳中加入相对密度为 1.84 的浓硫酸 0.001 毫升，可加快淀粉的沉降速度，但淀粉黏度略有降低。方法二，加硫酸铝。按 1 升 2% 的淀粉乳加 0.1 克硫酸铝，能改善淀粉的沉降性，黏度也可提高。方法三，加亚硫酸溶液。加入量为 0.3~0.48 升淀粉乳，使蛋白质易于分离，并防止发酵和兼有漂白作用，但放置时间过长会使淀粉乳黏度降低。因此，待淀粉沉淀后，必须用水清洗。淀粉乳经酸碱处理后，除去相应的杂质，然后经清洗、脱水、干燥处理，即得成品淀粉。

六、杂粮加工

（一）大麦加工

1. 大麦制米　大麦制米工序主要有清理、调节水分、漂白、脱壳（去皮）、碾皮、磨片、碎麦、粗磨、精磨，以及气流分级、筛分、挤压膨化和红外干燥等。

大麦制米第一步是清理，这一工序需要用筛、去石机、重力桌分离器等专业设备。大小均一、色泽乳白、硬度中等的麦粒适合碾磨。在谷物加工过程中，各种碾磨是最常用的加工方式。籽粒经过清理后会进行脱壳，脱壳的目的是去掉大麦稃壳。脱壳之后经过碾皮，去除大麦皮。大麦的脱壳和碾米都是用研磨材料进行摩擦加工，但作用不同。脱壳是除去大麦的外壳，碾米是除去残留的谷壳及部分胚乳。碾皮加工后的主要食品为大麦米。大麦经碾磨，可以加工成糙大麦米（脱壳大麦）、珠形大麦米、整大麦米。

大麦米的生产工艺流程为：清理→调节水分→漂白→脱壳→谷壳分离→碾米→风选→分级→大麦米。

2. 大麦制粉　大麦籽粒外部除了有种皮和果皮之外，还有颖壳包裹。大麦粉是大麦经脱壳、碾磨制成的粉。大麦也是生产通心粉的原料。大麦粉的加工用米通常是珠形大麦米或脱壳大麦；清理大麦用的机器包括筛选机、滚筒或碟片精选机、风选机、去石机等，调节水分包括将大麦加水或干燥，使水分达到15%，润麦24小时；大麦的漂白是将脱壳大麦（有时是完整大麦）放入耐火材料或陶器滚筒内，喷入蒸汽和二氧化硫，二氧化硫含量不得超过0.04%。

大麦粉加工工艺流程为：清理→调节水分→漂白→脱壳→谷壳分离→碾米→风选→分级→大麦米→磨粉→大麦粉。

3. 大麦产品加工

（1）啤酒。大麦最主要的用途有两种：品质较好的大麦制成大麦芽，用作啤酒酿造的原料；品质较差的大麦一般用作饲料。啤酒含有易被人体吸收的低分子氨基酸、糖类、大量B族维生素等营养成分。我国啤酒用大麦主要分布在西北、华北和东北部分地区。啤酒用大麦的品质要求：颗粒大而饱满，粒形短，色较浅，皮较薄；水分含量在13%以下，二棱大麦千粒重不小于40克，六棱大麦千粒重不小于34克，大麦粉质率为85%～95%，淀粉含量不低于60%，蛋白质含量为9%～12%，浸出物含量在75%以上，无水敏性，酶活性较好。

啤酒生产工艺过程有四大工序：制备麦芽、糖化（制麦芽汁）、发酵和后处理（包装）。制备麦芽的过程分为大麦清选、分级、浸麦、发芽、干燥、除根。

大麦啤酒的加工工艺流程为：浸提发芽→干燥→大麦芽→捣碎加水煮（添加辅料）→过滤→麦芽汁→酵母发酵→啤酒。

（2）大麦片。大麦片作为一种即食早餐产品，风味独特。大麦片食用简单，营养平衡，是目前市场上很受欢迎的一种方便食品。

大麦片的生产工艺流程为：大麦米→加水→蒸烘→压片→烘干→调味→成品。

（3）大麦膨化粉。大麦膨化粉常以大麦米或大麦粉为原料，配以其他谷物和豆类的碎粒或粉，通过膨化制成。大麦及其他谷物或豆类在膨化过程中糊化率可达97％以上。大麦膨化粉营养全面，易被人体消化吸收。

大麦膨化粉生产工艺流程为：主料→搅拌混合→进机膨化→膨化颗粒→粉碎→膨化粉→配料→混合→筛分→干燥灭菌→无菌冷却→计量包装→抽样检验→成品。

（4）大麦茶。我国民间医疗偏方认为，大麦水能预防肠胃炎、中暑等多种疾病。在亚洲国家，大麦茶很流行。大麦也常用作咖啡的替代物。历史上，大麦茶因能作为治疗辅助物和预防心力衰竭及脱水而出名。

制作方法：大麦中加水，煮沸后加盖，小火慢炖一整夜或8小时（也可用砂锅）。从水中捞出大麦，水中加入糖及其他甜味剂或柠檬汁。由于大麦品种不一，其所含的天然色素不一致，得到的大麦水颜色也不同，有时呈浅色。若是裸大麦，各种食物中可以用煮熟的麦粒。

日本开发的浓醇味麦茶，是将大麦在不同加热条件下焙烧后混合，经萃取再澄清后制得。

（二）燕麦加工

1. 燕麦制米　燕麦米是指燕麦籽粒经过去皮或部分去皮加工而成的燕麦产品。从外观上看，燕麦米与燕麦籽粒没有明显区别。燕麦米的食用方法与大米相同，蒸煮后具有麦类独特的香味，具有与大米一样的实用性和适口性。调查显示，以燕麦米部分取代大米蒸煮米饭或粥，被大多数人所接受。燕麦米的加工相对简单，商品燕麦米应具有形态完整、色泽光亮、口感好、保质期长等特点。

燕麦米加工工艺流程为：燕麦原粮→预清理→储存→清理→分级→打毛→湿热处理→烘干→包装。

2. 燕麦制粉　燕麦制粉是生产燕麦食品的基础。燕麦粉按照成分不同可分为燕麦全粉、燕麦精粉、方便营养燕麦粉和燕麦专用粉。按照加工工艺不同，燕麦粉可分为生燕麦粉、熟燕麦粉和膨化燕麦粉。

燕麦传统制粉工艺流程为：裸燕麦籽粒→清理→洗麦→润麦→炒制→清理→研磨→成品。

3. 燕麦产品加工

（1）燕麦面条。燕麦面条加工工艺流程为：燕麦→挑选→清洗→高压蒸汽灭酶→烘干→粉碎→过筛→辅料添加→和面→熟化→压片→切条→干燥→包装→成品。

燕麦灭酶处理，磨粉前对燕麦进行 121 ℃ 10 分钟的高压蒸汽灭酶处理，以使燕麦中含有的脂肪酶、过氧化氢酶失活。

（2）燕麦方便面。燕麦方便面加工工艺流程为：原辅料称量→混合→和面→熟化→轧片→切条→蒸煮→干燥→计量→包装→成品。

操作要点：①和面。用 30 ℃ 左右的温水和面，时间 10 分钟。②熟化。在 30 ℃ 的保温箱中熟化 35 分钟。③轧片、切条。面团先通过两组轧辊压成两条面带，再次复合为一条面带，面带经 5～6 组直径逐渐减小、转速逐渐增加的轧辊辊压，将面片厚度压延至 0.8～10 毫米。面片达到规定厚度后，直接导入压条机压成一定规格的湿面条。④蒸煮。常压蒸煮 8 分钟。⑤干燥。微波功率 480 瓦下干燥 3 分钟后，热风 90 ℃ 干燥 35 分钟。

（3）燕麦面包。燕麦籽粒蛋白质含量高、营养全面，用燕麦粉制作的面包具有坚果般的香气。目前，国内外主要是将燕麦粉作为辅料添加到小麦粉中制作面包。

原料配方：燕麦粉 2 千克，小麦粉 3 千克，酵母 100 克，白砂糖 250 克，食盐 100 克，起酥油 200 克。

燕麦面包生产工艺流程为：原辅料处理→面团调制→面团发酵→分块、搓圆→中间发酵→整形→醒发→烘烤→冷却→包装→成品。

操作要点：①原辅料处理。分别按照制作面包的要求配制原辅料，再按照配方比例称取。②面团调制。将卫生和质量合格并经过预处理的糖、食盐配成溶液倒入调粉机，加适量的水；倒入全部面粉（燕麦粉和小麦粉），加酵母液，搅拌均匀；加入起酥油，继续搅拌至面团软硬适中均匀为止。面团调制时间为 40～50 分钟。③面团发酵。调制好的面团置于温度 28～30 ℃、空气湿度为 75%～80%的条件下，发酵 2～3 小时，至面团完全发酵成熟为止。

（三）荞麦加工

1. 荞麦制米　荞麦是我国独特的药食两用粮食作物，其药用价值、营养价值越来越被人们所重视。现有的荞麦米生产中多采用搓擦式荞麦剥壳方式。在固定的沙盘间隙下使荞麦经碾搓而剥壳，故需使用分级筛将荞麦分成多级。荞麦分级直接影响其后各工序的加工效果及整个生产线的性能指标。分级效果差，不仅造成碎米率高、出米率低、能耗增加，还会增加剥壳后混合物筛分的负荷。目前，荞麦米加工生产中主要使用圆孔筛分级荞麦。

荞麦制米工艺流程为：毛粮→清理→去石→分级→剥壳→风筛组合→荞麦米和未剥壳→筛分→荞麦米→成品米。

2. 荞麦制粉　荞麦粉是荞麦加工利用的主要产品，大多数荞麦加工厂都将荞麦加工成荞麦粉。荞麦粉是制作其他荞麦食品的主要原料。

目前，荞麦制粉的方法有"冷"碾磨制和钢辊磨制两种。"冷"碾磨制粉是先用钢辊磨破碎，筛选分级后再用沙盘磨磨成荞麦粗粉，所得产品是天然健康食品，比只用钢辊磨制的产品含有更多有益于健康的活性营养成分。老的制粉工艺，即钢辊磨制粉，是将荞麦籽粒经过清理后直接入磨制粉，荞麦粉质量较差；新的制粉工艺，即"冷"碾磨，是将荞麦籽粒脱壳后分离出种子入磨，制得的荞麦粉质量较好。目前，国际上多采用新的制粉工艺。新的工艺有多种产品，如荞麦全粉、荞麦颗粒粉、荞麦外层粉（疗效粉）和荞麦精粉。

第三节　案例分析

案例 1：五得利面粉集团有限公司

（一）企业概况

五得利面粉集团有限公司（以下简称"五得利"），专注面粉 30 年。五得利产品畅销全国除港澳台地区以外的所有省份，几乎所有大中城市均有五得利的销售网点，市场覆盖率达到了 97.6%。2016 年产值近 276 亿元，2017 年产值达 293.7 亿元。

五得利牌面粉获得了"最具市场竞争力品牌"等荣誉称号，五得利产品通过 ISO9001 认证；五得利集团先后荣获农业产业化国家重点龙头企业、国家标准化良好行为企业、中国食品工业百强企业、中国制造业企业 500 强、中国企业 500 强、河北省政府质量奖等称号。2018 年，五得利品牌价值 54.13 亿元。

（二）品牌理念

"五得利"既是公司名称，又是经营理念和公司宗旨。

客户得利：质优价廉的面粉，优良周到的服务。

农户得利：较高的小麦收购价格，准确的小麦收购斤两，随到随收，立付现款。

员工得利：较高而稳定的工资和福利，较多的培养和升迁机会，优越的劳动环境。

国家得利：法定的税费收入。

企业得利：靠的是大规模、先进的设备和技术、精心而又严格的管理。

将参与经营的"五方"组成一个利益共同体，客户愿买、农户愿卖、员工愿干、国家鼓励、企业获利，使经营进入一种良性循环。公司越办越好，各方得利越来越多，则是企业的愿望和目标。

（三）公司战略

30年来，集团公司已发展成为拥有6省19市19个子公司、35个大型制粉车间、78条现代化面粉生产线、日处理小麦能力达42 250吨、员工5 000多名的大型制粉企业。目前，"五得利"正沿着以面粉加工为主业这条道路飞速发展。

把新老公司建设好、管理好，把面粉生产好、销售好，将是实现"做强、做大、做久"的关键性工作。为此，集团总部及下辖的19个子公司均建在国家级优质小麦生产基地。铁路、公路、水路四通八达。得天独厚的地理环境为生产质优价廉的面粉提供了坚实的原粮基础，也为"五得利"事业的蓬勃发展提供了广阔的空间。

案例2：山东鲁花集团有限公司

（一）企业概况

山东鲁花集团有限公司是一家致力于做高端食用油引领者的民族企业、农业产业化国家重点龙头企业。集团现拥有37个生产基地，横跨食用油、调味品、米面等多个行业。食用油年生产能力150万吨，调味品年生产能力30万吨，米面年加工能力50多万吨。主要产品有鲁花5S压榨一级花生油、鲁花高油酸花生油、鲁花剥壳压榨葵花仁油、鲁花压榨特香菜籽油、鲁花压榨玉米油、鲁花大豆油、西班牙果尔橄榄油、鲁花小磨芝麻香油、鲁花自然鲜酱香酱油、鲁花自然鲜炒菜香酱油、鲁花蘸食鲜特级酱油、鲁花黑糯米香醋、鲁花料酒、鲁花蚝油、金福花泰国茉莉香米、福花大米系列、福花面粉系列、福花挂面系列、鲁花山泉水等。先后荣获国家首批"放心油"称号、中国食品安全承诺奖、国家科学技术进步奖、中华慈善奖、山东省省长质量奖、全国实施卓越绩效模式先进企业、中国餐饮30年卓越伙伴奖、中国粮油最受尊敬企业、最具传播价值中国民族品牌、连续 3 年成为"CCTV 央视 TOP 合作伙伴"、连续 2 年成功入选"新华社民族品牌工程",成功入选"联合国全球契约组织"等荣誉。目前,集团公司已在全国成立 240 多个销售分公司,形成了覆盖全国的市场营销网络。2018 年,鲁花集团销售收入突破 300 亿元,实现连续 30 多年经济效益的持续增长。

(二)技术创新、产品创新

1. 利用 5S 物理压榨工艺,生产以花生油为主,压榨葵花仁油、菜籽油、玉米油、大豆油等多品类为辅的食用油产业链 经国家有关部门多次组织专家组对鲁花"5S 物理压榨工艺"进行科技成果论证,结论为该工艺具有明显的五大创新:一是物理压榨技术代替化学浸出,避免了高温精炼和化学溶剂对油品的污染;二是生香、留香技术,完全激发和保留了花生中的香味物质;三是无水化脱磷技术,完全保留油品中的活性营养;四是恒温储存保鲜技术,确保食用油中的天然营养成分不变质;五是去除油品中黄曲霉素技术。专家组评审认为,鲁花掌握的"5S 物理压榨工艺"科技含量高,在做到去除黄曲霉素的同时,完整保留了植物油的营养、风味等品质特征,是世界领先的食用油制造工艺,填补了国内外空白,引领了食用油工艺的发展方向。这一核心技术先后荣获国家发明专利、中国粮油学会科学技术奖、山东省科学技术进步奖、国家科学技术进步奖。

2009 年,鲁花以"5S 物理压榨工艺"为基础研发的浓香葵花仁油技术荣获国家发明专利。2016 年,鲁花被授予"全国花生油、葵花籽油系列国家标准制修订基地"。近年来,鲁花立志做高端食用油引领者,为推动我国食用油消费提质升级积极创新与探索,与国内各大科研院所进行产学研合作,开启了高油酸花生油良种的实验、生产和推广,推动我国花生良种的第六次更新换代。2017 年 9 月,鲁花高油酸花生油正式上市,油酸含量达 75% 以上,引领了餐桌健康新时代。同年，鲁花集团承办的《高油酸花生油》行业标准、《食用植物调和油》国家标准制修订研讨会在莱阳举行。目前，鲁花已经成为我国食用油的领军品牌。

2. 利用独特的生物发酵技术，生产高端自然鲜酱香酱油、自然鲜炒菜香酱油、蘸食鲜特级酱油、黑糯米香醋、料酒、蚝油、调味酱等多品类的调味品产业链　鲁花集团通过与国际专业研发机构合作，历经 10 年的辛勤努力，精心培育出酿造酱油的灵魂元素——鲁花珍稀酱香菌。2012 年，投资兴建山东鲁花生物科技有限公司。利用先进的生物发酵技术，采用非转基因原料，经过酱香菌种制曲、四季净酿发酵、物理压榨三大环节，精酿出了自然鲜酱香酱油。其突出优势有三点：一是珍稀酱香菌种，直接决定了自然鲜酱油品质高贵、匠心独具的酱香味道。二是发明创造了净酿工艺，保证了酱油的酱香纯净，有效避免露天日晒酱油容易受到杂菌侵蚀和环境污染的弊端；还可让每一滴酱油都能经历春、夏、秋、冬四季交替，在音乐的激发下自然熟成，无须添加任何防腐剂。三是物理压榨取油技术，完整保留了头道原汁酱油的纯正酱香，其中，营养物质氨基酸态氮的含量达到了每百毫升 1.2 克以上，远远高出国家特级酱油每百毫升 0.8 克的标准。经业内专家组织各大品牌酱油进行专业标准测定和对气、滋味的品尝，鲁花自然鲜酱香酱油在风味、口感和技术指标等方面均超过了其他品牌酱油而达到了领先水平。

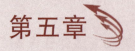

第五章

畜 禽 水 产 品 加 工

我国是世界上畜禽水产品生产品种资源最为丰富的国家，有长达3 000多年的产品加工历史，尤其是在中式肉、蛋、乳产品加工方面具有得天独厚的优势。

第一节　畜禽水产品加工内涵

一、畜禽水产品加工概念

畜禽水产品加工是指以畜禽水产品作为原材料的屠宰及加工，主要包含屠宰加工产品、高温肉制品、低温肉制品、中式传统肉制品、西式肉制品、速冻肉制品、发酵肉制品、乳制品、蛋制品、小包装冷却肉等。我国肉制品有500余种，在北京、上海等大城市超市常见的种类已达200余种。其中，生、鲜肉可分为热鲜肉、冷却肉、冷冻肉3类；肉制品可分成中式肉制品与西式肉制品两大类；按产品加工方法不同，以及产品内在质量和口味的变化，又可分为腌腊制品、酱卤制品、熏烧烤制品、火腿制品、肠类制品、肉干制品、油炸制品、罐头制品等；按加热杀菌温度不同，可分成高温肉制品和低温肉制品。

二、畜禽水产品加工意义

1. 调整养殖结构，显著促进畜禽水产业向优质、高效的方向发展　畜禽水产品加工业是保障与促进畜禽水产业发展的关键环节，发展高品质生产基地是现代畜禽水产品加工业的基础。加快畜禽水产品加工业发展可以使农业生产向高品质的原料生产转变，促进畜禽水产品向绿色化、现代化、规模化发展；促进畜禽水产品生产实现良性循环，使产品转化增值，对促进农业产业化进程、发展农村经济具有重要的作用。既方便推广先进的养殖技术、科学防疫知识等，也有利于推行标准化生产，从而加快推进优质、安全产品生产，促使基地建设走向专业化和科学化，培育更多的产品品牌，增强产品的市场竞争力。

2. 变原料为商品，成为畜禽水产品加工业发展的关键环节，显著提高经济效益的重要手段　畜禽水产品加工业是国民经济中的一个重要行业，是人们生活的重要来源，是衡量人民生活质量水平的关键指标，也是保证人民生活安全健康的重要措施。养殖业将生产出来的产品作为初级产品和原料直接上市，处于廉价的地位。而加工业可促使养殖业变原料生产为商品生产，提高经济效益。畜禽水产品加工向深度、精度及专用化方向发展，产品附加值不断提高，一般可以增值2～10倍，甚至100倍以上。例如，1头生猪粗加工成分割肉可增值30%，精加工成西式火腿肠产值可翻一番，如再进行明胶、皮革、医用制品等后续产品的加工获利会更多。

3. 调节市场，实现均衡供应，稳定畜禽水产养殖业　畜禽水产品具有季节性、鲜活易腐性，经常出现生产的大起大落，导致养殖经济效益很低、风险极高。畜禽水产品通过加工后再投放市场，可起到调节市场、均衡供应的作用；同时可防止畜禽水产品的积压、浪费与损失，显著地提高经济效益。畜禽水产品经过加工，延长了产品的保存期，还能很大程度改善畜禽水产品储藏和运输的困难。

4. 可以显著提高人民生活水平　畜禽水产品营养丰富，为人类提供了自然界中最全价的优质蛋白，因而发展畜禽水产品加工业对于改善膳食结构、提高人民生活水平和增强综合国力具有重要意义。我国畜禽水产品加工业发展极其迅速，已取得了令人瞩目的巨大成就。随着生活水平的不断提高和生活节奏的加快，市场经济与全球经济一体化进程加速，人们对畜禽水产品的消费已经不再满足于一只鸡、一只鸭、一条鱼、一块肉的水平，而是朝成品化、系列化、品牌化、超市化方向发展。畜禽水产品加工业的发展可以显著提高我国的加工转化能力，提高加工转化质量，促进生产发展与人民生活水平的改善。

三、畜禽水产品加工创新

（一）产业模式创新

1. 产业前延后伸趋向一体化　为了降低原材料采购成本、从源头上保证原料的品质和供给、进一步拓展产品的利润空间，我国畜禽水产品加工企业开始快速前延进入生产原料领域，建设原料基地，以保证生产高品质的产品。畜禽水产品加工企业按照"公司＋农户"的运作模式实施订单生产，推进产业化经营。我国畜禽水产品加工业已经形成了产业多种经营并存、优势互补的全产业链格局，市场竞争能力不断增强。为了保证销售渠道畅通，大型屠宰及肉类加工企业不断拓宽销售网络，建立物流配送体系，铺设专卖店等新型销售终端，以加强对市场的控制力，逐步改变了以往单一批发的销售模式，实现了与国际通行营销模式的接轨。

2. 畜禽水产品加工企业正逐步走上规模化道路　改革开放初期，我国畜禽水产品加工的卫生条件差、生产工艺技术落后。随着我国市场的逐步发展，企业规模不断扩大，生产流程逐步完善，产品销路逐步扩大，已由原来的小范围乃至自产自销扩大到销往日本、韩国、泰国、缅甸和我国香港等地。屠宰及肉类加工业分散的格局逐渐被打破，一批龙头企业异军突起，特别是"双汇""郑荣""春都""金锣""雨润""大众食品"等公司，已经成长为百亿元规模的大型企业，生产符合国内外适销对路的产品，品牌知名度很高。

3. 畜禽水产品加工向养殖主产区集聚　2007 年以来，国家相继出台了一系列关于食品安全的法律法规，特别是屠宰及肉制品加工领域，整改或者关闭了一批小作坊、黑窝点、小刀手等。近年来暴发了非洲猪瘟疫情，为了防止传播，我国加紧了对各类活畜禽的运输管控。特别是生猪产业，相关部门禁止生猪、种猪的跨省运输。伴随着人们对于食品安全越来越重视，活畜禽的运输将会越来越严格，屠宰及肉制品加工将逐步向养殖主产区集聚。

（二）产品创新

1. 产品特色化　我国畜禽水产品种类繁多，各地特色鲜明。面对激烈的市场竞争形势，我国畜禽水产品加工企业对新产品的开发速度越来越快，并显著向独具地方特色的产品方向发展。各类肉类加工企业在继承传统配方的基础上，采用现代工艺，对传统的肉食品进行精深加工开发，进而形成了地方特色。其主要产品有牦牛休闲食品、藏香猪、火腿、香肠、炸鱼排、豆腐肠、骨头渣、民族特色卤肉等，特别是我国巴马香猪，猪肉制品色、香、味俱佳，风味独特，享誉四方。同时，我国规模肉类工业主要向冷却保鲜肉、低温肉制品、保健功能性肉制品等方向发展。

2. 产品绿色化　人民群众对"绿色"的渴望越来越强烈，正成为产业高质量发展的持续动力。畜禽水产加工新产品为了满足激烈的市场竞争需求，提高市场占有率，产品"绿色"生产开发越来越受到重视，绿色农产品加工业方兴未艾。畜禽水产品加工企业重点抓好"绿牌"生产，如目前畅销的蒙牛有机奶品、伊利有机奶、绿色健康肉制品等。

3. 产品熟食化　就目前肉制品而言，我国生鲜肉比重过大，加工肉制品比重仍偏低，而从国际发展现状和趋势来看，高温熟食制品比重较高，发达国家原料肉加工率在50%以上。我国加工熟肉制品发展空间很大，近年来国内先后崛起了"波尼亚""顺鑫"等熟肉制品品牌，市场发展良好，取得了较好的经济效益。长期来看，随着人们生活节奏越来越快，熟食化肉制品更便于食用，产品风味保持良好。熟食是目前我国畜禽水产品加工企业积极拓展的领域。

第二节　畜禽水产品加工技术模式

改革开放以来，在政策扶持、科技进步、企业主导、市场需求变化等因素的共同影响下，我国畜禽水产品加工业取得了举世瞩目的成就。畜禽水产品加工正步入社会化、规模化、标准化的新发展阶段。肉类工业集中度呈上升态势，低温肉制品和冷却肉在大城市发展非常快，大型龙头企业在主产区的行业整合有巨大的发展空间，乳制品工业与奶牛产业同步发展。

一、畜禽肉制品加工

近年来，畜禽肉制品加工业规模不断扩大，成熟度逐渐提高，总体加工水平显著提升，机械设备和成套生产线国产化率不断提高，加工技术取得了长足进步。我国畜禽屠宰加工业逐渐发展为"机械化屠宰、精细化分割、冷链流通、连锁销售"的现代生产经营模式，畜禽屠宰与分割、酱卤肉制品、腌腊肉制品、风干肉制品、发酵肉制品等技术，有力地推动了我国传统肉制品加工技术的进步。

（一）猪的屠宰与分割

我国实行生猪定点屠宰、集中检疫制度。这是加强生猪屠宰管理、保证生猪产品质量安全、保障人民身体健康的需要。未经定点，任何单位和个人不得从事生猪屠宰活动。《畜禽屠宰操作规程　生猪》（GB/T 17236—2019）规定，从致昏开始，猪的全部屠宰过程不得超过 45 分钟；从放血到摘取内脏，不得超过 30 分钟；从编号到复检、加盖检验印章，不得超过 15 分钟。国内通常采用的工艺流程一般是：淋浴→致昏→刺杀放血→脱毛吊挂提升→剥皮→开膛及净膛→去头蹄、劈半→胴体修整、复检→整理副产品→猪肉分割。主要技术要点如下：

1. 淋浴　淋浴水温夏季以 20 ℃为宜，冬季以 25 ℃为宜。从不同角度、不同方向设置喷头，以保证体表冲洗完整。

2. 致昏　麻电致昏是目前广泛使用的一种致昏方法。电麻时，电流通过生猪脑部造成实验性癫痫，生猪心跳加速，能得到良好的放血效果。麻电操作人员应穿戴合格的绝缘靴、绝缘手套。麻电设备应安装电压表、电流表、调压器；按生猪品种和屠宰季节，适当调整电压和麻电时间。有的麻电器应在其两端分别蘸盐水（防止电源短路），操作时，在猪头颞颥区（俗称太阳穴）额骨与枕骨附近（猪眼与耳根交界处）进行麻电：将电极的一端揿在颞颥区，另一端揿在肩胛骨附近。人工麻电器：电压为 70～90 伏，电流为 0.5～1.0 安，麻电时间为 1～3 秒，盐水浓度为 5%。自动麻电器：电压不超过 90 伏，电流应不大于 1.5 安，麻电时间为 1～2 秒。猪被电麻后应心脏跳动，呈昏迷状态，不得使其致死。

3. 刺杀放血　麻电后，用链钩套住猪左后脚跗骨节，将其提升上轨道（套脚提升），从麻电致昏至刺杀放血，不得超过 30 秒。刺杀放血刀口长度约为 5 厘米。倒置放血时间不得少于 5 分钟。刺杀时，操作人员一手抓住猪前脚，另一手握刀，刀尖向上，刀锋向前，对准第一肋骨咽喉正中偏右 0.5～1 厘米处向心脏方向刺入，再侧刀下托切断颈部动脉和静脉，不得刺破心脏。刺杀时，不得使猪呛膈、淤血。

4. 脱毛　放血后的猪屠体应用喷淋水或清洗机冲淋，清洗血污、粪污及其他污物。应按猪屠体大小、品种和季节差异，控制浸烫水温为 58～63 ℃，浸烫时间为 3～6 分钟，不得使猪屠体沉底、烫老。浸烫池应有溢水口和补充净水的装置。经机械脱毛或人工刮毛后，应在清水池内洗刷浮毛、污垢。

5. 吊挂提升　抬起猪的两后腿，在猪后腿跗关节上方穿孔，不应割断胫、跗关节韧带，刀口长度宜为 5～6 厘米。挂上后腿，将猪屠体提升输送至胴体加工线轨道。

6. 剥皮　可采用机械剥皮或人工剥皮。

（1）机械剥皮。按剥皮机性能预剥一面或二面，确定预剥面积。剥皮按以下程序操作：

挑腹皮：从颈部起沿腹部正中线切开皮层至肛门处。

剥前腿：挑开前腿腿裆皮，剥至脖头骨脑顶处。

剥后腿：挑开后腿腿裆皮，剥至肛门两侧。

剥臀皮：先从后臀部皮层尖端处割开一小块皮，用手拉紧，顺序下刀，再将两侧臀部皮和尾根皮剥下。

剥腹皮：左右两侧分别剥。剥右侧时，一手拉紧、拉平后裆肚皮，按顺序剥下后腿皮、腹皮和前腿皮；剥左侧时，一手拉紧脖头皮，按顺序剥下脖头皮、前腿皮、腹皮和后腿皮。

夹皮：将预剥开的大面猪皮拉平、绷紧，放入剥皮机卡口、夹紧。

开剥：水冲淋与剥皮同步进行，按皮层厚度掌握进刀深度不得划破皮面，少带肥膘。

（2）人工剥皮。将屠体放在操作台上，按顺序挑腹皮、剥臀皮、剥腹皮、剥脊背皮。剥皮时不得划破皮面，少带肥膘。

7. 开膛及净膛　雕圈：刀刺入肛门外围，雕成圆圈，掏开大肠头垂直放入骨盆内。应使雕圈少带肉，肠头脱离括约肌，不得割破直肠。

挑胸、剖腹：自放血口沿胸部正中挑开胸骨，沿腹部正中线自上而下剖腹，将生殖器从脂肪中拉出，连同输尿管全部割除，不得刺伤内脏。放血口、挑胸、剖腹口应连成一线，不得出现三角肉。

拉直肠、割膀胱：一手抓住直肠，另一手持刀，将肠系膜及韧带割断，再将膀胱和输尿管割除，不得刺破直肠。

取肠、胃（肚）：一手抓住肠系膜及胃部大弯头处，另一手持刀在靠近肾脏处将系膜组织和肠、胃共同割离猪体，并割断韧带及食道，不得刺破肠、胃、胆囊。

取心、肝、肺：一手抓住肝，另一手持刀，割开两边隔膜，取横膈膜肌脚备检。左手顺势将肝下撤，右手持刀将连接胸腔和颈部的韧带割断，并割断食管和气管，取出心、肺，不得使其破损。

冲洗胸、腹腔：取出内脏后，应及时用足够压力的净水冲洗胸腔和腹腔，洗净腔内淤血、浮毛、污物，并摘除两侧肾上腺。

8. 去头蹄、劈半　将经检验合格的猪胴体去头、尾，可采用手工劈半或电锯劈半。手工劈半或手工电锯劈半时应"描脊"，使骨节对开，劈半均匀。采用桥式电锯劈半时，应使轨道、锯片、引进槽呈一直线，不得锯偏。劈半后的片猪肉还应立即摘除肾脏（腰子），扯断腹腔板油，冲洗血污、浮毛和锯末。

9. 胴体修整、复检　修整就是清除胴体表面的各种污物，修割掉胴体上的病变组织，按顺序修整腹部、修割乳头、放血刀口、割除槽头、护心油、暗伤、脓疮、伤斑和遗漏病变腺体。整修后的片猪肉应进行复验，合格后割除前后蹄（爪）。

10. 整理副产品

（1）分离心、肝、肺。切除肝膈韧带和肺门结缔组织、摘除胆囊时，不得使其操作有残留；猪心上不得带护心油、横膈膜；猪肝上不得带水泡；猪肺上允许保留 5 厘米肺管。

（2）分离脾、胃（肚）。将胃底端脂肪割除，切断与十二指肠连接处和肝胃韧带。剥开网油，从网膜上割除脾脏，少带油脂。翻胃清洗时，一手抓住胃尖冲洗胃部污物，用刀在胃大弯处戳开约 10 厘米小口，再用洗胃机或长流水将胃翻转冲洗干净。

（3）扯大肠。摆正大肠，从结肠末端将花油扯至离盲肠与小肠连接处 15～20 厘米，割断，打结。不得使盲肠破损，残留油脂不可过多。翻洗大肠，一手抓住肠的一端，另一手自上而下挤出粪污，并将肠子翻出一小部分，用一手二指撑开肠口，另一手向大肠内灌水，使肠水下坠，自动翻转。经清洗、整理的大肠不得带粪污，不得断肠。

（4）扯小肠。将小肠从割离胃的断面拉出，一手抓住花油，另一手将小肠末梢挂于操作台边，自上而下排除粪污。操作时，不得扯断、扯乱。

扯出的小肠应及时采用机械或人工方法清除肠内污物。

（5）摘胰脏。从肠系膜中将胰脏摘下，胰脏上应少带油脂。

11. 猪肉分割　我国猪肉分割通常将半胴体分为肩、背、腹、腿几大部分。在此基础上，再进一步分割成头部、耳朵、颈肉、前上肉、大骨、肘、猪手、中头肉、龙骨、猪扒、排骨、五花肉、尾龙骨、后上肉、腰肉、猪脚、尾巴等。猪肉分割如图 5 - 1 所示。

（二）牛的屠宰与分割

《畜禽屠宰操作规程　牛》（GB/T 19477—2019）规定，牛的屠宰工艺流程一般是：致昏→刺杀放血→剥皮去内脏→劈半、修整→牛下水整理→皮张整理→牛肉分割。主要技术要点如下：

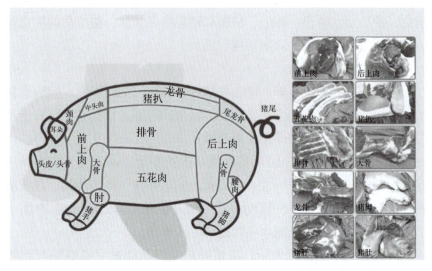

图 5-1 猪肉分割示意图

1. 致昏 一般使用单接触杆麻电器，电压不超过 200 伏，电流强度为 1～1.5 安，麻电时间为 7～30 秒；双接触杆麻电器的电压一般 70 伏，电流强度为 0.5～1.4 安，麻电时间为 2～3 秒。

2. 刺杀放血 牛被致昏后，应立即进行宰杀放血。常使用的宰杀方法有倒挂式宰杀。用钢绳系牢处于昏迷状态的牛后右脚，用提升机提起并转挂到轨道滑轮钩上，滑轮沿轨道前进，将牛运往放血池，进行戳刀放血。在距离胸骨前 15～20 厘米的颈部，以大约 15 度角斜刺 20～30 厘米深，切断颈部大血管，并将刀口扩大，立即将刀抽出，使血尽快流出。

3. 剥皮去内脏

（1）割牛头、剥头皮。牛被宰杀放血后，将牛头背侧与脖肉相连的肌肉割开，露出枕骨和寰椎（第一节颈椎）连接处，将枕骨和寰椎分离开。有的地方先剥牛头皮，后割牛头。

（2）剥前蹄、截前蹄。沿蹄甲下方中线把皮挑开，然后分左右把蹄皮剥离（不割掉）。用气动钳在跗关节稍偏下处剪断，直接取下前蹄。

（3）剥后蹄、截后蹄。在高轨的操作台上同时剥、截后蹄，剥皮方法同前蹄，但应剥皮至膝关节上周围肌肉全部暴露为止，以便于换钩。

（4）做肛口、剥臀皮。先从拨开的后蹄皮继续深入臀部两侧及腋下附近，将皮剥离；然后，用刀把肛口（直肠）周围的肌肉划开，使肛口缩入腔内。

（5）剥腹、胸、肩甲皮。腹、胸、肩各部都由2人分别左右操作，先从腹部中线把皮挑开，顺序把皮剥离。至此已完成除腰背部以外的剥皮工作，若是公牛还将其生殖器割下。

（6）机械拉皮。牛的四肢、臀部、胸、腹、前颈等部位的皮剥完后，将吊挂的牛体顺轨道推拉到拉皮机，按照操作规程将皮慢慢拉下，做到皮张完整、无破裂、皮上不带膘肉。

（7）摘取内脏。摘取内脏包括剥离食道、气管、锯胸骨、开腔等工序，从胸软骨处下刀，沿胸骨中线划开胸部肌肉至颈部，将食管、气管与颈部连接处分开。用电锯沿胸骨中间把胸骨锯开，出腔时将腹部纵向剖开，取出肚（胃）、肠、脾、食管、膀胱、肛口等，再划开横膈肌，取出心脏、肝脏、胆囊、肺脏和气管。取出的脏器，由卫生检验人员检验。

（8）取肾脏、截牛尾。肾脏在牛的腔内腰部，被脂肪包裹，划开脏器膜即可以取下。截牛尾时，只需要在尾根部关节用刀截下即可。

4. 劈半、修整 劈半是用电锯沿后部盆骨正中把牛体从盆骨、腰椎、胸椎、颈椎正中锯成左右两片。牛胴体比较大，一般再分别从腰部第12～13肋骨之间横向截断，使整个牛体被分为四大部分，即四分体。

劈半后进行修整，主要是把肉体上的毛、血、零星皮肉、粪便污物和肉上的伤痕、斑点、脓疡及放血口周围的血污修整干净，然后对整个牛体进行清洗。

5. 牛下水整理 牛下水又称牛杂碎，有的地方称为"下货"或牛杂。下水除头、蹄外，还包括心脏、肝脏、肺脏、肚（胃）、肾脏、肠等。有人把头肉、心脏、肝脏、肾脏归为一类，称为硬货；肚、肠、肺脏、脾脏为一类，称为软货。

6. 皮张整理　对刚刚剥下来的生牛皮抽出尾巴，刮去血污及皮肌、脂肪，及时送往皮张加工车间进一步加工，不得堆放或日晒，以免变质或老化。

7. 牛肉分割　将标准的牛胴体二分体首先分割成臀腿肉、腹部肉、腰部肉、胸部肉、肋部肉、肩颈肉、前腿肉、后腿肉共 8 个部分。在此基础上再进一步分割成牛柳、西冷、眼肉、上脑、胸肉、腱子肉、腰肉、臀肉、膝圆、大米龙、小米龙、腹肉、嫩肩肉 13 块不同的肉块，如图 5 - 2 所示。

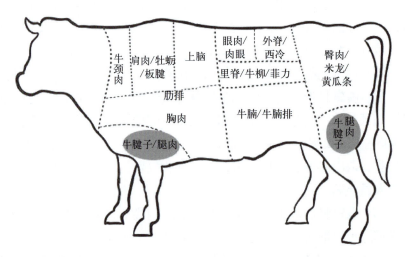

图 5 - 2　牛肉分割示意图

（三）羊的屠宰与分割

《畜禽屠宰操作规程　羊》（NY/T 3469—2019）规定，目前现代化羊的屠宰工艺流程为：送宰→淋浴→致昏→宰杀放血→剥皮→开膛→剔骨（劈半）→胴体整理→羊肉分割。具体工艺如下：

1. 送宰　羊群运到屠宰场经兽医卫生检验后，按产地、批次、健康状况分圈分群饲养 24 小时进行宰前休息，恢复路途的疲劳，有利于放血和清除应激反应，提高机体的抵抗力，减少肌肉和肝脏中的微生物数量。屠宰前 12 小时断食并喂 1‰ 食盐水，让羊进行正常的生理机能活动，调节体温，促进粪便排泄及放血完全。为了防止屠宰羊倒挂放血时胃内容物从食道流出污染胴体，宰前 2～4 小时应停止给水。

2. 淋浴　通过宰前淋浴冲洗，洗去体表污垢，减少羊体表病菌污物污染，以提高肉品质量。冬季水温接近羊的体温，夏季不低于 20 ℃。

3. 致昏　采用麻电将羊致昏，防止因恐怖和痛苦刺激而造成血液剧烈地流集于肌肉内而致使放血不完全，以保证肉的品质。麻电时，手持麻电器将前端扣在羊的鼻唇部，后端按在耳眼之间的延脑区即可。

4. 宰杀放血　最好手工宰杀，宰羊者左手把住羊嘴唇向后拉直，右手持尖刀，刀刃朝向颈椎沿下颌角附近刺透颈部，刀刃向颈椎剖去，以割断颈动脉。将羊后躯稍稍抬高，并轻压胸腔，使血尽量排尽。现代化屠宰方法将羊只挂到吊轨上，利用大砍刀在靠近颈前部横刀切断"三管"（食管、气管和血管），俗称大抹脖。缺点是食管和气管内容物或黏液容易流出，污染肉体和血液。

5. 剥皮　羊头割下后，趁热剥皮。为了很好地利用其作裘皮，在剥离时应完整地剥离下来。

6. 开膛　剖腹取内脏，剥皮后应立即开膛取出内脏，最迟不超过 30 分钟；否则，对脏器和肌肉均有不良影响，如降低肠和胰脏的质量等。

将屠体吊挂起来，用吊钩挂在早已固定好的横杆上，剖腹（开膛）摘取内脏。具体方法是：用刀割开颈部肌肉分离气管和食管，并将食管打结，以防在剖腹时胃内容物流出。然后，用砍刀从胸骨处经腹中线至胸部切开屠体。左手伸进骨盆腔拉动直肠，右手用刀沿肛门周围一圈环切，并将直肠端打结后顺势取下膀胱。之后，取出靠近胸腔的脾脏，找到食管并打结后将胃肠全部取出。最后，用刀由下而上砍开胸骨，取出心、肝、肺和气管。

7. 劈半　羊胴体可以整胴体，也可以劈成两半。劈半前，先将背部用刀从上到下分开，称作描脊或划背；然后，用电锯或砍刀沿脊柱正中将胴体劈为两半。

8. 胴体整理 切除头、蹄取出内脏的全胴体，应保留带骨的尾、胸腺、横膈肌、肾脏和肾脏周围的脂肪（板油）以及骨盆中的脂肪。公羊应保留睾丸。然后对胴体进行检查，修刮残毛、血污、瘀斑及伤痕等，保证胴体整洁卫生，符合商品要求。

9. 羊肉分割 羊胴体被分割成腿部肉、腹部肉、腰部肉、胸部肉、肋部肉、前腿肉、颈部肉、肩腿肉。在部位肉的基础上再进一步分割成零售肉块，羊肉分割见图 5 - 3。

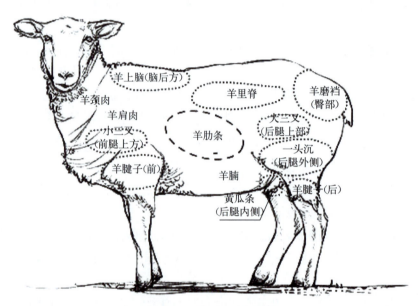

图 5 - 3　羊肉分割示意图

（四）家禽的屠宰与分割

以鸡屠宰为例，根据《畜禽屠宰操作规程　鸡》（GB/T 19478—2018）的规定，目前现代化家禽的屠宰工艺流程如下：致昏→刺杀与放血→烫毛→净膛→胴体修整→内脏整理→羽毛处理→鸡肉分割。具体工艺如下：

1. 致昏 致昏方法很多，目前多采用麻电法致昏。常用麻电法有麻电钳致昏、麻电板致昏、麻电槽致昏 3 种。

2. 刺杀与放血　家禽的刺杀，要求在保证放血充分的前提下，尽可能保持胴体的完整，减少放血处的污染，以利于储藏。常用的方法有颈动脉颅面分支放血法、口腔放血法、"三管"切断法。

颈动脉颅面分支放血法：在家禽左耳垂的后方切断颈动脉颅面分支，其切口鸡约 1.5 厘米处，鸭鹅约 2.5 厘米处，沥血时间在 2 分钟以上。

口腔放血法：用一手打开口腔，另一手持一细长的尖刀，在上腭裂后约第二颈椎处切断任意一侧颈总动脉与桥静脉连接处。抽刀时，顺势将刀刺入上腭裂至延脑，以促使家禽死亡，并可使竖毛肌松弛而有利于脱毛。沥血时间在 3 分钟以上。

"三管"切断法：在家禽的喉部横切一刀，在切断动、静脉的同时也切断了气管，即所谓的"三管"切断法。

3. 煺毛　目前机械化屠宰加工肉用仔鸡时，浸烫水温为（60±1）℃，鸭、鹅的浸烫水温为 62～65 ℃。浸烫时间一般为 1～2 分钟，主要根据家禽品种、年龄和季节而定。机械煺毛后，还需要人工将残毛拔除干净。

4. 净膛　分为全净膛、半净膛和不净膛。

全净膛：从胸骨末端至肛门中线切开腹壁或从右肋下肋骨处开口，除肺和肾保留外，将其余脏器全部取出，同时除去嗉囊。

半净膛：由肛门周围分离泄殖腔，并于扩大的开口处将全部肠管拉出，其他内脏仍保留在体腔内。

不净膛：脱毛后的光禽不做任何净膛处理，全部脏器保留在体腔内。

5. 胴体修整　全自动生产线是用洗禽机进行清洗，将附着在胴体表面的羽毛、血、粪污等污染物清洗干净，同时修剪胴体上的病变组织、机械损伤等。

6. 内脏整理　摘除的内脏经检验合格后，立即送往内脏处理车间。分离出肌胃，在专门的地点剖开，清除掉内容物，撕掉角质膜，将肌胃与角质膜分开收集、分开处理。

7. 羽毛处理　煺下的羽毛在专门的场地上摊开晾晒，不得堆积，晾晒干后进一步加工。

8. 家禽的分割　以鸡肉为例，肉鸡主要分割成以下 4 个部位（图 5-4）：

（1）翅类：整翅、翅根、翅中、翅尖、上半翅（V 形翅）、下半翅。

（2）胸肉类：带皮大胸肉、去皮大胸肉、小胸肉（胸里脊）、带里脊大胸肉。

（3）腿肉类：全腿、大腿、小腿、去骨带皮鸡腿、去骨去皮鸡腿。

（4）副产品：心、肝、肫（肌胃）、骨架、鸡爪、鸡头、鸡脖、带头鸡脖、鸡睾丸。

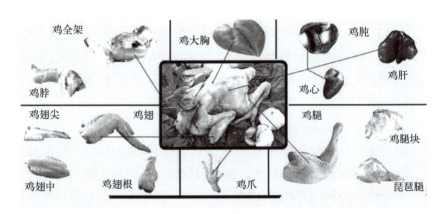

图 5-4　鸡肉分割示意图

（五）兔的屠宰

《畜禽屠宰操作规程　兔》（NY/T 3470—2019）规定，目前现代化兔的屠宰工艺流程为：致昏→放血→剥皮→截肢、割尾→开膛与净膛→胴体修整。具体工艺如下：

1. 致昏　目前加工企业普遍采用麻电法，一般采用电压 70 伏、麻电时间 2~4 秒。通电部位为两侧耳根稍后。

2. 放血　多采用机械转盘刀割头放血。

3. 剥皮　剥皮前用冷水湿裆，以避免兔毛飞扬。现代化屠宰场多用机械剥皮。

4. 截肢、割尾　在腕关节稍上方截断前肢，从跗关节截断后肢，勿刺破肢部肌肉及膀胱、胃肠，以免粪尿污染兔体。

5. 开膛与净膛　剖腹取内脏，勿撕破膀胱、肠管和胆囊。然后，用干净纱布擦去兔体表面的血污和兔毛。

6. 胴体修整　家兔胴体一般只干修不湿修，否则不耐储藏。修除残余内脏、生殖器、趾骨附近的腺体和结缔组织；修除血脖子、胸腺和胸腹腔内大血管；修除体表各部位明显的结缔组织，从骨盆处挤出后腿大血管残留的血水；剔除暴露在胴体表面的脂肪。

（六）酱卤肉制品加工

酱和卤是两种加工方法，一般把加酱油的生产工艺称为酱，不加酱油的称为卤。

1. 卤汁分类　卤制品加工方法更为复杂，分为红卤、白卤和红白卤。在方法上分为南、北两种。南方是将煮好的鸡、猪骨汤的清汤中加入精油、食盐、酒、花椒、桂皮、大茴香、砂仁、丁香、甘草、白芷、山柰等香料熬制成"南方卤汁"。北方相对简单一些，香料以大茴香、桂皮、八角、葱、姜等为主，也有加红曲染色的，成为"北方卤汁"。卤汤汁是卤制品的质量关键，卤汤汁的颜色多用糖色。

2. 卤汁保存　保留老卤汁是提高风味的关键，且卤汁越老，风味越香。一般方法是，煮完的卤汁加盐烧沸，撇去汤面的浮油和杂质。如果用完的卤汁不加盐或加盐过少，第二天味道就不好了，甚至变酸或变臭。撇净浮油是避免封锅，造成蒸汽发不出来，使卤汁变质。长期保存卤汁要装入坛、罐中，加盖置于阴凉处保存，每隔几天烧开一次，以防变质。

3. 酱卤肉制品种类　酱卤肉制品可分为白煮肉类、酱肉类、糟肉类三大类。

（1）白煮肉类。主要指肉经过（或不经过）腌制，在水（或者盐水）中煮制而成的熟肉类制品，俗称白切。一般食用时再调味，产品可以最大限度地保持原料肉的原始风味和特色。典型制品有广式名菜白切鸡、白切狗肉、白切猪肚等。

(2) 酱肉类。目前市场上品种最多的一类熟肉制品，主要指肉在卤汤汁中（有酱油）一起煮制而成的一类熟肉制品，大体可以划分为酱制类、酱汁制品、蜜汁制品、糖醋制品、卤制品五大类。我国著名的酱肉制品有酱汁肉、糖醋排骨、道口烧鸡、酱肉等。

(3) 糟肉类。糟肉是指用酒糟或者陈年香糟代替酱汁或卤汁制作的一类产品。主要工艺是肉经过白煮后，再用香糟糟制的冷食熟肉制品。制品胶冻白净，清凉鲜嫩，保持固有的色泽和曲酒香味，风味独特。我国著名的糟肉类产品有江苏酒糟鸭、上海糟猪肉、福建糟鸡。

4. 一般工艺方法　一般工艺方法为：修整→腌制→白煮→配汤→酱制。一般出品率为 60% 左右，肥肉多的可达 80%。

(1) 修整。主要是选用卫生检验合格的新鲜肉，修净皮毛根，洗净沥干，切割成所需要的形状及大小。

(2) 腌制。有的需要腌制，有的产品不需要腌制。主要是用腌制溶液（食盐、料酒、香葱、酒、硝酸钠等）涂抹在肉料上，然后放入容器中腌制。时间通常为：初秋常为 1~3 天不等，夏季不能过夜，冬季 1~5 天。

(3) 白煮。为了除去腥味，把肉放入 100 ℃ 的沸水中煮沸一段时间，或者把肉料煮制成熟。

(4) 配汤。熬制传统卤汤的方法，通常是将锅里水烧沸，先放入新鲜排骨 5 千克，去净毛和内脏的白条鸡 1~2 只，干净的鲜猪皮 3 千克煮沸；然后，放入酱油 3 千克、盐 5 千克、冰糖 500 克、油 150 克、鲜姜大葱 100 克、桂皮 50 克，丁香、山萘、大料、白芷、茴香各 25 克，花椒、荜拨各 20 克，熬制 8~12 小时，至骨头上的肉自行脱落为止；最后，将骨头和鸡以及其他调料的固体物质都捞出，撇净汤面上的浮沫即可。

(5) 酱制。一般是先把肉料放进卤汁锅里面煮熟或煮沸后浸泡卤制。

（七）腌腊肉制品加工

腌腊肉制品是我国传统的肉制品之一。所谓"腌腊"，是指畜禽肉类通过加盐（或盐卤）和香料进行腌制，经过一个寒冬腊月，使其在较低的气温下自然风干成熟，形成独特的腌腊风味。随着技术的现代化，目前已失去时间含义，且也不都采用干腌法。腌腊肉已经不单是保藏防腐的一种方法，而是成为肉制品加工的一种独特工艺。当前采用的腌制方法主要是干腌制法、湿腌制法、混合腌制法和注射腌制法。不同的腌制品对腌制方法又有不同的要求。有的产品采用一种腌制法，有的需要两种甚至两种以上的腌制法。著名的腌腊肉制品有咸肉、腊肉和中式火腿。以广西腊肉为代表，腌腊肉制品加工工艺主要为：原料选择与修整→切条→腌渍→晾晒、烘焙→成品。

1. 配方　常用配方为：五花脯肉 1 000 克、食盐 15 克、白糖 50 克、酱油 40 克、曲酒 25 克，红油和香料适量。

2. 工艺要点

（1）原料选择与修整。选用符合卫生检疫要求的新鲜五花脯肉作为加工原料，肥瘦适中者最佳，并清理表面污渍、剔除毛根。

（2）切条。选好的猪肉割去皮层，切成长 40 厘米、宽 1.4 厘米的肉条。

（3）腌渍。切好的肉条加食盐、白糖、酱油、曲酒、红油和香料，搅拌均匀，腌渍 8 小时，隔 4 小时搅拌一次。

（4）晾晒、烘焙。腌好的猪肉条串上细麻绳，白天挂在阳光下晾晒，夜间放入烘房烘焙。如此连续 3 天，至肉质干透。

（5）成品。产品特色干爽一致，肉质鲜明，富有光泽，肥肉透明、爽脆不腻，瘦肉干香、腊味浓郁，即为成品。

（八）风干肉制品加工

风干肉制品一般是选用瘦肉为原料，经过预煮、复煮、干制等工艺加工而成的肉干制品。根据原料肉、辅料、产地、外形等不同而变换不同的配方和干制方法，但各种肉的加工工艺基本相同。主要为：原料选择与修整→预煮、切丁→复煮、翻炒→烘烤（干制）→成品。

（1）原料选择与修整。主要是选用卫生检验合格且新鲜的肉料，根据要求剔除皮、骨、筋、膘等，切割成符合要求的条块。

（2）预煮、切丁。坯料倒入锅中，放满水，煮到肉内无血水即可。有的工艺还要切丁。

（3）复煮、翻炒。肉丁与辅料同时下锅，加入白汤适量，用中火边煮边翻炒。开始时炒慢些，到卤汁快烧干时加快翻炒速度，以不焦粘锅底为准，一直炒到汁干出锅。

（4）烘烤（干制）。烘烤（干制）方法很多，主要有自然干燥、热风干燥、微波干燥、减压干燥等。

（九）发酵肉制品加工

发酵肉制品以发酵灌肠制品为主，还有部分火腿。肉料通过发酵可改善肉制品的组织结构，促进其发色，降低亚硝酸盐在肉中的残留量，减少有害物质的形成，从而提高产品营养性和保健性，促进良好的特殊风味形成，抑制病原微生物的增殖和产生毒素，具有一定的抗癌作用。发酵肉制品加工工艺基本相同，主要为：原料选择与处理、绞制→腌制→斩拌、接种菌种→装模压缩、发酵→蒸煮→冷却、包装。以发酵式火腿为例说明具体工艺。

1. 配方

（1）原料肉。一般选择健康无病的肉制品，通常为瘦肉 75％、肥膘 25％。

（2）发酵剂。在发酵基质中添加菌种 1％（植物乳杆菌：双发酵乳杆菌＝1：1），充分活化培养，接种量为原料肉的 10％～30％。

（3）其他辅料。按照占肉重的质量分数配比，主要为白糖 2％、食盐 2.5％、味精 0.15％、D－异抗坏血酸钠 0.2％、亚硝酸盐 0.15％、白胡椒 0.12％、红曲色素 0.003％、淀粉 3％、大豆分离蛋白 0.2％、料酒 5 毫升/升、桂皮粉 0.8％。

2. 工艺要点

（1）原料选择与处理、绞制。主要是选择非疫区、健康的原料鲜肉，除去结缔组织、筋膜、肌膜等后，利用绞肉机绞碎。

（2）腌制。采用 4 ℃以下的低温进行腌制，保证处于低温状态。目的是使肉的黏着力提高，使香辛料充分进入肉中，提高肉制品的风味。

（3）斩拌、接种。在斩拌的同时，加入冰水以保证肉温处于低温；同时，加入淀粉、大豆分离蛋白、肥膘，斩拌到适当程度后，按照 1%的接种量接种。

（4）装模压缩、发酵。将接种后的肉馅装入火腿模具中压模成型，然后放入恒温培养箱中，在 38 ℃条件下恒温培养发酵，适当的时间后取出（一般达到适口酸度时，常用 pH 表示为 5.2～5.4）。

（5）蒸煮。用 85～90 ℃的水温蒸煮 1～1.5 小时。

（6）冷却、包装。待物料冷却后检验，根据要求进行包装。

二、乳制品加工

我国乳类产量已跃居世界第三位，成为乳类生产大国，仅次于印度和美国。乳制品加工业飞速发展，生产规模迅速扩大，而且乳制品产量持续增加，产品种类丰富多样。目前，我国市场上销量较好的产品主要有鲜乳制品、发酵乳制品、乳粉、乳油、干酪及其他乳制品。

1. 鲜乳制品加工 牛乳是最古老的天然饮料之一，被誉为白色血液。鲜乳中含有丰富的蛋白质、脂肪、维生素和矿物质等营养物质，乳蛋白中含有人体所必需的氨基酸；乳脂肪多为短链脂肪酸和中链脂肪酸，极易被人体吸收；钾、磷、钙等矿物质配比合理，易于人体吸收。

鲜乳加工主要工艺为：原料乳的验收与检测→原料乳的标准化→预热→均质→装瓶→杀菌→冷却→成品。具体工艺要点如下：

（1）原料乳的验收与检测。主要检测原料乳的感官指标、理化指标、微生物指标、酸度、相对密度等各项指标，确保乳蛋白热稳定性、异常乳（乳房炎乳）、原料乳中的微生物、细菌总数等理化指标达到相关要求。

（2）原料乳的标准化。不同的乳品厂有不同的规定，调整原料乳中脂肪与无脂干物质之间以及其他成分间的比例关系，使加工出厂的乳产品符合产品标准。如果脂肪含量不足，应添加稀乳油或分离一部分脱脂乳；当脂肪含量过高时，则可添加脱脂乳或者提取一部分稀乳油。另外，根据各厂产品要求可加入或调整乳中的其他成分。

（3）均质。在强力机械的作用下（16.7～20.6 兆帕）将乳中大脂肪球破碎成小的脂肪球，均匀一致地分散在乳中。脂肪球数量的增加，可增强光线在牛乳中的折射和反射，牛乳颜色更白。更重要的是，经过均质的牛乳具有新鲜牛乳的芳香气味，脂肪均匀分布，维生素 A 和维生素 D 也均匀分布，促进了乳脂肪在人体内的吸收和同化作用。

（4）杀菌。目前常用的杀菌方法主要有预热杀菌、低温巴氏杀菌、高温巴氏杀菌、超高温巴氏杀菌、灭菌、离心杀菌、高浓度二氧化碳杀菌、超声波杀菌、高压杀菌、微滤杀菌等。具体可根据国内外先进的设备要求执行。

（5）冷却。杀菌后的牛乳应尽快冷却到 4 ℃，冷却速度越快越好。其原因是，牛乳中的磷酸酶对热敏感，不耐热，易钝化。同时，牛乳中含有高温的抑制因子和活化因子，在杀菌条件下不易破坏，抑制因子能抑制磷酸酶恢复活力，活化因子加热时能激活已钝化的磷酸酶，所以应尽快冷却到 4 ℃。

（6）包装。目前鲜乳的包装主要有玻璃瓶、聚乙烯塑料瓶、塑料袋、复合塑纸袋和纸盒。

2. 发酵乳制品加工　发酵乳（酸乳）就是乳和乳制品在特征菌的作用下发酵而成的酸性凝乳状制品。该类产品在保质期内的特征菌必须大量存在，能继续存活且具有活性。我国没有对发酵乳进行严格定义，但从外文资料上表述发酵乳为通过非保加利亚乳杆菌发酵（而能发生酶解）的各种乳制品。发酵乳是一类乳制品的综合名称，种类很多，包括酸奶、开菲尔、发酵酪乳、酸奶油、乳酒（以马乳为主）等。搅拌型连续发酵乳加工主要工艺为：发酵剂的制备→搅拌型连续发酵→冷却→搅拌（固体乳不用）→调味→包装。具体工艺要点如下：

（1）发酵剂的制备。选择好发酵剂菌种，用脱脂乳作为培养基。把培养基加热到 90～95 ℃，并在此温度下保持 30～40 分钟，破坏培养基中的噬菌体，消除抑菌物质，分解一些蛋白，排除溶解氧，杀死病原微生物。然后，将培养基冷却到接种温度。按照细菌生长要求，保证发酵剂具有较高活力。当发酵剂要在 6 小时之内使用时，经常把它冷却至 10～20 ℃即可。如果储藏超过 6 小时，需要把它冷却至

5 ℃左右。发酵剂储存的最好办法是冷冻，温度越低，保存时间越长。

（2）搅拌型连续发酵。典型的搅拌型连续发酵生产的培养条件为42~43 ℃、2.5~3 小时。典型的酸乳菌种继代时间为 20~30 分钟。当 pH 达到理想值时，必须终止发酵，产品的温度应在 30 分钟内从42~43 ℃冷却到 15~22 ℃。

（3）冷却。在具有特殊板片的板式热交换器中进行，保证产品不受强烈的机械搅动。为了保证产品的质量均一，泵和冷却器的容量应恰好能在 20~30 分钟内排空发酵罐。

（4）搅拌。通过机械力破碎凝胶体，使凝胶体的粒子直径达到0.01~0.4 毫米，并使酸乳的硬度和黏度及组织状态发生变化。搅拌过程既不可过快，也不可过长。

（5）调味。冷却到 15~22 ℃以后，果料和香料可在酸乳从缓冲罐到包装机的输送过程中加入，通过一台可变速的计量泵连续地把这些成分加到酸乳中。经过混合装置混合，保证果料与酸乳彻底混合。果料混合前，应进行杀菌。

（6）包装。酸乳的包装材料类型较多，生产要求和包装能力应与巴氏杀菌容量相匹配，以使整个车间获得最佳的生产条件。

3. 乳粉加工　乳粉是以新鲜牛乳为原料，或以新鲜牛乳为主要原料，添加一定数量的动物蛋白、脂肪、维生素、矿物质等配料，经杀菌、浓缩、干燥等工艺过程制成的粉末状产品。根据乳粉所用加工原料及加工工艺的不同，可以将乳粉分为全脂乳粉、脱脂乳粉、速溶乳粉、配制乳粉、加糖乳粉、冰激凌粉、奶油粉、麦精乳粉、乳清粉、酪乳粉等 10 余个品类。

乳粉加工的一般工艺为：原料乳的验收与预处理→配料→均质→杀菌→真空浓缩→喷雾干燥→冷却→包装。具体工艺要点如下：

（1）原料乳的验收及预处理，同鲜乳。

（2）配料。乳粉生产过程中，除了少数几个品种（如全脂乳粉、脱脂乳粉）外，都要经过配料，其配料比例按产品要求而定。

（3）均质。生产全脂乳粉、全脂甜乳粉以及脱脂乳粉时，一般不必经过均质操作。但若乳粉配料中加入植物油或其他不易混匀的物料时，就需要进行均质操作。均质时的压力一般控制在 14～21 兆帕，温度控制在 60 ℃为宜。均质后脂肪球变小，从而可以有效地防止脂肪上浮，并易于消化吸收。

（4）杀菌。不同的产品可根据本身的特性选择合适的杀菌方法。目前最常见的是采用高温短时灭菌法，因为该方法使牛乳的营养成分损失较小，乳粉的理化特性较好。

（5）真空浓缩。牛乳经杀菌后立即泵入真空蒸发器进行减压（真空）浓缩，除去乳中大部分水分（65%），然后进入干燥塔中进行喷雾干燥，以利于提高产品质量和降低成本。

一般要求原料乳浓缩至原体积的 1/4，乳干物质达到 45%左右。浓缩后的乳温一般为 47～50 ℃。不同的产品浓缩程度如下：全脂乳粉浓度为 11.5～13 波美度，相应乳固体含量为 38%～42%；脱脂乳粉浓度为 20～22 波美度，相应乳固体含量为 35%～40%；全脂甜乳粉浓度为 15～20 波美度，相应乳固体含量为 45%～50%。生产大颗粒奶粉时，浓缩乳浓度提高。

（6）喷雾干燥。浓缩乳中仍然含有较多的水分，必须经喷雾干燥后才能得到乳粉。目前，国内外广泛采用压力式喷雾干燥和离心式喷雾干燥。

（7）冷却。在不设置二次干燥的设备中，需冷却以防脂肪分离，然后过筛（20～30 目）后即可包装。在设置二次干燥的设备中，乳粉经二次干燥后进入冷却床被冷却到 40 ℃以下，再经过粉筛送入乳粉仓，待包装。

（8）包装。工业粉采用 25 千克/袋的大包装，家庭粉采用 1 千克/袋以下的小包装。保质期一般为 3～18 个月，若充氮可延长保质期。

4. 乳油加工 乳经过离心分离后得到稀乳油，经过成熟、搅拌、压炼而制成的乳制品称为乳油，也称黄油。乳油以乳脂肪为主要成分，营养丰富，可直接食用或作为其他食品。可分为甜性乳油、酸性乳油、重制乳油、脱水乳油、连续式机制乳油等，还有我国独特的"奶皮子""乳扇子"等独特品种。乳油加工的一般工艺为：原料乳的验收与预处理→稀乳油分离→稀乳油标准化→发酵→成熟→添加配料、搅拌、排酪乳→乳油粒洗涤→加盐、压炼→包装。具体工艺要点如下：

（1）原料乳的验收与预处理。制造乳油用的原料乳，虽然没有灭菌乳要求那么严格，但也应达到酸度低于 22°T，其他指标应符合《生鲜浓乳的一般技术要求》各项指标，加工酸性乳油的原料中不得含有抗生素。

（2）稀乳油分离。稀乳油分离方法主要有静置法和离心法两种。工厂多采用离心法，通过高速旋转的离心分离机将牛乳分离成含脂率 35%～45% 的稀乳油和含脂率非常低的脱脂乳。离心法大大缩短了乳的分离时间，提高了乳油生产的工作效率，保证了卫生条件，也提高了产量。

（3）稀乳油标准化。主要包括稀乳油的中和、冷却和杀菌。中和的目的是防止酸度高的稀乳油在加热杀菌时，其中的酪蛋白受热凝固。主要选择碳酸钠、碳酸氢钠、氢氧化钠等进行中和。杀菌能杀灭稀乳油中能使其变质且危害人体的微生物，保证食用乳油的安全，并破坏稀乳油中的脂肪酶，防止引起稀乳油中的脂肪分解。一般采用高温巴氏杀菌法进行杀菌。杀菌后，应及时进行冷却。制作鲜乳油时，可冷却到 5℃ 以下；制作甜性乳油时，则冷却到 10℃ 以下。

（4）发酵。将经过杀菌、冷却处理的稀乳油泵入发酵槽内，温度调到 18～20℃ 后添加相当于稀乳油 5% 的发酵剂（产生乳酸的菌种和产生芳香味的菌种之混合菌种）。添加时搅拌，使其混合均匀。发酵温度控制在 18～20℃，每隔 1 小时搅拌 5 分钟。控制稀乳油酸度达到规定后，停止发酵。

（5）成熟。经过杀菌的稀乳油需要在低温下保存一段时间，即稀乳油的物理成熟。目的是使乳脂肪中的大部分甘油酯由乳浊液状态转变为结晶固体状态。结晶成固体相越多，在搅拌和压炼过程中乳脂肪损失就越少。一般要求将杀菌后的稀乳油迅速冷却到 5℃ 左右保存。

（6）添加配料、搅拌、排酪乳。为了使乳油颜色全年一致，需要添加色素。最常用的是安那妥（Annatto），它是天然的植物色素，其用量为稀乳油的 0.01%～0.05%。将颜色一致的稀乳油置于搅拌器中，利用机械的冲击力使脂肪球膜破坏而形成脂肪团粒。搅拌时，分离出来的液体称为酪乳。酪乳中脂肪含量越少越好。搅拌时，先将稀乳油用筛或过滤器进行过滤以滤去不溶性的固形物。稀乳油加至搅拌器容量的 1/3～1/2 后，把盖密闭后开始旋转搅拌，反复进行 2～3 次。然后，关闭排气孔继续旋转。形成大豆粒大小的乳油粒时，搅拌结束。搅拌结束后，经开关排出酪乳，并且通过纱布或过滤器将酪乳放入接收槽内，以便挡住被酪乳带走的小颗粒。

（7）乳油粒洗涤。排出酪乳后，对乳油粒用质量较好的水进行洗涤，以除去乳油粒表面的酪乳，并通过水洗调整乳油粒的硬度。水温一般在 3～10 ℃ 范围内。乳油粒较软时，水温可较低一些；乳油粒较硬时，水温可稍高一些。

（8）加盐、压炼。乳油在洗涤后应立即进行压炼，并尽可能地除去洗涤水。加盐与压炼乳油加盐的目的是增加风味，抑制微生物的繁殖，增加保存性。乳油成品中的食盐含量大致为 2%。由于在压炼时部分食盐会流失，因此添加时按 2.5% 的量加入。加入前，需将食盐在 120～130 ℃ 的保温箱中烤烘 3～5 分钟，然后过筛应用。压炼的目的是使乳油粒变为组织致密的乳油层，使水滴分布均匀，并使食盐全部溶解，均匀分布于乳油中。同时，调节水分含量，即在水分过多时排除多余的水分，水分不足时加入适量的水分并使其均匀吸收。

（9）包装。乳油压炼后，即可分装于木桶、木箱或内补聚乙烯薄膜的纸箱中；也可分装于铝箔袋内。乳油包装后，送入冷库中储存。

5. 干酪加工　干酪是由牛乳经发酵制成的一种营养价值很高的食品。据推断，干酪作为食品已有 9 000 多年历史了。依照目前最普遍的方法，干酪被分为天然干酪和融化干酪。现代化干酪加工的一般工艺为：原料乳的验收→标准化→杀菌→添加发酵剂→加入添加剂、色素→添加凝乳酶→凝块切割→搅拌→加热→乳清排除→成型压榨→加盐→发酵成熟→上色挂蜡及包装。具体工艺要点如下：

（1）原料乳的验收。生产干酪的原料，必须是健康乳畜分泌的新鲜优质乳。感官检查合格后，测定酸度（牛奶为18°T，羊奶为10～14°T）或酒精试验。必要时进行青霉素及其他抗生素试验。原料乳不得含有害于干酪的细菌。在杀菌前，必须通过离心净乳机处理，以除去牛乳中的白细胞及其他杂质。为了改进干酪质量，可以在每100千克料乳中加5～20毫克氯化钙。

（2）标准化。为了使每批产品的组成一致，必须先将原料乳进行标准化。也就是使原料乳中的脂肪与酪蛋白的比例符合成品要求。含脂率按成品要求，通常控制在25%～30%。

（3）杀菌。杀菌的目的是消灭乳中的致病菌和有害菌，并破坏有害酶类，使干酪质量稳定。杀菌方法多采用63℃30分钟的保温杀菌或71～75℃15秒的高温短时间杀菌（HTST）。

（4）添加发酵剂。通过添加发酵剂，使乳糖分解产生乳酸来保存干酪。将杀菌乳冷却到30℃左右后，倒入干酪槽中，添加1%～2%的工业发酵剂（一般用乳油链球菌和乳酸链球菌的混合发酵剂）。在加入之前，发酵剂本身应充分搅拌，必须没有小凝结块。经过1小时发酵后，其酸度达20～24°T时即可。发酵时的添加量应根据原料乳的情况、发酵时间长短、干酪达到酸度和水分来反复试验，以确定较合适的加入量。

（5）加入添加剂。为了抑制原料乳中的杂菌，提高加工过程中凝块的质量，在生产干酪的原料中应根据需要添加以下几种添加剂：硝酸盐（硝酸钠或硝酸钾）来抑制这些细菌；为了使成品色泽一致，需在原料乳中加适量色素（通常用安那妥、碳酸钠抽出液或粉末）。

（6）添加凝乳酶。牛乳的凝结是干酪制造工艺中最重要的环节。一般使用皱胃酶或胃蛋白酶来凝结，而以前者制作的干酪品质为佳。凝乳酶的添加量应在使用前通过测定其效价后再决定，一般1份皱胃酶在30～35℃时可凝结10 000～15 000份牛乳。在生产过程中确定添加量后，应保持在35℃以下，经30～40分钟后凝结成半固体状态，凝结稍软，表面平滑、无气孔。

（7）凝块切割、搅拌和加热。当凝块达到一定硬度后（约经30

分钟），用专门的干酪刀或不锈钢丝纵横切割成 7～10 立方毫米小块。然后进行轻微的搅拌，使凝块颗粒悬浮在乳清中，使乳清分离。加热可使凝块粒稍微收缩，有利于乳清从凝块中排出。开始加热要缓和，再逐渐提高温度，一般每分钟提高 1～2 ℃，直到槽内温度至 32～36 ℃ 为止。在加热时，应不断搅拌，以防凝块颗粒沉淀。提高加热温度和切割较细，会加速乳清的排出而使干酪制品含水量降低。

(8) 乳清排除。当干酪粒已收缩到适当硬度时，即可排出乳清。此时牛乳总酸量达到 0.12％ 左右。排放时，防止凝块损失。酸度未达到而过早排出乳清，会影响干酪的成熟；而酸度过高则使产品过硬，带有酸味。

(9) 成型压榨。将排出乳清后的干酪凝块均匀地放在压榨槽中，用压板或干酪压榨机把凝块颗粒压成饼状凝块，使乳清进一步排出。再将凝块分成相等大小的小块，装入专门模具，用压榨机械压制成型。为防止空气混入干酪中，加压温度应为 10～15 ℃，时间为 6～10 小时。

(10) 加盐。加盐目的是改善干酪风味、硬化凝块和增强防腐作用。加盐方法有干盐法和湿盐法。前者是把粉碎的盐撒在干酪表面，通过干酪的水分将盐溶液渗透到内部。湿盐法是将成型的干酪浸泡在 22％ 的食盐水中，经 3～4 天，盐水温度保持在 8～10 ℃，最终使干酪中食盐含量达到 1％～2％。

(11) 发酵成熟。盐渍后的干酪在一定的温度和湿度下存放，使其发酵成熟。干酪发酵成熟的要求是：储存温度为 10～15 ℃，相对湿度为 65％～80％，软质干酪达 90％。一般成熟时间为 1～4 个月，而硬质干酪长达 6～8 个月。降低成熟温度会延长所需要的成熟时间，但产品风味较好。

(12) 上色挂蜡及包装。成熟后的干酪，为了防止水分损失、外界污染、霉菌生长和保持良好外形等，对干酪应进行包装。硬质干酪通常涂挂有色素的石蜡，如我国生产的荷兰硬质干酪就是用红色石蜡涂色；而半硬干酪和软质干酪常用塑料薄膜包装，再装入纸盒或铝箔中。

三、蛋制品加工

改革开放以后，我国养禽业得到了快速发展，我国是世界上最大的产蛋国，蛋产量占全球总产蛋量的 34.8%，接近占第二、三、四位的美国、日本、俄罗斯产量的总和。我国人均占有量达 13.9 千克，超过世界平均水平 7.6 千克，也超过英国、澳大利亚、奥地利等一些发达国家。但我国蛋类加工现代化程度低下，质量有待提高。目前，我国仍以咸蛋、松花蛋为主，还有少量的液态蛋、冷冻蛋、浓缩液蛋和干燥蛋等现代蛋制品。

（一）咸蛋加工

咸蛋又叫盐蛋、腌蛋，早在 1 600 多年前，我国就有盐水腌制禽蛋的记载。我国咸蛋的主要原料是鸭蛋，江苏高邮咸蛋在我国最为著名。腌制咸蛋主要是食盐通过蛋的气孔、蛋膜逐渐向蛋白及蛋黄渗透、扩散，并与蛋内成分发生一定的反应，使蛋具有一定的风味及防腐能力。一般加工工艺为：原料蛋选择、分级→配料→提浆裹灰→装缸密封→成熟→储藏。具体工艺要点如下：

（1）原料蛋选择、分级。鲜鸭蛋是主要原料，需对其进行感官鉴别、照检、敲检和分级，剔除不合格的蛋。分级主要按照重量分级。

（2）配料。根据各地风俗及季节选择适量的食盐、草木灰、黄泥、水等。先将食盐倒入打浆机中，使食盐充分溶解，再加入草木灰，搅拌 10 分钟左右，使其均匀。充分搅拌后，灰浆呈不稀不稠、粗细均匀的浓浆状。

（3）提浆裹灰。将合格的蛋放在灰浆中翻滚，使蛋壳表面均匀粘上灰浆且使浆的厚度达到约 10 毫米，再放入干灰盆中滚动裹灰，厚度约为 2 毫米，裹灰厚度不宜太厚或者太薄。裹灰后，将灰料用手压实、捏紧，使其表明平整、均匀一致。

（4）装缸密封。裹灰后的蛋经点数后装入准备好的缸内。

（5）成熟。咸蛋的成熟与食盐浓度及食盐渗透速度有关。如果气温高，食盐渗透快，咸蛋成熟快；反之亦然。一般情况下，夏季需要20～30天，春秋季需要40～50天，冬季45～60天。

（6）储藏。咸蛋成熟后，放在25℃以下、相对湿度85％～95％条件下储藏，但一般不超过2～3个月。

（二）松花蛋加工

松花蛋又叫变蛋、彩蛋、皮蛋，这类蛋制品是我国的特产，具有特殊的风味，深受国内外消费者的喜爱。皮蛋的种类很多，按蛋黄的凝固程度不同分溏心皮蛋和硬心皮蛋；按加工辅料不同分无铅皮蛋、五香皮蛋、糖皮蛋等品种。以浸泡加工法为例说明皮蛋工艺一般为：原料蛋选择、分级→配料→浸泡→成熟、质量检查→出缸→洗蛋→晾蛋→检验质量→分级→涂泥、滚糠→储运。具体工艺要点如下：

（1）原料蛋选择、分级。同咸蛋加工。

（2）配料。各地皮蛋加工配方都有所差异。料液的配置有熬料和冲料两种方法。熬料是选择纯碱、食盐、茶叶、松柏枝、清水加热煮沸，再倒入盛有黄丹粉和生石灰的缸中，搅拌均匀，冷却备用。冲料是指把纯碱、茶叶放入缸底，再将沸腾的水倒入缸中，放入黄丹粉，搅拌溶解后再放入石灰，最后加入食盐搅拌均匀，冷却备用。各地皮蛋加工料液配方见表5-1。

表5-1　各地皮蛋加工料液配方　　　　单位：千克

地区	沸水	纯碱	生石灰	黄丹粉	食盐	红茶末	松柏枝	柴灰	黄土
北京	100	7.2	28	0.75	4	3	0.5	2	1
上海	100	5.45	21	0.42	5.45	1.3		6.4	
广东	100	6.5	24	0.25	5	2.5		5	
江苏	100	5.3	21.1	0.35	5.5	1.27		7.63	
天津	100	7.5	28	0.3	3	3			
山东	100	7.8	29	0.5	2.8	1.13	0.25	1	0.25
四川	100	7.5	25	0.4	5.2	2.5		6.8	
湖南	100	6.5	30	0.25	5	2.5		5	
浙江	100	6.25	16	0.25	3.5	0.625		6	

（3）浸泡。经过挑选后的鲜蛋放在铺有一层干净稻草的缸中。放蛋时要逐层平放摆实。切忌立放，防止蛋黄偏向；不要搭空，防止震碎蛋壳。最上层距离缸口 15 厘米左右，加入竹篾盖，用碎石或木棍压实，防止蛋上浮。装好后，将配制的料液缓慢倒入缸中，至料液完全淹没蛋为止。灌汤时的料液温度以 25 ℃为宜。浸泡过程中发现蛋壳外露，需及时补充料液。

（4）成熟、质量检验。控制浸泡温度，以 20～24 ℃为宜。灌汤后前 2 周内，不得移动蛋缸，以免影响蛋的凝固。装缸后，夏季经过6～7 天、冬季经过 9～11 天，应进行第一次质量检查，如发现鲜蛋的黑贴蛋壳或类似黑贴蛋壳，说明料液浓度适宜；若全部发黑，说明料液太浓，需加冷茶水冲淡；若全部蛋还似新鲜蛋，则料液太稀，需加料液。第二次检查应该在下缸后 20 天进行，检查时剥开几个，若蛋表面光洁、色泽褐黄带青，蛋黄部分呈褐绿色，说明情况正常。第三次检查在浸泡 30 天后进行，剥去蛋壳，发现蛋白烂头和贴壳，说明料液浓度太高，碱性太强需提前出缸；若蛋白柔软、不坚实，需延长浸泡时间。

（5）出缸、洗蛋。蛋白呈墨绿色、不贴壳、凝固良好，蛋黄呈绿褐色，中心呈淡黄色，并有饴糖状核心。达到上述标准时，应立即出缸，以免老化。一般情况下浸泡 35～40 天就可以出缸，夏季气温高时时间稍短。出缸后要及时进行清洗，并沥干水分。洗蛋用冷开水或残料的上清液，忌用生水。

（6）检验质量、分级。出缸后的皮蛋要进行检验和分级。

（7）涂泥、滚糠、储运。皮蛋经过验质分级后，少部分可以直接供应市场。存放皮蛋时，应进行涂泥和滚糠。一般用 60％～70％的黄泥黏土加 30％～40％的炮制过皮蛋的汤料，用温水调成泥糊状，逐个用泥料包好。随即放在稻糠或谷壳上来回滚动，使之均匀地粘在包泥上。包好的皮蛋装入箱中火缸内，加盖封严，即可储运。储藏期一般为 3～4 个月。

（三）冷冻蛋制品加工

冷冻蛋制品又称冰蛋制品，是蛋制品中的一大类。它是以鲜蛋为原料，去壳后取全蛋液、蛋白或蛋黄部分，经一系列加工工艺，最后冷冻而成的蛋制品。冷冻蛋制品分为冰全蛋、冰蛋黄、冰蛋白和巴氏消毒冰全蛋。其加工工艺基本相同，一般为：蛋液→搅拌→过滤→巴氏杀菌→冷却→灌装→冷冻→包装→冷藏。具体工艺要点如下：

（1）搅拌与过滤。打蛋后的蛋液需放在搅拌过滤器内，目的是使蛋液中蛋白与蛋黄混合均匀，组织状态均匀一致，杀菌更完全，搅拌成均匀的乳状液。搅拌时，应注意尽量不使其发泡，否则会影响后续加热的杀菌效果。过滤是为了除去蛋液中的蛋壳碎片、系带、蛋壳膜和蛋黄膜等杂物。

（2）巴氏杀菌。蛋液的巴氏杀菌即低温杀菌，是在尽量保持蛋液营养价值的条件下，杀灭其中的致病菌，最大限度地减少蛋液中细菌数目的处理方法。蛋液的巴氏杀菌多采用片式热交换器进行。全蛋液、蛋黄液及蛋白液的加热温度和时间并不相同。全蛋液、蛋黄液加热温度为 60～67 ℃，蛋白液加热温度为 55～57 ℃，杀菌时间一般控制在 3～4 分钟。

（3）冷却（预冷）。杀菌后的蛋液应迅速冷却至 4 ℃左右。采用片式热交换器进行巴氏杀菌时，杀菌完成以后，蛋液将从保温区进入冷却区直接实现降温。如果蛋液未经巴氏杀菌，搅拌、过滤后的蛋液应迅速转入冷却罐内冷却至 4 ℃左右。

（4）灌装。蛋液降温达到要求时即可灌装。冷却蛋液一般采用马口铁罐（内衬塑料袋）灌装。灌装容器使用前须洗净，用 121 ℃蒸汽消毒 30 分钟，待干燥后备用。为了便于销售，蛋液也可采用塑料袋灌装。

（5）冷冻。将灌装好的蛋液送入低温冷冻间内冻结。在国内，冷冻间的温度一般控制在 -23 ℃左右，当罐（袋）内中心温度降至 -15 ℃时即可完成冻结。在普通冻结间内完成冻结一般需 60～70 小时，而在 -45～-35 ℃的冷冻条件下则需 16 小时左右。

冷冻时，蛋黄的物性将会发生很大的变化。为了减少蛋黄在冻结时产生的不利变化，可以在 -10 ℃左右进行冷冻；也可先在蛋黄中添加 10% 左右的蔗糖或 3%～5% 的食盐，再对其冷冻。

（6）包装。冻结完成后，马口铁罐须用纸箱包装。塑料袋灌装的产品也应在其外加硬纸盒包装，以便于保管和运输。

（7）冷藏。将包装好的冰蛋送入−8 ℃以下的低温冷库中储藏。

（四）浓缩液蛋加工

液蛋的水分含量高，容易腐败，因此仅能低温短时间储藏。为使液蛋方便运输或使其在常温下增加储藏时间，研发出了浓缩液蛋的加工方法。浓缩液蛋分为两种：一种是以全蛋加糖或盐后浓缩使其含水量减少，水分活度降低，因而可在室温或较低温度下运输储藏；另一种是将蛋白水分除去一部分，以减少其包装、储藏、运输费用的浓缩液蛋。其加工工艺为：原料蛋→检验→预冷→洗净及干燥→照蛋检查→打蛋→全蛋或分离蛋液→过滤→加糖或盐低温杀菌→浓缩→浓缩液蛋。两种产品特点如下：

1. 浓缩蛋白　蛋白含有 88％的水分和 12％的固形物。用浓缩方法将蛋白的部分水分除去，可节省其包装、储藏及运输费用。目前，蛋白的浓缩采用反渗透法或超滤法，一般将蛋白浓缩至固形物含量为 24％。经浓缩的蛋白，部分葡萄糖、灰分等低分子化合物与水一同被透过膜透过而除去。用反渗透法浓缩的蛋白由于失去了钠，因此，在加水还原时其起泡所需时间延长，泡沫容积小，所调制的蛋糕容积也小。

2. 浓缩全蛋、浓缩蛋黄　鸡蛋的热稳定性差，一般采用加糖浓缩方法。全蛋液在 60～70 ℃开始凝固；而加糖后的全蛋液，其凝固温度会有很大的提高。添加蔗糖的量为 50％时，凝固温度为 85 ℃；添加蔗糖的量为 100％，凝固温度上升到 95 ℃。

全蛋液中，水分约占 75％，固形物占 25％。全蛋液中加入 50％的蔗糖，均质后在 60～65 ℃的温度下减压浓缩至总固形物为 72％左右。浓缩后在 70～75 ℃温度下加热杀菌，然后热装罐、密封。浓缩全蛋中水分占 25％，鸡蛋固形物占 25％，蔗糖占 50％。

在生产加糖浓缩蛋液时，加糖量必须适量。如加糖浓缩全蛋，蔗糖量为 53.3％时，封罐后 4 周开罐检查，发现有微生物生长；而蔗糖量为 72.7％时，则有蔗糖析出。因此可以认为，加糖浓缩全蛋，蔗糖率应高于 53％而低于 72.7％，最适量为 66.7％。

生产加糖浓缩蛋时，不能使用葡萄糖、果糖或其他混合物，因这些糖可使制品在长期储藏后颜色变黑，不受消费者欢迎。加盐浓缩全蛋与加糖浓缩全蛋加工工艺相同，一般加盐浓缩全蛋固形物为 50％，其中食盐含量为 9％。

此外，还有一种浓缩蛋是将全蛋或蛋黄先以各种酶处理，然后添加蔗糖或食盐再浓缩。这种浓缩蛋制品的蛋黄香味浓，加热不易凝固，黏度低，且富含氨基酸，可作为蛋调味料，制作各种食品的加工原料。

（五）干燥蛋制品加工

将含水量高的全蛋、蛋黄或蛋白进行冷藏和运输，既不经济，又易变质。干燥蛋是储藏蛋的良好产品。早在 20 世纪初我国即有了干燥蛋。当时由我国输往美国的干蛋白片，其起泡性很好并且耐储藏，令各国为之惊奇。近年来，我国干燥蛋制品工业有了很大的发展，已成为蛋制品加工业的重要组成部分。目前，国内外生产的干燥蛋制品种类很多，根据原料的不同，干燥蛋制品主要包括干蛋白、干全蛋、干蛋黄和特殊型干蛋品。

1. 干全蛋加工　工艺流程：拣蛋、预冷、洗蛋→消毒→晾干→打蛋→脱糖→过滤、超滤→巴氏杀菌→喷雾干燥。

（1）拣蛋、预冷、洗蛋。挑选新鲜的鸡蛋，将鲜蛋放入清水中浸泡 8 分钟，再将蛋取出，用喷水管喷洗蛋壳表面。

（2）消毒。蛋壳外有多种细菌，因此，经过清洗后的鸡蛋仍要进行消毒。采用有效氯 1 100 毫克/千克的漂白液浸泡鸡蛋 8 分钟，然后再用清水对鸡蛋进行喷淋。

（3）晾干。把喷淋后的蛋放入风循环式干燥箱，利用强制风将蛋吹干。

（4）打蛋。把鸡蛋轻轻地打碎，把蛋清和蛋黄分离，并分别放置到干净的容器中。

（5）脱糖。全蛋、蛋白、蛋黄分别含有 0.3％、0.4％和 0.2％的葡萄糖。脱糖目的是除去蛋黄液中的糖分，避免在干燥过程中成品褐变、发生美拉德反应和降低溶解度，以及使产品变味和质量降低。脱糖方法主要有自然发酵法、细菌发酵法、酵母发酵法、酶法。目前应用较多的是酶法脱糖，可用于干蛋白、干全蛋、干蛋黄等的生产。生产要根据自己的需求选择脱糖工艺。

酶法脱糖是一种利用葡萄糖氧化酶把蛋液中葡萄糖氧化成葡萄糖酸而脱糖的方法。先用 10% 的有机酸调蛋液 pH 至 7.0，然后加 0.01%～0.04% 的葡萄糖氧化酶，缓慢搅拌的同时加入 7% 过氧化氢，每隔 1 小时需加入同等量的过氧化氢。发酵温度采用 30 ℃ 和 15 ℃ 两种，在 3.5 小时内完成除糖。

（6）过滤、超滤。用 160 目的筛网过滤，以除去碎蛋壳、系带、蛋壳膜等杂物，使蛋液组成状态均匀一致。用醋酸纤维膜在 0.15 兆帕气压、10 转/秒转速的搅拌器中进行超滤，蛋白浓度可由 13% 提高到 26%，显著降低生产能耗。超滤后，将蛋液放置在干净的容器中。

（7）巴氏杀菌。选取 60 ℃ 保温 5 分钟，然后将蛋液取出放在容器中。

（8）喷雾干燥。目前，大部分全蛋、蛋白、蛋黄均使用喷雾干燥，少部分使用真空干燥、浅盘干燥、滚筒干燥。喷雾干燥主要是把处理好的蛋黄液送入喷雾干燥器，并调节流量、进出口温度、转速等，进行离心喷雾干燥，然后出粉。

2. 蛋白片加工　蛋白片是指鲜鸡蛋的蛋白经加工处理、发酵、加热脱水等流程，最后结晶成片状的产品。广泛用于造纸、皮革、医药、化妆品、纺织印染工业，以及糖果、巧克力粉、蛋糕、饼干、冰激凌等食品工业。蛋白片生产所需原料为蛋白液和发酵剂，7～8 吨新鲜蛋白液可生产 1 吨蛋白片。主要生产工艺如下：新鲜鸡蛋→拣选→照蛋→洗蛋→消毒→晾蛋→打蛋→收清液→搅拌过滤→加热→发酵→过滤→中和→烘干→晾白→拣选和储藏→包装成品。主要工艺要点如下：

（1）搅拌过滤。搅拌可使蛋白液中的浓厚蛋白与稀薄蛋白混合均匀；过滤能除去碎蛋壳、蛋壳膜等杂质，使成品更纯洁。

（2）发酵。通过发酵细菌的作用，使蛋白变成水样状，便于蛋白液澄清，以提高成品的光泽和透明度。而且，可以使一部分高分子蛋白质分解为低分子，增加成品的水溶物含量。此外，还可以使蛋白液中糖分分解，减少成品在储藏期间的赤变或褐变。

发酵操作过程是，将已搅拌过滤的蛋白液倒入已经洗涤消毒过的发酵木桶或缸内，盖上纱布，倒入量不能超过桶内容量的75%；同时加入酶制剂，搅拌均匀。发酵室温度控制在35 ℃、湿度控制在80%左右。夏季气温高，只要30小时蛋白液即可发酵成熟。

（3）过滤与中和。过滤是为了除去发酵液中的杂质；中和是由于发酵成熟的蛋白液呈酸性，若不进行中和，加工成品的酸度也必然随之升高，从而降低产品质量。通常用碱性物质氨水使之中和，蛋白液pH 在 7.0～8.0即可。

（4）烘干。采用水流烘干蛋片，将水流温度控制在54～56 ℃。将纯净的白凡士林涂在铝制烘盘或木制烘盘上，不宜过多，必须均匀。将中和后的蛋白液浇入烘盘内，每盘约2千克，蛋液厚度为2.5厘米。烘盘内蛋液的温度随浇浆后的时间不同而异。即浇后1～2小时，浆液温度达50～51 ℃；浇浆后2～4小时，浆液温度达53～54 ℃。盘内蛋白液的表面逐渐凝结成一层薄片，薄片厚约1毫米时开始第一次揭蛋白片，经过45～60分钟揭第二片，再过20～40分钟揭第三片。揭片时，双手各持竹镊子1个，镊住蛋白片的两角，由外边向上揭起，干面向上，湿面向盘，放置在藤架上。

（5）晾白。经过热水流烘制得到的蛋白片送往晾白车间，继续蒸发水分，要求成品含水量降到16%以下。晾白车间的温度调节为40～50 ℃，将烘制成的大蛋白片搭成人字形，放在布棚上，再搁在木架上晾干。晾干4～5小时，可见蛋白片有瓦裂现象，表明已经晾干。

（6）拣选和储藏。晾好的干蛋白片需在拣选车间进行拣选。将大片蛋白捏成直径20毫米左右的小片，同时把厚块、潮块、含浆块、无光片、杂质等分别拣出。拣出好的蛋白片后，送至储藏车间；而其余次片，需再返回晾白车间重新晾干，加工成碎屑，过筛后搀入成品中。

四、水产品加工

水产品不仅含有丰富的蛋白质和人体营养所必需的多种氨基酸，而且含有丰富的不饱和脂肪酸以及其他各种营养素，是人们饮食中珍贵的动物蛋白源。但是，水产品不同于畜禽产品，它们具有易腐败、产区集中、产量大、机体组成易改变等特点。如果处理不及时就会遭受较大的损失，且使加工的产品失去其应有的品质。因此，必须对水产品进行适当的加工。鱼、虾、贝类等在自然条件下容易腐败变质，除了鲜销外，速冻加工是延长其保鲜期最有效、最常用的手段。

1. 速冻加工　以速冻罗非鱼为例，鱼片加工工艺一般为：原料接收、暂养→放血→清洗→剖片→去皮→磨皮→整形→挑刺修补→灯检→分规格→浸液→速冻→镀冰衣→称重和内包装→金属检测→装箱→成品冷藏。

（1）原料接收、暂养。所收购的罗非鱼应来自无公害养殖的产区，并且要清洁、无污染的活体罗非鱼，体重以 0.5～1 千克为宜。对每一批次进行抽检，起塘后的罗非鱼应在 3 小时内送到加工厂进行暂养。罗非鱼在加工前需要放到暂养池中养 3 小时以上，暂养的主要作用是去除罗非鱼在养殖塘中带来的土腥味（俗称泥味）。暂养池应经常清洗消毒，保持池内的清洁达到卫生标准。

（2）放血。首先从捞起来的活体罗非鱼中挑出不合规格和死亡的鱼，送进放血工序。在放血操作时，左手按紧鱼头，右手握尖刀在鱼鳃和鱼身之间的底腹部斜插切一刀至心脏位置，再将鱼投入长流水的放血槽内，并不时拌动，让鱼血尽量流干。放血时间控制在 20 分钟。

（3）清洗。放血后的鱼用冰水清洗，水温控制在 15 ℃以下。

（4）剖片。目前，罗非鱼剖片基本上是采用人工操作。剖片时，将罗非鱼体压紧在操作台上，右手握刀，刀口从鱼尾部贴着中骨向鳃部剖切，将背腹肌肉沿鳃边割下，然后反转再剖另一边。剖切下的鱼片应及时放在底部盛有碎冰的容器中，容器大小应满足在 15 分钟内能装满为止。装满鱼片后，要及时在上面覆盖少量碎冰。

（5）去皮。一般应采用去皮机去皮。操作时，用右手拿住鱼片的尾部，将鱼片有皮的一面小心轻放在去皮机的刃口上。手工去皮操作人员必须掌握好刀片刃口的锋利程度，刀片太锋易割断鱼皮，刀片太钝则剥皮困难，影响鱼片的质量和成品率。

(6) 磨皮。将去皮鱼片的一面放在磨板上，并一边流放少量的长流水，用手轻压鱼片在磨板上回旋摩擦，磨去去皮时留下的白色或黑色的鱼皮残痕，保证鱼片的外观质量。鱼皮的残痕不得超过 0.5 平方厘米。将磨皮后的鱼片置于胶筐中，用低于 15 ℃以下的流动冰水将鱼片上血污冲洗干净，然后及时放入盛有碎冰的容器中，上面覆盖少量的碎冰。

(7) 整形。目的是切去鱼片上残留的鱼皮、鱼鳍、内膜、血斑、残脏等影响外观的多余部分。用流动水冲洗干净鱼片。为保证产品质量，检查并去除鱼片上的血斑、残脏、鱼皮和内膜的残痕。鱼皮残痕超过 0.5 平方厘米以上属于不合格产品。

(8) 挑刺修补。用手指轻摸鱼片切口处，挑出鱼片上的鱼刺，并对整形工序的遗漏部分进行修整。对于包装注明无鱼刺的鱼片，每千克鱼片不超过一根鱼刺，且长度小于 10 毫米或直径小于 1 毫米；若一根鱼刺的长度等于或小于 5 毫米，且直径不超过 2 毫米，则认为不存在瑕疵。

(9) 灯检。灯检的目的是去除寄生虫。在进行灯检的时候，在灯检台上逐片对着灯光检查，发现寄生虫必须挑检出来。用作灯检的光照度应为 1 500 勒克斯以上（相当于 40 瓦灯泡）。常见的寄生虫有线虫、绦虫和原生虫（孢子虫）。

(10) 分规格。鱼片的规格是根据鱼片重量进行分选的，通常按厚度、长度来分类。

(11) 浸液。鱼片经挑虫工序处理后，用清洁的淡水洗净，然后用食品添加剂溶液进行浸液漂洗。浸液一般由 3%左右的多磷酸盐和焦磷酸盐混合物配制而成，漂洗温度一般掌握在 5 ℃左右，超过 5 ℃时需要加冰降温。漂洗时间一般掌握在 3 秒即可，漂洗后将鱼片充分沥干水分。

(12) 速冻。先将隧道速冻机或螺旋速冻机温度降到 −40 ℃以下，再将鱼片均匀、整齐地摆放在速冻输送带上。不能过密地摆放鱼片，更不能重叠，以免影响冻结质量。在冻结过程中，温度要保持在 $-40\,℃$ 以下，最高不得高过 $-38\,℃$。冻好的鱼片中心温度应低于 $-18\,℃$，冻结应在 $20\sim40$ 分钟内完成。

（13）镀冰衣。用 $3\,℃$ 左右的冰水进行镀冰衣。第一次镀冰衣浸水时间为 8 秒左右；如果需要镀第二次冰衣，浸水时间为 5 秒左右。所镀冰衣层要均匀，鱼片应被冰衣完全覆盖。

（14）称重和内包装。根据不同规格进行称重、包装。

（15）金属探测。包装之后的产品，必须要经过金属探测器进行金属成分探测。若探测到金属，则须挑出有问题的冻品另行处理，保证产品的安全性。

（16）装箱、冷藏。纸箱包装后的产品应迅速送进冷藏库储藏。冷藏库内的温度应保持在 $-23\,℃$ 以下，温度波动不能超过 $2\,℃$。

2. 鱼糜制品加工　鱼糜制品是将低值鱼擂溃成糜状，加以调味成型的水产制品。它是一项古老的加工技艺，在中国烹饪史上相传已久。福州鱼丸、云梦鱼面、山东鱼肉饺子等传统特产是我国鱼糜制品的代表。

鱼糜制品的一般加工工艺为：原料选择→原料鱼处理（各种处理机）→清洗（洗鱼机）→采肉（采肉机）→漂洗（水洗机）→脱水（离心机或压榨机）→精滤（精滤机）→绞肉（绞肉机）→擂溃（擂溃机）→成型（各种成型机）→凝胶化（自动恒温凝胶化机）→冷却（冷却机）→包装（真空包装机或自动包装机）。其操作要点如下：

（1）原料选择。可用于制作鱼糜的原料有 100 余种。一般选用白色肉鱼类，如白姑鱼、梅童鱼、海鳗、狭鳕、蛇鲻和乌贼等作原料，生产的制品弹性和色泽较好。红色鱼肉制成的产品白度和弹性不及白色鱼肉。目前，世界上生产鱼糜的原料海鱼主要有沙丁鱼、狭鳕、非洲鳕等；淡水鱼中的鲢、鳙、青鱼和草鱼也是制作鱼糜的优质原料。鱼类鲜度是影响鱼糜凝胶形成的主要因素之一。以狭鳕为例，捕获后 18 小时内加工鱼糜可得到特级品，冰鲜 $35\sim72$ 小时加工可得到一级鱼糜。原料鲜度越好，鱼糜的凝胶形成能力越强。

(2) 原料鱼处理。目前，原料鱼处理基本上采用人工方法。先将原料鱼洗涤，除去表面附着的黏液和细菌（可使细菌减少 80%～90%）；然后，去鳞或皮，去头，去内脏。剖割方法有两种：一是背割（沿背部中线往下剖）；二是切腹（从腹部中线剖开）。再用水清洗腹腔内的残余内脏、血污和黑膜。这一工序必须将原料鱼清洗干净，否则内脏或血液中存在的蛋白分解酶会将鱼肉蛋白质部分分解，影响鱼糜制品的弹性和质量。清洗一般要重复 2～3 次，水温控制在 10 ℃以下，以防止蛋白质变性。

(3) 采肉。使用采肉机采取鱼肉，即用机械方法将鱼体皮骨除掉而把鱼肉分离出来。国内使用较多的是滚筒式采肉机。采肉时，鱼肉穿过采肉机滚筒的网孔眼进入滚筒内部，骨刺和鱼皮在滚筒表面，从而使鱼肉与骨刺和鱼皮分离。采肉机滚筒上网眼孔径选择范围为 3～5 毫米，根据实际生产需要自由选择。

(4) 漂洗。漂洗可以除去鱼肉中水溶性蛋白质、色素、气味和脂肪，提高鱼肉的弹性和白度。漂洗方法有清水漂洗和稀盐碱水漂洗两种，根据鱼类肌肉性质选择。一般白色肉类直接用清水漂洗；红色肉中的上层鱼类如鲐鱼、远东拟沙丁鱼等用稀盐碱水漂洗，以有效防止蛋白质冷冻变性，增强鱼糜制品的弹性。

(5) 脱水。鱼肉漂洗后必须进行脱水。脱水方法有两种：一种是用螺旋压榨机除去水分；另一种是用离心机离心脱水，少量鱼肉可放在布袋里绞干脱水。温度越高，越容易脱水，脱水速度越快，但蛋白质易变性。温度在 10℃左右较为理想。根据经验，白色肉鱼类在 pH 6.9～7.3、多脂红色肉鱼类在 pH 6.7 脱水效果较好。

(6) 精滤。用精滤机将鱼糜中的细碎鱼皮、碎骨头等杂质除去。红色肉鱼类所用过滤网孔直径为 1.5 毫米，白色肉鱼类网孔直径为 0.5～0.8 毫米。在精滤分级过程中必须经常向冰槽中加冰，使鱼肉温度保持在 10℃以下，以防鱼肉蛋白质变性。

(7) 擂溃或斩拌。将鱼肉放入擂溃机内擂溃，通过搅拌和研磨作用，使鱼肉肌纤维组织进一步破坏，为盐溶性蛋白的充分溶出创造良好的条件。先将鱼肉空擂几分钟，加入鱼肉量 2% 的食盐继续擂溃

15～20分钟，使鱼肉中的盐溶性蛋白质充分溶出变成黏性很强的溶胶；再加入调味料和辅料，与鱼肉充分搅拌均匀；最后加入溴化钾、氯化钾、蛋清等弹性增强剂，促进鱼糜胶化。在擂溃过程中，应适当加冰或间歇擂溃，以降低鱼肉温度。擂溃时间以20～30分钟为宜，时间过长或过短都会影响鱼糜质量。

（8）成型。鱼糜制品的成型，过去依靠手工成型，现在已发展成采用各种成型机加工成型，如万能成型机、鱼丸成型机、鱼卷成型机、三色鱼糕成型机及各种模拟制品成型机。成型操作与擂溃操作不能间隔时间太长，或将鱼糜放入0～4℃保鲜库中暂放，否则擂溃后的鱼糜会因失去黏性和塑性而不能成型。

（9）凝胶化。鱼糜成型后需在较低温度下放置一段时间，以增加鱼糜制品的弹性和保水性，称为凝胶化。根据凝胶化的温度不同可分为4种：高温凝胶化（35～40℃，35～85分钟）；中温凝胶化（15～20℃，16～20小时）；低温凝胶化（5～10℃，18～42小时）；二段凝胶化（先30℃ 30～40分钟高温凝胶化，然后7～10℃ 18小时低温凝胶化）。凝胶化温度和时间应根据产品需求及消费习惯等因素灵活掌握。

（10）加热。加热方式有蒸、煮、焙、烤等。加热设备包括自动蒸煮机、自动烘烤机、鱼丸和鱼糕油炸机、鱼卷加热机、高温高压蒸煮机、远红外线加热机和微波加热设备等。鱼糜制品加热可以使蛋白质变性凝固并起到杀菌作用，也能使鱼糜制品的保存期大大延长。

第三节　案例分析

案例1：中禾恒瑞集团有限公司

（一）企业概况

中禾恒瑞集团有限公司创立于2004年，是一家以肉牛育种、养殖、屠宰为主导，兼营反刍动物饲料加工和食品加工的多元化、跨行业、跨地区发展的现代大型畜牧企业集团。公司秉承促进我国肉牛产业健康发展与食品安全的宗旨，目前已在北京等全国 8 个省份建成多家养加销一体化公司。2019 年，中禾恒瑞为全国肉牛单一母畜种群量最大的公司，常年存栏种母畜 3 万头，年生产加工高品质冷鲜牛肉过万吨。目前主要经营有高档分割冷鲜肉、调理肉、定制肉、发酵肉等系列产品，"贵牛"品牌已经成为我国知名肉牛产品品牌。

（二）基地建设

中禾恒瑞集团不忘初心、牢记使命，优选贫困地区为发展基地，为助力扶贫事业尽自己绵薄之力。以扶贫产业为契机，引进国内外高档的安格斯肉牛品种，在广西、贵州、内蒙古等省份建设了 30 个特色扶贫养殖基地，引领传统农业走向农业工业化道路，将贫困县变成特色产业县。

中禾恒瑞畜牧养殖基地与传统农业相比，按照农业工业化阶段发展模式发展畜牧业，逐步改变以人力为主的养殖方式，使用自动化、功率庞大的机械，实现了养殖机械化。不仅在养殖生产的各个主要环节，而且在各个辅助作业环节也都使用机械标准化，即实现种、养、产的全程机械化。同时，大力推动产学研合作，将最新科技成果运用到产业化大生产。与国家肉牛牦牛产业技术体系专家共同研究集中规模饲养、西南地区养殖料肉比与传统地区养殖的差异等相关课题。中禾恒瑞同时利用 IT 信息化管理手段经营中国最传统的农业经济，通过自行开发和金税三期相结合，对管理的各个环节进行监控，不但是目前国内养殖行业中规模最大而且也是成本、利润最清晰的农业集团公司。

案例 2：内蒙古伊利实业集团股份有限公司

（一）企业概况

内蒙古伊利实业集团股份有限公司（以下简称伊利集团或伊利）创始于 1993 年，是中国规模最大、产品线最全的乳制品企业，蝉联亚洲乳业第一。2018 年实现营业总收入近 800 亿元，同期增长 16.89%，净利润 64.52 亿元，创亚洲乳企最好成绩。伊利是中国唯一一家符合奥运会标准，为 2008 年北京奥运会提供服务的乳制品企业；也是中国唯一一家符合世博会标准，为 2010 年上海世博会提供服务的乳制品企业。集团在"全球织网"的战略下，已经实现在亚洲、欧洲、美洲、大洋洲等乳业发达地区的产业布局。作为行业龙头企业，伊利集团旗下多款产品长期居市场领先地位，整体营业额在行业中遥遥领先，稳居全球乳业第一阵营。伊利集团拥有液态奶、酸奶、奶粉、冷饮等乳制品系列产品，旗下有纯牛奶、乳饮料、雪糕、冰激凌、奶粉、酸奶、奶酪等产品品种，产销量、规模、品牌价值居全国第一。

（二）基地建设

伊利始终创新奶源建设的发展思路和解决方案。

其一，对中国奶农培训模式进行创新，起到了重要的示范效应。标准化集约化牧场是全球奶源转型升级的重要趋势，也是全面保障乳品品质的第一道防线，具有现代管理意识、具备现代养殖技能且熟悉乳业发展趋势的现代牧场主，是决定标准化集约化牧场成功与否的关键因素。2015 年，公司推出新型奶农培训项目——奶牛学校牛 N 代训练营，把培训的重点从侧重传统技术转向以综合管理为中心，把培训的对象从聚焦牧场管理人员转向潜在的牧场经营管理接班人。组织开发了覆盖青贮制作、健康管理、牛奶质量、防暑降温、防寒保暖等牧场各生产环节的网络课程，培训供应商上万人次。伊利合作牧场的奶牛日单产水平整体提升了 7 千克。2014—2017 年，帮助奶农增收 30 多亿元。

其二，公司探索了一种以"核心企业承担实质性风险责任"为特色的产融结合模式，有效解决了产业链上中小企业融资困局，带动了整个产业协同持续健康发展。针对上游奶农的实际发展需求，伊利分别推出了"青贮保""牧场保""种植保"等 12 个金融产品，被农牧民称为"十二个宝宝"，已帮助了全国 14 个省份的农牧民。2014 年至今，伊利为奶农累计发放奶款超过 600 亿元。伊利累计支持上游养殖企业数千家，带动 500 万奶农走上了脱贫致富的道路，真正实现了企业与奶农的互利共赢。

（三）市场建设

伊利运用大数据，深度洞察消费者需求；集聚整合了全球顶尖高校和科研院所，成功将市场需求与科研成果相结合；发布了中国首个"母婴生态圈"战略，用互联网思维与消费者实现连接。伊利是工信部颁布的首批"互联网与工业融合创新试点企业"。伊利是在生产、质量、渠道、营销等各个领域全面借助互联网技术实现"互联网＋"的企业。在食品安全领域，伊利建立了"全员、全过程、全方位"的质量管理体系，以及"集团-事业部-工厂"三级食品安全风险监测防控体系。截至 2017 年底，检测设备累计投入 6.35 亿元，全年的检测费用投入近 3 亿元，覆盖 80 多个检验单元，率先实现了从源头到终端每一个食品安全与质量控制关键点的监测、分析、把控和预防。

第六章

主 食 加 工

主食是供应人们一日三餐消费、满足人体基本能量和营养摄入需求的主要食品，是保证国民身体健康的基本食物，在食品结构中占据主体地位，具有食用人数多、食用频率高、与当地主要农产品供给相匹配等特点。尽快实现主食生产工业化、主食供应社会化、主食营养多样化、主食消费便利化，已成为广大民众的迫切期望。

第一节　主食加工内涵

一、主食加工概念

主食加工产业，是在传统主食的基础上，采用现代化营养科学原理和先进技术装备，按一定的规范和标准，以现代科学技术研究为基础提升传统加工工艺，用机械化生产代替手工和半手工制作，通过引入现代营销理念而创造的一种新型生产方式。其基本内涵可概括为产品标准化、操作规范化、生产机械化、工艺科技化和组织制度化。

在长期发展历程中，人们对主食的认识在不断地深化、调整、完善和升级，主食结构、消费方式和生产供给等方面都发生了深刻变化。在主食结构方面，主食已从满足人们的能量需求向更注重营养摄入需求转变。据分析，在人们一日三餐的主食中，主要提供能量的谷物主食比重有所下降，主要提供营养的畜禽、水产、果蔬等主食比重有所上升。在主食消费方面，居民家庭的传统主食已从家庭自制为主向工业化生产和社会化供应转变。城市约 70%、农村约 40% 的谷物类主食依赖于市场采购，方便、快捷、营养、安全、卫生成为主食消费的时代趋向。在主食生产供给方面，主食加工产业正在向专业化生产、商业化配送、产业化经营方向发展，涌现出一批知名品牌、规模企业和营销模式，大型超市、社区超市和社区集贸市场成为最主要的主食销售渠道，三者之和占主食总销售量的 90% 以上。

二、主食加工意义

主食加工产业一头连农民、一头连市民，一头连农业、一头连服务业，是联结工农城乡关系的特殊产业，是具有多样性、地域性、民族性的特色产业。主食加工产业日益成为农产品加工业中成长潜力巨大的重点行业，在"稳增长、调结构、促改革、惠民生"中发挥着十分重要的作用。

（一）主食加工是满足城乡居民消费需求增长的必然选择

随着居民生活水平的提高和生活节奏的加快，越来越多的家庭不愿意花太多时间"煮饭烧菜"，取而代之的是直接购买一些主食成品或半成品。主食正在由家庭自制为主向社会化供应转变，且呈现出方便化、营养化、安全化等新特点。城乡居民主食消费格局，也由温饱型向风味型、营养型、便捷型甚至功能型方向转变。广大消费者不再简单地满足于吃饱，更要求吃好、吃得营养、吃得健康，消费理念不断向优质、高效、生态、安全等方面转化，多层次、方便化、多样化和膳食平衡成为新时代的消费特征。特别是我国已进入工业化、城镇化快速发展时期，越来越多的农村人口进入城镇，消费需求拉动十分强劲。食品消费结构快速变化，对主食产品的需求呈刚性增长态势。

（二）主食加工是保障食品质量安全的重要措施

长期以来，主食加工一直是我国食品加工质量安全的薄弱环节。据有关数据显示，发达国家居民消费的食物中，工业化食品达到了 70%～90%，而我国仅为 15%～20%，绝大部分主食的加工、供应以小作坊、小摊贩为主，生产经营不规范，主食的安全、卫生无法保证。调查显示，从事面制主食加工的经营主体约 80% 是作坊式小企业，其中有部分属于无照经营。许多主食产品长期停留在作坊式制作的水平，标准和技术规程缺失严重，技术、工艺、装备研发滞后。为了保证主食质量安全，亟待用工业化理念规范和引领主食加工产业的发展，按照产品标准化、操作规范化、技术现代化、组织制度化等工业化要求发展主食加工。

三、主食加工产品创新

（一）产品品种创新

主食加工产品品种创新，围绕百姓一日三餐的传统主食进行改进提升、开发多元产品。以功能化、营养化、便捷化消费需求为导向，适应个性化、高端化、体验化新要求，开发营养、安全、美味、健康、便捷、实惠的多元化主食产品。加强现代生物和营养强化技术研究，针对老人、儿童、学生、孕妇、"三高"病人等特定人群，开发营养均衡、药食同源的功能性主食产品。支持企业适应线上线下的快餐需求，开发工业化快餐产品，提高网上订餐供应能力和水平。组织开展区域特色传统主食名吃梳理和工业化开发，形成差异化、特色化主食结构。加快推进马铃薯等薯类产品主食化，引导居民扩大玉米、杂粮、马铃薯等主食产品消费。在主食加工企业的具体实施中，有的研究开发了方便米饭的气调保鲜包装、锁鲜装包装等，使方便米饭的保鲜时间更长；有的研究开发了以马铃薯全粉为原料的马铃薯馒头、面条、米粉、薯饼等产品，推进马铃薯主粮化；有的研究开发了口感类似小麦粉的玉米馒头、面条、米糕、烙饼等产品，实现了粗粮细作。在花色品种方面，有的还研究开发了瑶柱鸡粒荷叶饭、柱侯牛腩饭、牛肉烤鸡双拼饭、日式照烧鸡扒饭、椰汁咖喱鸡饭等产品，以满足不同消费者的口感特殊需求。

（二）产品技术创新

近年来，主食加工产业的产品技术创新，重点集中在以下 3 个方面：一是围绕馒头、花卷、包子皮等醒发面团，采用组学技术，研究高效安全微生物的选育、风味功能微生物组合发酵、风味组学和风味化学等新型核心技术，建立特色高效发酵新工艺，开发绿色、高效、现代的发酵食品生产新技术及系列安全高品质发酵食品的制造技术。二是围绕主食理化特性、营养特性及加工特性，开展主食加工过程中组分结构变化及品质调控机制研究、食品风味特征与加工适用性研究、食品营养物质基础与营养代谢组学研究，研究主食加工过程中食品组分变化规律和食品品质特性改变及色香味质等品质变化机制。三是围绕薯类主食化加工关键技术开展研发，研发薯类生粉加工、质构成型、快速醒发等关键技术，研制智能醒发、高效干燥、自动化包装等核心技术，重点开发马铃薯及甘薯馒头、面条、米粉、原薯制品等主食新产品加工技术，研究基于挤压重组技术的薯类方便主食加工关键技术。

根据上述研发重点，一些技术实力较强的主食加工企业开展了主食产品技术创新工作，有的研发了主食发酵熟化技术，改善面团流变学特性，提高发酵熟化效率；有的研发了馒头成型整形仿生技术，实现馒头产品的自动化生产；有的研发了蒸煮烘焙技术，开发主食产品醒蒸一体化智能技术和自动化变温煮制技术，实现蒸煮烘焙数字化控制；有的研发了主食新型包装抗老化技术，配套自动化包装，防止主食产品老化、氧化变质；有的研发了包子皮醒发老面工艺，面筋和含水量最佳优化组合，使包子皮口感最佳；有的结合东北玉米量大面广的优势开发了玉米面发酵新技术和分子重组技术，使玉米主食口感近似小麦粉主食，实现了粗粮细作。

（三）产品装备创新

为适应主食加工产业的发展需要，各地主食加工装备制造企业着力创新发展模式，调整和优化产品结构，重点在提高技术性能、安全卫生和自动化程度上下功夫，技术装备水平明显提升。从市场情况看，主食各大类产品均实现了机械化生产。生产线有米饭加工、米粉（米线）加工、馒头加工、挂面加工、方便面加工、鲜湿面条加工等；关键单机有包子机、饺子机、馄饨机、和面机、揉面机、搅拌机、压面机等。

近几年开发的主食加工装备，主要在自动化、智能化方面特色突出。如智能化仿生馒头生产线，采用仿生、光控光感、电磁感应、远红外等技术，实现自动加水、和面、压面、揉制、成型于一体，具有醒发、成型和蒸制自动化等特点。智能包子机采用老面工艺，优化面筋和含水量实现最佳状态，使口感更好，实现遥控和智能化作业。三变频饺子机采用人机界面控制，输面、输馅、成型均采用无级调速，可连续生产各种肉、菜混合馅的饺子。自动化方便面、挂面生产线，建立了完整的质量保证体系，具有先进的制面工艺、制条工艺，实现切段、称量、包装自动化。智能化发酵食品加工成套技术装备，包括适合于不同产品类型的固态发酵设备、磁电式感应浸渍设备、传统发酵食品的自动化成套技术与装备。食品工程化与智能化加工技术装备，包括食品非热加工、新型杀菌、过程控制、仿真优化和连续化、数字化、智能化等食品工程化加工装备。薯类主食化加工技术装备，面对薯类馒头、面条、米粉、原薯制品等主食加工，开发生粉加工、质构成型、智能醒发、高效干燥、自动化包装、挤压重组技术装备等。大宗面制品适度加工关键技术装备，以智能、自动化加工为核心，建立面食适度加工在线控制指标、方法体系，开发全麦粉稳定化、营养保全及食用品质改良加工技术装备；开发半干面条、营养挂面、早餐谷物制品、挂面切断、高效包装、自动化、连续化等技术装备。面制主食新型速冻技术装备，通过平板冻结、隧道式连续冻结、超低温急冻等不同速冻技术，突破连续化高效节能急冻和速冻工艺技术，开发生鲜制品、即食即制食品和传统发酵面制品及主食的高效节能速冻工艺技术，研制高效节能的速冻装置和超低温急冻装备及高效节能的自堆积式螺旋速冻装置、速冻食品醒蒸一体化装备等关键技术装备。

第二节　主食加工技术模式

我国主食加工大力推广生产基地＋中央厨房＋餐饮门店、生产基地＋加工企业＋商超销售等产销模式，推动主食产品供应社会化、生产工业化、开发多元化，推动产权清晰化、生产标准化、技术集成化、管理科学化、经营品牌化企业主体培育，提升主食加工产业健康稳定发展。

一、面制品加工

（一）馒头加工

馒头是以小麦粉为原料经发酵面团汽蒸的食品，具有鲜明的民族文化特征。一般将馒头分为 3 类，即北方馒头、南方馒头和广东馒头。其中，北方馒头是指饧面馒头，南方馒头是指酵面馒头，广东馒头是指产自广东、海南、福建和台湾以及东南亚各国的、具有独特风味的馒头。馒头生产有面种发酵法、酒酿发酵法和纯酵母发酵法（新发酵法）。前者最具代表性，其工艺流程为：原料→和面→发酵→中和→揉制→成型与整形→醒发→蒸制→冷却包装→成品。主要技术要点如下：

1. 和面　和面有两个主要作用：一是各种原、辅料混合均匀，并发生相互作用；二是面粉吸水生成面筋并形成网络结构，进而得到伸展，最终形成一定性状的面团。和面应保证足够的强度和时间，达到最佳面团状态。和面中的搅拌时间为 5～10 分钟，至面团不粘手、有弹性、表面光滑时转入发酵环节，面团温度要求 30 ℃左右。

2. 发酵　面团发酵有增殖酵母、蠕动面团、产生风味、增加营养的作用。传统的馒头制作工艺非常重视面团发酵，要求将面团完全发起。目前，一些馒头生产企业仍采用老面发酵工艺，形成多种香气组合。一般情况下，发酵温度为 26～28 ℃，相对湿度为 75％左右，发酵时间约为 3 小时，至面团体积增长 1 倍、内部蜂窝组织均匀、有明显酸味时完毕。

3. 中和　面团发酵后，应适当加入面粉和剩余辅助原料，再进行第二次和面。经过发酵，面团中酵母需要的营养和氧气消耗将尽，对于后边的醒发十分不利。因此，应适当添加营养，并搅入新鲜空气。调节面团的松弛状态和黏性，有利于成型操作以保证产品的形状。中和搅拌时间为 10～15 分钟，至面团成熟。

4. 揉制　在和面后成型前，一般经过面团揉制工序。通过揉压机揉制，以保证馒头的组织结构和外观质量。揉面能使面团中的气体排除，组织细密，从而使产品表面光滑，还能够避免馒头表面产生气泡等。

5. 成型与整形　面团揉制完成后，为使馒头产品保持外观挺立饱满，避免在醒发和蒸制过程中使馒头坯扁塌，应将切好的或搓好的馒头坯适当整形。圆馒头需要定量分割与搓团成型，方馒头需要用搓条刀切成型。在馒头生产线上，一般将馒头机后边设置一台馒头整形机，用于馒头坯的搓高和搓光。

6. 醒发　面团在醒发过程中，将发生一系列的生物化学反应，使馒头达到一定的体积、外观和内部组织结构。醒发有利于面团快速发起，减少馒头坯变形。醒发温度一般为 35～42 ℃，相对湿度为80％左右，醒发时间为 15 分钟左右。若采取自然醒发，冬天约 30 分钟，夏天约 20 分钟。

7. 蒸制　馒头可以在蒸柜、蒸箱、蒸锅、蒸笼中蒸制。在蒸制过程中，容器内应保持微压状态和气体循环，以确保蒸制的温度。保持容器密闭，还要保证有气体的适量排出以及蒸汽不断进入蒸屉。通入的蒸汽压力不宜太高，防止露水直接溅于坯表面而造成局部烫死。蒸制时间一般为 30 分钟。

8. 冷却包装　蒸制的馒头一般冷却 5 分钟或自然冷却后，采用自动包装机进行包装。

馒头加工装备（生产线）主要包括定量加水机、和面机、压面机、醒发机、成型机、整形机、蒸柜、输送机、包装机和辅助设备等。

（二）鲜湿面条加工

鲜湿面条是以中筋小麦粉为主要原料，也可以是杂粮面、马铃薯粉、甘薯粉等制成的鲜湿面条。生产工艺流程为：原料（面粉）→和面→熟化→压延→切条、切段→计量、包装。主要技术要点如下：

1. 和面　和面操作要求"四定"，即按一定比例定面粉、定食盐、定食碱和定水，面和水的比例一般为 3∶1。在不影响压延成型的前提下，应尽量增加用水量，以使蛋白质充分吸水而形成高质量的面筋网络。加水量为 35%～40%，面团温度为 28～30 ℃，和面时间为 15～20 分钟。和面结束时，面团呈松散的小颗粒状，手握可成团。

2. 熟化 熟化是为了消除面团搅拌过程中产生的内应力，使水分子最大限度地渗透到蛋白质胶体粒子的内部，进一步形成面筋的网络组织。熟化的时间越长，面筋网络形成得越好。熟化时间一般控制在 30～40 分钟，对面团进行静置熟化。

3. 压延 把熟化好的面团取出，在压面机上反复压延 2～3 次，使面带形成一定宽度。初压面片厚度通常为 4～5 毫米，末道面片为 1 毫米左右，以保证压延效果，使面片紧实、光洁。

4. 切条、切段 切条成型由面刀完成。面刀的加工精度和安装使用，往往与面条出现毛刺、疙瘩、扭曲、并条及宽厚不一致等缺陷有关。目前，我国已有圆形面刀和方形面刀，解决了条型单一的问题。面刀下方设有切段刀，作用是将湿面条横向切段，其转速可以根据所需面条的长度调节。

5. 计量、包装 鲜湿面条计量和包装，有的采用人工完成，有的采用机器完成。装袋时，应尽量保持面条的完整性，每袋质量根据需要而定。配套设备有自动计量称和鲜湿面条包装机。

鲜湿面条加工装备（生产线）主要包括定量加水机、和面机、压面机、熟化机、切条机、切段机、计量称、包装机等。

（三）挂面加工

挂面是以中筋小麦粉（或杂粮粉）添加食盐、食碱、水制成鲜湿面条，再经干燥后切制成一定长度的干面条。目前，挂面已形成主食型、风味型、营养型、保健型等共同发展的格局，已走向工业化、规模化生产之路。生产工艺流程为：原辅料预处理→和面→熟化→压延→切条→湿切面→干燥→切段→计量→包装。主要技术要点如下：

1. 和面 和面的目的是使面筋蛋白质充分吸水胀润形成面筋网络，同时淀粉也吸水膨胀，并包裹在面筋网络中，形成具有适当弹性、延伸性和可塑性的面团。加水量应根据面粉的湿面筋含量确定，面团含水量不低于 31%，加水温度宜控制在 30 ℃左右，和面时间为 15 分钟。

2. 熟化 熟化就是让和好的面团在专用的容器里静置一段时间，让蛋白质能充分地吸水膨胀，形成较好的面筋网络组织，改善面团的工艺性能。熟化时间一般为 10～15 分钟。

3. 压延 压延的作用是将松散的坯料压成一定厚度的带状面片，并使面筋成为细密的网状组织，在面带中均匀分布。熟化以后的面团送入压面机，经过 5～7 道做相对旋转的压辊，压成厚度为 1～2 毫米的面片，为下一道的切面成型工序做好准备。

4. 切条 切条成型由面刀完成。面刀的加工精度和安装使用，往往与面条出现毛刺、疙瘩、扭曲、并条及宽厚不一致等缺陷有关。面刀有整体式和组合式，形状多为方形。目前，国内已开发出圆形或椭圆形面刀，解决了条型单一的问题。切条工序的要求是切成的面条表面光滑，厚度均匀，宽度一致，无毛边，无并条，落条、断条要少。

5. 干燥 挂面干燥方法有 3 种：一是高温快速干燥法。这种方法是我国的传统工艺，最高干燥温度为 50 ℃，干燥距离为 25～30米，干燥时间为 2～2.5 小时。二是低温慢速干燥法。最高干燥温度不超过 35 ℃，干燥距离为 400 米左右，干燥时间长达 7～8 小时。三是中温中速干燥法。这种方法是针对高温快速法和低温慢速法的优缺点而研制的，具有投资少、耗能低、生产效率高、产品质量好的特点，已在国内广泛推广。

6. 切段 该工序是将干性长条状挂面按照一定长度要求进行切段。按照现行有关标准要求，切段合格率不小于 90%，切段长度为180～260 毫米，切段长度误差不大于 ±3 毫米，挂面厚度（等效直径）为 0.6～2.0 毫米。现有专门的挂面切段机，切段一般采用圆盘式切刀和往复式切刀。

7. 计量、包装 现有挂面自动称量机，称量速度单称不大于50 次/分钟，称量范围为 20～2 500 克。挂面包装分为塑封和纸质两种。塑封的优点是包装速度快，保质期长；缺点是包装材料成本高。作为周期短的快速消费食品，建议使用纸质包装。

挂面加工装备（生产线）主要包括定量加水机、和面机、压面机、熟化机、切条机、干燥机、切段机、称量机、包装机等。

（四）方便面加工

方便面加工时，要求面粉中湿面筋含量为 32%～34%。湿面筋含量低会影响面筋网络形成，面团的弹性和延伸性受到影响。面粉的灰分含量也会影响和面时面粉的均匀吸水和感官，对产品品质有一定影响。生产工艺流程为：和面→熟化→压延→切丝成型→蒸面→油炸→冷却、调味、包装。主要技术要点如下：

1. 和面　将面粉和水均匀混合一定时间，形成具有一定加工性能的湿面团。具体操作为：面粉中先加入添加物预混 1 分钟，然后快速均匀加水，同时快速搅拌约 13 分钟，再慢速搅拌 3～4 分钟。和面加水量通常要求 100 千克面粉加水 30 千克左右，和面加水温度为 30 ℃左右。

2. 熟化　熟化的作用是使水分渗入蛋白质胶体粒子的内部，充分吸水膨胀，进一步形成面筋网络；然后，使蛋白质和淀粉之间的水分自动调节，达到均质化。要求熟化时间不少于 10 分钟，熟化时的搅拌速度通常为 5～8 转/分钟。熟化温度应低于和面温度，一般为25 ℃。

3. 压延　将熟化后的面团通过两道平行的压辊压成两个面片，两个面片平行重叠，通过一道压辊，即被复合成一条厚度均匀坚实的面带。压延的主要作用是将松散的面团压成细密的、达到规定要求的薄面片；再进一步促进面筋网络组织细密化，并使细紧的网络组织在面片中均匀分布，把淀粉颗粒包围起来，从而使面片具有一定的韧性和强度。

4. 切丝成型　面带高速通过一对刀辊，被切成条，通过成型器传送到成型网带上。由于切刀速度高，成型网带速度低，两者的速度差使面条形成波浪形状，即方便面特有的形状。切丝成型的工艺要求是面条光滑，无并条、粗条和毛刺，波纹整齐，花型无堆积。

5. 蒸面　在一定的时间和温度条件下，通过蒸汽将面条加热蒸熟。蒸面的工艺要求是尽量提高蒸煮时淀粉的糊化度，通常要求糊化度大于80%。蒸面温度的确定，通常进面口温度为 60～70 ℃，出面口温度为 95~100 ℃。延长蒸面时间，可以提高产品的糊化度。

6. 油炸　油炸是把定量切段的方便面块放入油炸锅中，通过高温的油锅，使方便面块中的水迅速汽化，面条便形成多孔性结构，淀粉也进一步糊化。其作用是使面条脱水，固定形状。油炸时，要控制油炸锅的前温、中温和后温。一般采用熔点为 26~30 ℃ 的棕榈油，以保证油炸效果。油炸分 3 个阶段：在低温区，面块吸热，温度升高，开始脱水；进入中温区，面块开始大量脱水，油渗入面条中；高温区面块含水已基本稳定，不再脱水，温度与油温相近。油炸技术参数为：前温 130~135 ℃，中温 140~145 ℃，后温 150~155 ℃，油炸时间为 70~80 秒，油炸后面块水分不大于 8%。

7. 冷却、调味、包装　油炸的方便面块先在冷却机内经吹风强制冷却至室温或略高于室温，然后加入调味料（粉包或酱包）进入自动包装机，最后用符合卫生要求的复合塑料薄膜（袋装面）或聚苯乙烯泡沫塑料（碗装面）完成包装。

方便面加工装备（生产线）主要包括定量加水机、和面机、压面机、熟化机、切条成型机、油炸锅、冷却机、自动包装机等。

（五）面包加工

面包的种类，按质地不同，可分为软质面包、硬质面包、介于二者之间的脆皮面包和内部分层的丹麦酥皮面包；按食用用途不同，可分为主食面包和点心面包；按配料不同，可分为普通面包和花式面包。面包的基本原料有强筋小麦粉，湿面筋不小于 33%，灰分不大于 0.60%；还有酵母、食盐、水和面质改良剂等。国内通常采用的工艺流程有 3 种：一是一次发酵法。调制面团→发酵→分割→搓圆→中间醒发→整形→入盘（装听）→最后醒发→烘烤→冷却→包装。二是二次发酵法。调制种子面团→发酵→调制主面团→延续发酵→分割搓圆→以后工序同一次发酵法。三是速成法。调制面团→静置（或不静置）→压片→分割搓圆→以后工序同一次发酵法。主要技术要点如下：

1. 调制面团　一次发酵法和速成法的投料顺序：先将水、糖、蛋、添加剂在搅拌机中充分搅匀，再加入面粉、奶粉和即发酵母搅拌成面团。当面团已经形成、面筋尚未充分扩展时，加入油脂、食盐。搅拌后的面团温度应为 27～29 ℃，搅拌时间一般为 15～20 分钟。二次发酵法的投料顺序：将种子面团所需的全部原辅料投入搅拌机中搅拌 8～10 分钟，面团终温应控制在 24～26 ℃进行发酵。再将主面团的水、糖、蛋和添加剂投入搅拌机中搅拌均匀，并加入发酵好的种子面团继续搅拌，然后加面粉、奶粉搅拌至面筋初步形成。当加入油脂搅拌到与面团充分混合时，加入食盐搅拌至面团成熟。搅拌时间一般为 12～15 分钟，面团终温为 28～30 ℃。

2. 发酵　发酵环境温度为 28～30 ℃，相对湿度为 75%～85%。一次发酵法的发酵时间为 2.5～3 小时，当发酵到面团体积为原来的 1.5～2 倍时进行翻面。发酵成熟度的判断：用手指轻轻按下面团，手指离开后面团既不弹回也不下落，表示发酵成熟。二次发酵法的种子面团发酵时间为 4～5 小时，成熟时应能闻到比较强烈的酒香和酸味。

3. 分割　最好在 20 分钟内将一料面团分割完毕，方法有手工或分割机进行分割。

4. 搓圆　一般用手工或搓圆机进行。

5. 中间醒发　一般温度为 27～29 ℃，相对湿度为 70%～75%，时间为 12～18 分钟，醒发程度为原来体积的 1.7～2 倍，一般在箱式醒发机中进行。

6. 整形　用手工或机械将面团压片、卷成面卷、压紧，然后做成各种形状。手工适于制作花色面包，机械适于制作主食面包，整形机有直线形、直角形等。

7. 入盘或装听　花色面包用手工装入烤盘，主食面包可从整形机直接落入烤听。要注意面坯结口向下，盘或听应预先刷油处理。

8. 最后醒发　在醒发机（箱）内完成，温度为 38～40 ℃，相对湿度为 85%左右，时间为 55～65 分钟，醒发程度为原来体积。

9. 烘烤　面包烘烤过程分为 3 个阶段：一是膨胀阶段，时间占总烘烤时间的 25%～30%；二是定型阶段，时间占 35%～40%；三是上色阶段，时间占 30%～40%。由于烘烤设备类型不同，所以烘烤参数差异较大。

10. 冷却与包装　烘烤完毕的面包，应采用自然冷却或通风的方法，使中心温度降至 35 ℃左右，再进行切片或包装。

面包加工装备（生产线）主要包括搅拌机、醒发机、分割机、搓圆机、整形机、烘烤机（箱）、冷却机、包装机等。

（六）饼干加工

饼干的种类按工艺分为韧性饼干、酥性饼干、苏打饼干、威化饼干、夹心饼干、曲奇饼干等。饼干生产一般采用弱筋小麦粉，湿面筋 24%～30%，灰分不大于 0.55%。其他辅料还有水、食糖、油脂、食盐、全脂奶粉等。生产工艺流程（半发酵法）为：第一次调制面团→发酵→第二次调制面团→静置→压延→成型→烘烤→喷油→冷却→梳理、包装。主要技术要点如下：

1. 第一次调制面团和发酵　投料顺序为：先将水、糖、蛋、添加剂在搅拌机中充分搅匀，再加入面粉、奶粉和即发酵母搅拌成面团。当面团已经形成、面筋尚未充分扩展时，加入油脂、食盐。搅拌后的面团温度应为 27～29 ℃，搅拌时间一般在 15～20 分钟。第一次面粉用量为 1/3～1/2，面团温度为 30～32 ℃，发酵时间 6～10 小时。

2. 第二次调制面团和静置　投料顺序为：将种子面团、余下的面粉、油脂、奶粉、糖投入调粉机进行搅拌，再加入事先溶解的碳酸氢铵、香精、小苏打。当快要形成面团时，加入配好的焦亚硫酸钠和饼干松化剂溶液。继续搅拌到面团手感柔软、弹性明显降低、手拉可成薄膜时调制完毕，时间为 25～30 分钟，面团温度为 34～36 ℃。出料后，面团在面槽中静置 15～20 分钟。

3. 压延、成型　面团通过 3 对压辊，逐渐压薄至厚度为 1～1.2 毫米进行辊切成型。印模以有针眼、无花纹或少有凹形花纹，圆形有花边时为好。

4. 烘烤　饼干一般采用隧道式网带烤炉，燃气烤炉居多，烤炉末端应设缓冷区。炉温一般为 200～250 ℃，烘烤时间为 6～7 分钟，水分不大于 4.5%。

5. 喷油　饼干一般喷棕榈油，油温为 50～60 ℃。双面喷油，油耗为 12%～15%。可使用阻油剂降低油耗，油中应添加抗氧化剂。

6. 梳理、包装　饼干多数比较规则，也有不规则的。其中，规则的要进行梳理后包装，不规则的不需要梳理。

饼干加工装备（生产线）主要包括搅拌机、醒发机、调粉机、压面机、成型机、烘烤机、冷却机、梳理机、包装机等。

此外，涉及面制品加工的还有花卷、烙饼、包子、饺子、糕点等。

二、米制品加工

（一）米饭加工

米饭供应已遍布机关、学校、医院、铁路、航空、旅游景点和各类餐饮企业等领域，大都以盒装为主。米饭加工的过程，是使大米浸泡后经高温实现 α 化的过程。目前，国内已经形成以米饭主食工厂和中央厨房为代表的加工企业。米饭生产工艺流程为：提米→计量→洗米→浸泡→蒸饭→扒松→定量装盒包装→杀菌冷却。主要技术要点如下：

1. 提米　大米通过提米机从米仓中提取。有的使用皮带式提米，有的使用绞龙式提米，也有的采用电磁振动提米，将大米送入计量环节。

2. 计量　大米在计量机上进行称重。有的使用电子秤计量，有的使用容积式计量机，按需要进行定量供给。

3. 洗米　洗米机一般设有三大部分，即洗米系统、送米系统和配水系统。洗米时，通过往复输送冲洗的方式能够充分清洗大米中的杂质。清洗好的大米通过泵的引射，将大米送至充填罐内，进行下一工序。

4. 浸泡　将清洗好的大米送入浸泡罐，在浸泡罐定量浸泡一定时间，使大米充分吸水。浸泡罐一般设有定量机构、送米机构、定时装置及加水系统。

5. 蒸饭　浸泡好的大米送入蒸饭机，进行定量加水。蒸饭一般分为两部分：一是炊饭。将大米和水加热沸腾，一般炊饭时间为

17 分钟左右。二是焖饭。利用炊饭时的余热进行焖饭,一般焖饭时间为 17 分钟,使炊饭后的米饭得到充分糊化。

6. 扒松　已焖好的米饭属于饭团状,不利于后续操作,需要进行疏松离散处理。因此,连续炊焖熟的整锅米饭,一般经无动力辊道推进至翻转 135°左右,再倒入扒松槽内,经错落排列的旋转扒松齿,将饭团均匀扒松为松散状,再经食品运输带均匀运出。

7. 定量装盒包装　松散状的米饭按定量要求,经计量装入饭盒内,配制相关菜肴和佐料后进行封口包装。包装较先进的方式为保鲜包装和锁鲜包装。

8. 杀菌冷却　米饭属于低酸性食品,经包装后需要进行杀菌。杀菌时,一是要保障合理的杀菌条件;二是要保障抗热力强、危害性大的微生物被杀死;三是要最大限度地保持食品的色、香、味和营养物质。杀菌后,要对米饭进行冷却,并在 0～4 ℃环境下储藏,食用时再进行加热。

米饭加工装备(生产线)主要包括提米机、计量机、洗米机、浸泡罐、定量加水机、蒸饭机、扒松机、定量装盒机、封口包装机、杀菌机、冷却机等。

(二)米粉加工

米粉是我国特色小吃,是南方地区非常流行的美食。米粉质地柔韧,富有弹性,水煮不糊汤,干炒不易断,配以各种菜码或汤料,爽滑入味,深受广大消费者(尤其南方消费者)的喜爱。米粉品种众多,可分为排米粉、方块米粉、波纹米粉、银丝米粉、湿米粉和干米粉等。它们的生产工艺流程大同小异,一般为:洗米→浸泡→磨浆→蒸粉→榨粉→复蒸→梳理→冷却→干燥→冷却包装。主要技术要点如下:

1. 洗米　选择优质大米,将大米倒入洗米机,加入适量的水。一般用连续喷射洗米机进行清洗,除去大米中的碎石、米糠、灰尘等杂质,从而得到洁净的大米,保证产品质量。

2. 浸泡　大米浸泡的目的是使大米充分吸收水分,软化原有坚硬的组织。清洗好的大米加入适量的清水进行浸泡,浸米的水量一般要求高出物料表面 5 厘米以上，浸泡时间为 1 小时左右。待大米泡透发胀后将水排掉并滤干，滤干时间一般为 30 分钟以上即可进入下道工序。浸泡好的大米含水量达到 35%～40%，以便磨浆。

3. 磨浆　将浸泡好的大米加水混合，送入专用的大米磨浆机磨成介于固体与液体之间的可流动的糊状米浆。磨浆要求进料进水均匀，米浆的含水量为 50%～60%。磨浆后送入搅拌机进行搅拌，避免沉淀。

4. 蒸粉　在大米浆中加入适量的淀粉和一定比例的水，搅拌均匀，调制成生米粉，然后通过机械输送进入蒸粉状态。蒸粉的目的是使淀粉充分糊化，同时使生米粉中的蛋白质受热发生变性。蒸粉时间为 3～5 分钟，蒸粉温度为 96～98 ℃，要求米粉的糊化度达到 90% 以上。经过高温的蒸粉后，生米粉将会变成熟粉皮。

5. 榨粉　先将粉皮送入榨粉机中挤成粉丝，再将粉丝挂入密闭空间灌入蒸汽，保温保湿，发汗松散，并在重力作用下固定条直，直条粉丝经过松丝摊薄初步成型。

6. 复蒸　榨粉后的米粉丝再进行一次熟化，使其表面进一步糊化，然后再烘干，才能保证成品的糊汤率很低，米粉表面光滑、韧性好、咬劲足。复蒸一般都采用高压复蒸柜，柜内蒸汽的温度超过 100 ℃，高温、高压可以缩短蒸粉时间（105 ℃/5 分钟），这样可大大提高米粉质量。

7. 梳理　复蒸后的米粉丝挂在竹竿上粘连重叠、散乱，所以一定要在梳理后才能进行烘干。梳条时，先将米粉丝放入冷水中浸湿一下，把粘连的米粉丝搓散，使米粉丝之间不粘在一起。

8. 冷却　经梳理的米粉丝进入冷却设施，冷却室温不低于 30 ℃、不高于 40 ℃，冷却时间在 8 小时以上。其主要关键控制点在冷却温度上，冷却的作用主要体现在收浆和硬化定型两个方面。

9. 干燥　经冷却出来的米粉丝含水量仍在 45% 以上，把水分降到 13%～14% 才能符合产品标准。因此，要迅速进行干燥处理。一般干燥温度控制在 45 ℃ 以下，时间为 3～8 小时。温度低、时间长，产品质量好。

10. 冷却包装 经过烘干的产品要及时冷却，使松条内外温度达到平衡，与大气温度接近。然后，采用包装机进行包装，一般采用塑料袋密封包装。

米粉加工装备（生产线）主要包括洗米机、浸泡罐、搅拌机、定量加水机、磨浆机、蒸粉机、榨粉机、复蒸机、梳理器、冷却机、干燥机、包装机等。

此外，涉及米制品加工的还有方便米粥、米糕等。

三、薯制品加工

薯制品是由马铃薯等薯类加工成的食品，其营养丰富、口感适宜，因而得到消费者青睐。马铃薯主食开发，就是以马铃薯全粉、薯泥等为原料，加工成符合中国人消费习惯的薯条、薯片、馒头、面条等主食产品，实现马铃薯由副食消费向主食消费转变、由原料产品向产业化系列制成品转变、由温饱消费向营养健康消费转变。

（一）马铃薯全粉加工

马铃薯全粉是多种马铃薯主食的原料，在其加工过程中最大限度地保留了原料组织细胞的完整性。复水后的马铃薯全粉具有鲜薯的营养成分、风味和口感。马铃薯全粉分为雪花全粉和颗粒全粉，其中，雪花全粉外形像雪花片，而颗粒全粉的外形呈颗粒状。主要加工工艺流程为：清洗（去石）→去皮→蒸煮制泥→干燥→称量包装。主要技术要点如下：

1. 清洗（去石） 马铃薯通过水力输送，清理掉部分泥沙和石子，再通过去石机去掉全部石子，最后通过清洗机清洗干净。

2. 去皮 马铃薯全粉生产一般采用蒸汽去皮，关键设备是蒸煮器和去皮装置。其工作过程：首先，用输送机将洗净的马铃薯送到蒸煮器，马铃薯表皮在高温蒸汽压力下快速膨胀裂开；然后，送至去皮装置，去除已松散的表皮。

3. 蒸煮制泥 去皮的马铃薯进入蒸煮机，通过蒸汽将马铃薯蒸熟蒸透。蒸煮后的马铃薯直接进入制泥机，制泥机主要有两种结构：一种是螺杆挤出机，依靠螺杆挤压作用将马铃薯制成泥状；另一种是搅拌机，依靠搅拌叶片的捣碎作用将马铃薯制成泥状。关键技术是采用了低剪切、高挤压机理破坏马铃薯。

4. 干燥　根据产品要求选择干燥工艺，如生产雪花全粉，先将马铃薯泥调制成泥浆状，再采用滚筒干燥方法，将干燥后的较大片状破碎成较小片状，即得雪花全粉成品。如果生产马铃薯颗粒全粉，则首先将马铃薯泥进行流化床干燥、破碎、筛分，筛下物进行二次气流干燥后即得颗粒全粉成品。

5. 称量包装　马铃薯全粉按需要进行称重，一般采用电子秤。称重后，采用自动包装机进行包装。

马铃薯全粉加工装备（生产线）主要包括清洗机、去石机、蒸汽去皮机、蒸煮机、滚筒干燥机、流化床干燥机、气流干燥机、破碎机、筛分机、称量机、包装机等。

（二）马铃薯速冻薯条加工

肯德基、麦当劳大都配有薯条，目前已进入人们的正餐。它本是西方国家的一种传统快餐食品，因其鲜美可口、营养丰富而在国内大量发展。主要加工工艺流程为：清洗（去石）→去皮→切条→油炸→冷却→包装。主要技术要点如下：

1. 清洗（去石）　马铃薯通过水力输送，清理掉部分泥沙和石子，再通过去石机去掉全部石子，最后通过清洗机清洗干净。

2. 去皮　主要有机械去皮和蒸汽去皮。其中，机械去皮是靠马铃薯与机器工作部件处于相对摩擦运动的状态而去掉马铃薯的表皮；蒸汽去皮主要是靠高温、高压蒸汽瞬间蒸煮马铃薯，使马铃薯表皮快速膨胀裂开，然后经去皮装置去除马铃薯表皮。

3. 切条　有机械切条和水力切条两种结构。切条规格一般要求断面为8毫米×8毫米，长度为50～70毫米。机械切条效果较差，表面粗糙，不规则，废品多；水力切条是将马铃薯在高压水作用下，瞬间通过给定尺寸的多孔刀刃，将马铃薯切成满足规格尺寸的薯条。水力切条的切制效果克服了机械切条的缺陷，而且在水的浸泡中不会使马铃薯产生褐变。

4. 油炸 将切制的薯条经脱水后放入连续油炸机中（一般采用棕榈油），油炸温度为170℃，油炸时间为1分钟。炸后的薯条含水量为60%～70%，外表呈白色或黄白色。马铃薯薯条使用的连续油炸机是一个机组，除主机外还有储油箱、油泵、滤油器、换热器等，有的采用燃油内加热系统，有的采用高压蒸汽外加热循环系统。

5. 冷却、包装 薯条经油炸后，应冷却至室温。通过自动包装机进行包装，然后进行速冻冷藏。

马铃薯速冻薯条加工装备（生产线）主要包括清洗机、去石机、蒸汽去皮机、机械去皮机、机械切条机、水力切条机、油炸机、冷却机、包装机等。

（三）马铃薯馒头加工

马铃薯馒头加工工艺与小麦粉馒头加工工艺过程和所需装备大体相同，只是配料和加入全粉特性有所不同。与小麦粉馒头加工不同之处在于：

1. 全粉添加量 马铃薯馒头已发展了两代，第一代马铃薯馒头加入30%的马铃薯全粉，第二代马铃薯馒头加入45%以上的马铃薯全粉，最高不超过55%。加入马铃薯全粉后，面团质地发生了根本变化，导致马铃薯馒头发酵难、成型难、整形难、易开裂、口感差。需要研发一定的技术来解决。

2. 需专用自发粉 国内已研发出一种马铃薯馒头自发粉，即将小麦粉、馒头品质改良剂以及复合发酵剂混合一起搅拌均匀后制成。采用自发粉制备馒头工艺简单，成品外观好，口感佳，营养丰富，适合食品企业进行大规模加工，也改变了马铃薯馒头涩味重、比容小、外观泛黄、内部结构死板等缺陷。

3. 更营养 与小麦粉馒头相比，马铃薯馒头富含维生素、矿物质、膳食纤维等营养成分。例如，加入30%的马铃薯全粉，则每百克马铃薯馒头中维生素C含量高达14.59毫克，而传统小麦粉馒头中几乎不含维生素C；每百克马铃薯馒头钙、钾、磷、镁、锌、硒含量为小麦馒头的 1.2～1.8 倍；每百克马铃薯馒头含膳食纤维 3.03 克，是小麦粉馒头的 2 倍。如果加入 45% 以上的马铃薯全粉，则营养成分更高。

（四）马铃薯面条加工

马铃薯面条加工工艺，与前述面条加工工艺过程和所需装备大体相同，其加工工艺流程为：原料预处理→和面→熟化→压面、切条→干燥→冷却、包装。主要技术要点如下：

1. 原料预处理 选择一定比例的小麦粉、马铃薯全粉、食盐等，混合均匀。

2. 和面 将混合均匀的预处理原料，定量加水进行搅拌成为面团，和面时间为 3～5 分钟。

3. 熟化 将面团置于 25 ℃条件下静置一段时间进行熟化，促进面筋网络的形成，提高面条口感，改善面条色泽。

4. 压面、切条 先后用压面机在压辊轧距间隙 3 毫米和 2 毫米处压片，压片-合片-压片反复 5 次，最后切成面条。

5. 干燥 采用干燥机进行干燥，干燥参数与前述小麦粉面条类似。

6. 冷却、包装 干燥后的马铃薯面条温度较高，需要进行冷却后采用自动包装机进行包装。

马铃薯面条加工装备（生产线）主要包括搅拌机、和面机、压面机、熟化机、切条机、干燥机、冷却机、包装机等。

四、中央厨房

（一）基本概念

2011 年，国家食品药品监督管理局发布《中央厨房许可审查规范》，将"中央厨房"定义为：由餐饮连锁企业建立的，具有独立场所及设施设备，集中完成食品成品或半成品加工制作，并直接配送给餐饮服务单位的单位。随着主食加工产业的工业化、社会化发展，中央厨房的概念已远远超出了上述定义。除连锁餐饮业的中央厨房外，还有企业中央厨房、高校中央厨房、团膳式中央厨房、主食工厂化车间等。从目前发展情况看，中央厨房实质上就是工厂化厨房，主要解决一日三餐、集中生产、工业化运作、主食质量安全等。因此，目前中央厨房的实际情况，是在保障主食质量安全的前提下，实行食材基地化生产、工业化加工、社会化销售。

（二）主要功能

1. 集中供应或定点采购功能　中央厨房根据食材需求计划，由生产基地提供或定点订单采购各类食材。

2. 生产加工功能　中央厨房按照统一的品种规格和质量要求，将各类食材加工成成品或半成品。

3. 统一包装功能　在中央厨房内，根据企业共同包装形象的要求，对各种成品或半成品进行一定程度的统一包装。

4. 冷冻储藏功能　中央厨房需配有常温、冷藏、冷冻设施，具备原料、半成品、成品的储藏、分发、验货、发货等功能。

5. 运输配送功能　中央厨房应具备主食配送功能或相对固定的第三方物流，并符合食品安全和卫生条件。根据要货计划，按时按量将主食运送到指定位置。

6. 产品检验功能　对食材、制成的成品或半成品进行质量检验（包括理化、微生物、农药残留等化验、检测、留样），做到不符合农产品质量安全的食材不得进入加工环节，不符合食品安全的成品或半成品不得投放市场。

7. 信息处理功能　设立中央厨房信息处理中心，实现订货以及对各种信息汇总、分类、处理、下单、传送、登记、检索等快速信息处理。根据订货计划组织各类主食的生产加工。

8. 追溯召回功能　销售和配送出的各种主食配餐均配置代码标签，每种、每件食品一旦出现问题，可按顺序及时追查到配送人员、检验人员、包装人员、加工人员、食材供货人员等，做到责任到位，及时召回。

（三）产销模式

1. 餐店自供型中央厨房

（1）基本特征。以具有一定规模的区域性连锁餐饮店为主体而建

159

立的中央厨房；中央厨房集中完成成品或半成品加工制作，并直接配送到其餐饮门店。

（2）优缺点。有利于形成规模效益，降低生产成本，实现企业利润最大化；集中采购、标准化加工和统一化配送，有效保证了产品的质量，降低了食品安全风险；生产车间和配送体系的建设投资较大，加大了企业的经营风险。

（3）适用范围。已建成具有一定规模的区域性连锁餐饮店网络，核心菜品成熟、稳定；具有建立完备生产基地和供应链的资金及技术能力。

2. 门店直供型中央厨房

（1）基本特征。企业自行建立社区便利店或商超内设店，形成较大规模的区域性销售体系，主销内部品牌产品；产品类型多以熟食、半成品、早餐类主食为典型。

（2）优缺点。产品类别较少，有利于专业集成化生产，效率较高；依据直营门店销售信息可对市场进行快速响应，根据需求变化及时调整产品策略或进行新产品开发；建立自营门店销售体系所需投资大、周期长，系统性经营风险加大。

（3）适用范围。已建设较大规模的区域性自营门店（餐车）销售体系；在区域性市场上有较强的竞争力和品牌影响力。

3. 商超销售型中央厨房

（1）基本特征。中央厨房按商超经营规范要求进行生产加工，产品依托大型连锁商超企业进行销售；产品进驻商超的渠道有多种形式，如经销商代理、直接合作或开设店中店等。

（2）优缺点。借助商超企业的品牌和销售能力，使产品快速进入市场并在短时间内提升影响力；通过商超系统能够大范围地收集市场信息，提高对消费者需求变化趋势的感知灵敏度，为产品策略的制定和调整提供可靠依据；外部流通环节较多，增加了销售渠道成本，产品利润低微；存在结算延迟和产品滞销风险，周转资金压力较大。

（3）适用范围。企业生产规模较大，资金周转能力较强；产品品种适合大众消费者，并有较强竞争力。

4. 团餐服务型中央厨房

（1）基本特征。客户消费以团体形式上门服务为主，为群体消费者提供集体就餐服务；中央厨房以批量形式进行主食的加工制作，并配送至特定地点进行售卖。

（2）优缺点。就餐群体较大、产品需求可控、产品类型单一，易形成规模效益，企业利润有保障；可根据客户需求进行定制化生产，制售快捷、服务简便，经营模式易于复制扩张；产品技术含量较低，服务半径受限，市场竞争激烈，品牌打造困难。

（3）适用范围。周边地区有稳定的客户资源，有较强的投资能力进行中央厨房和配送体系的建设。

5. 旅行专供型中央厨房

（1）基本特征。主要为乘坐飞机、火车等交通工具的旅客或旅游景点的游人提供主食产品；中央厨房产品以冷餐盒饭、套餐盒饭和速冻方便食品为主。

（2）优缺点。产品类型单一，客户群体稳定，消费数量较大，易于进行规模化生产，企业收益有保障；市场局限性较强，企业扩张需要在产品研发和生产设备方面进行更大投入。

（3）适用范围。与航空、铁路、景区等客户单位有长期稳定的战略合作关系；具备有竞争力的生产条件和较强的品牌影响力。

6. 在线平台型中央厨房

（1）基本特征。以互联网、物联网技术为基础，建立在线的"B2B"或"B2C"客户端销售平台；中央厨房以单品加工、套餐配装为主要功能。

（2）优缺点。有效整合上下游资源，减少产品流通环节，降低消费者采购成本，具有明显价格优势；借助互联网优势，可以采取更灵活多变的市场营销策略，可以对市场进行快速响应并及时改善服务质量；平台建设及维护成本较高，市场推广投入较大。

（3）适用范围。产品或服务已经形成一定的品牌影响力；实体销售门店或其他形式的售卖终端已经形成区域性的网络体系。

7. 代工生产型中央厨房

(1) 基本特征。中央厨房与餐饮企业发挥各自优势进行分工协作，建立长期稳定的合作关系；餐饮企业负责主食产品的开发设计和销售，提出产品质量标准并进行监督；中央厨房按订购合同要求负责主食产品原料采购和生产加工。

(2) 优缺点。节省了销售渠道建设的投入，有效规避了市场风险；有效利用中央厨房的已有产能，扩大生产规模，降低成本；面临其他代工企业的竞争，产品利润微薄；缺乏市场控制力，影响自主品牌发展。

(3) 适用范围。处于成长期或生产规模较小，无品牌影响力且缺乏销售渠道建设能力；有稳定、可靠的原料供应渠道，并能够对原料质量进行有效监控。

8. 特色产品型中央厨房

(1) 基本特征。一般以某种具有独特生产工艺或地域特征的产品为核心；中央厨房设备配置专业性较强，并对原料基地有明确要求。

(2) 优缺点。产品特点突出，消费者认可程度高，市场定位明确，易于形成有效的核心竞争力并建立品牌文化；特色产品传统制作工艺的标准化、工业化难度较大，在技术研发上需要大量的前期投入。

(3) 适用范围。能够掌握特色产品的制作工艺，并具有一定的技术人员和生产条件；与核心原料产地或目标市场距离较近。

9. 配料加工型中央厨房

(1) 基本特征。加工生产净菜、料理包、调味料等主食配料产品；以半成品、预制品形式供给下游主食企业、餐饮店或家庭厨房。

(2) 优缺点。有利于发挥自身优势，形成专业化分工，通过集约化生产提高产品质量、降低生产成本；经营范围单一，竞争压力较大，抵御市场风险能力较差。

(3) 适用范围。有稳定的生产基地，原料质量有特点、品质好；销售渠道完备、丰富，或有较大的下游企业作为战略合作伙伴。

第三节 案例分析

案例1：北京嘉和一品企业管理有限公司

（一）企业概况

该公司是新希望六和股份公司旗下一家以粥为特色的中式连锁餐饮生产经营和服务企业。在全国拥有130多家连锁餐厅，从全供应链服务模式向全生态服务模式发展。获得了中国餐饮业快餐知名品牌、中国快餐50强、北京餐饮十大品牌等殊荣。

（二）基地建设

该公司有生猪基地、禽类基地、蔬菜基地和粮食基地。其中，生猪基地年设计屠宰生猪200万头、8 000吨冷库保障，集生猪养殖、屠宰、流通配送、仓储及销售于一体。禽类基地日屠宰量为10万只鸡，自有规模化笼养鸡场15个，存栏量207万只/批次，年出栏商品鸡2 400万只。蔬菜基地集种植、加工、冷藏、销售于一体，有蔬菜种植基地3 000亩，通过了HACCP、KOSHER、BRC、ISO22000质量体系和CERES有机食品认证。粮食基地占地约170亩，年收购量6万吨，年加工量5万吨左右。

（三）配送销售

该公司建立了流通转运中心和信息处理中心，负责全部信息的输入、转化和输出。根据信息要求，为现有京津冀的130家餐厅和网络平台（包括微信）开展配送服务。中央厨房生产的产品，不仅为自己的餐饮门店提供服务，而且还向业内连锁餐饮企业（如吉野家、老家肉饼、西贝、伏牛堂等）提供半成品。

（四）中央厨房

主食类产品有皮蛋粥、南瓜粥、山药粥、蔬菜粥、包子、焖面、米饭等；菜肴类产品有黄焖鸡、酱牛肉、老北京扣肉、炖排骨、莴笋等，共计约200个品种。主要设备有自动化包子生产线、焖面包装生产线、粥类产品生产线、面条生产线、蔬菜生产线、肉食加工设备、调理食品加工设备等。目前，该公司积极打造从"农田到餐桌"的全产业链的生态服务，以生产基地＋中央厨房＋餐饮门店的产销模式，属于"餐店自供型中央厨房"（图6-1）。

图6-1　北京嘉和一品中央厨房全景图

案例2：山西六味斋实业有限公司

（一）企业概况

该公司是"百年老字号、中国驰名商标、国家级非物质文化遗产"企业，农业产业化国家级重点龙头企业，进入"全国肉制品行业百强、豆制品行业前五十强"行列。集种养、食品加工、商业连锁、餐饮旅游、科研开发等多元产业于一体，形成"六味斋"酱肉、"好助妇"快餐、"乔嫂"主食、"晋西口"和"高天深粮"有机杂粮、"西口洋洋"生态羊肉等系列产品。目前已有店铺310家，全部为直营店。

（二）基地建设

该公司设有杂粮种植基地 20 万亩，已将燕麦、荞麦、苦荞、羊眼豆、马牙豆、豌豆、玉米糁、扁豆、小黑豆、小米、马铃薯、糜子、亚麻籽、野菜等产品销售到全国各地，公司被授予"首都农产品安全示范基地"。依托有机杂粮基地开发杂粮食品，不断提高杂粮生产、加工、配送能力，为消费者提供安全无污染的营养丰富的纯天然有机食品。保证了六味斋各餐饮门店（图 6-2）所用原材料的绿色无污染，为消费者提供了安全、卫生、营养、健康的食品。

图 6-2　山西六味斋门店

（三）销售体系

该公司拥有 300 多家直营连锁专卖店和 50 余家"好助妇"快餐店，建设有 30 余家老年餐桌，覆盖太原市各大城区。门店主要分布在太原市，涵盖范围包括社区、写字楼、学校、流动人口集中的地区以及周边地区，均为公司的直营店。该公司建立了流通中心信息系统平台，安装了报货系统、配货管理系统软件以及 ERP 信息平台，极大地提高了流通中心的信息化水平。

（四）中央厨房

该公司拥有中央厨房、肉制品厂、豆制品厂、主食加工厂、包装车间、仓储库房、配送中心、清洗消毒车间、污水处理厂等系列基础设施，实行"统一管理、统一标准、统一采购、统一生产、统一配送"的生产管理模式。中央厨房实行精细化管理方法,为每个岗位制定岗位说明书,按照岗位说明书制定出详细的岗位作业标准和程序作业细则,从加工到出品全面实现了规范化、标准化操作,明确了各岗位职责。采用 ISO9001 系列标准,保证了产品质量和安全卫生,确保所有餐饮门店让广大消费者感到安全放心。研制出无明矾油条、三清养颜粥、有机荞面猫耳朵、新鲜骨汤等,使早餐食品更营养美味。属于门店直供型中央厨房。

案例 3:北京薯乐康农业科技有限公司

(一) 企业概况

该公司是一家从事薯类产品研发、加工、营销、推广的平台化公司,先后与固安参花面粉有限公司、北京顺天府商超共建经济联合体资源共享、优势互补,共同打造"企业加工十中央厨房十商超销售"产销新业态。公司始终秉持"质量安全放心、口味营养兼备、吃得好吃得起"的经营理念,充分开发、挖掘马铃薯产品的营养成分和食用价值。

(二) 面粉基地

与固安参花面粉有限公司共同投资新建薯乐康混合面粉生产基地,生产工艺均采用瑞士布勒和意大利 GBS 公司的专用粉生产线及自动化配粉设备,日加工能力 1 000 多吨,高级配粉师、烘焙师、面点师等专业人才集聚,保证了薯乐康混合面粉在研发过程中的科学性和精准度,为马铃薯主食产品标准化、规范化生产提供了有效数据和技术支撑。

(三) 销售模式

联手北京顺天府超市,建设薯乐康顺家马铃薯主食厨房(加工配送中心十超市连锁主食厨房体验店)。公司根据超市内消费者需求负责产品的研发加工,超市主食厨房负责现场食品制作,实现超市连锁主食厨房体检店功能。其常规产品由中央配送中心定制、配送，增加现场花样制作，与消费者互动，添加具有马铃薯特性、多功能的薯泥、薯饼、薯派、薯糕、薯条等食品。公司自有品牌"薯乐康"（图6-3），主营马铃薯系列产品，在机关院校食堂、超市门店、餐饮连锁门店等上百家单位均有销售。

图6-3　薯乐康店面形象

（四）中央厨房

中央厨房实行订单生产，集约化、标准化、专业化、产业化运作，生产设备机械化、自动化，工艺技术数据化。搭建数据平台，建立智能中控中心，连锁门店供需信息、面粉基地研发数据、市场反馈信息等。主要产品系列为马铃薯混合粉、马铃薯挂面及其他主食产品，包括蒸类（馒头、花卷、包子等）、煮类（面条、饺子、馄饨等）、烙类（大饼、烧饼、馅饼等）、炸类（丸子、油条、焦圈）等马铃薯食品上百种。属于商超销售型中央厨房。

案例4：天津月坛学生营养餐配送有限公司

（一）企业概况

该公司是一家集科研、加工、生产、销售、流通及服务于一体的企业，是全国主食加工业示范企业、全国早餐示范工程建设试点单位、农业产业化国家级重点龙头企业。业务范围覆盖"京津冀"，是天津市中央厨房和主食加工业的龙头企业。现已成为津南区现代农业产业化发展的重要支柱，对联农带农起到了较好的示范带动作用。

（二）基地建设

与天津市津南区北闸口镇政府签订 3 440 亩土地整合流转合同，建立了"公司＋基地＋合作社"的生产模式。将该镇 3 个村庄的部分土地进行整合规划治理，设立月坛农业园区，逐步实现种植科学化、标准化、规模化、品质化。企业负责土壤水质改良改造、农机农具肥料种子购进、育种育苗、基础设施建造、智能温室及供暖等系统建设，农民按企业制订的计划生产。企业统一收购，按月结算。公司与天津精一农产品专业合作社、天津绿庄农业种植专业合作社、天津名洋湖蔬菜种植公司等组建了产业化联合体，形成产销结盟。

（三）销售体系

建立了"直营＋餐饮门店＋商超＋电商"全方位营销模式，覆盖了"京津冀"企事业单位、商超、酒店、铁路、航空、学校、部队、餐饮连锁、团体、社区等。现已形成较为完整的销售服务网络群，有 36 家快餐连锁店既是中央厨房的网点，也是服务窗口。还与国际快餐巨头日本 7～11 公司（北京、天津）建立了战略合作关系，与石家庄和唐山的 36524 商超等 30 多家超市、天津航空公司、天津轻轨公司建立了完整的供应链，直供天津耀华中学等 20 余所学校营养快餐，直供"食管家"电商网络以及第三方京东、百度、美团、天猫等电商销售。

（四）中央厨房

拥有 30 条热冷链加工流水线、11 个生产包装车间、

2条大型米饭生产线、3条大型面条生产线、8条分餐流水线（图6-4）、1条大型清洗消毒废污处理流水线。设立了集中采购中心、加工前处理中心、流通配送中心、质检品控中心、研发中心等。将净菜加工、主食加工、仓储保鲜、冷链流通产业链有机融为一体，形成了加工生产的核心竞争力。主营大型厨房配餐、集体用餐配送、冷链食品加工配送，肉蛋制品、豆制品、粮食加工品、速冻食品的加工与销售。实行统一采购、统一标准、统一检测、统一加工、统一配送、统一废污处理、统一信息系统、统一管理。属于团餐服务型中央厨房。

图6-4　月坛配餐流水线

案例5：南京味洲航空食品股份有限公司

（一）企业概况

该公司是江苏省农业产业化重点龙头企业、江苏省著名商标。主要生产米汉堡、冷冻餐等系列产品，服务于自有连锁门店、航空公司、机场等。公司具备江苏省民委和南京市伊斯兰教协会双重认证的清真食品生产资质，是江苏省清真产品基本供应点，是南方航空和海南航空唯一指定的清真餐供应商。

（二）基地建设

该公司每年对乌叶的需求达1 000吨，食材实现订单采购。公司建立了从育苗、种植到采摘收割全套技术及服务支持，实现标准化种植，保证种植水平和质量。结合公司所在地的发展定位和自然条件，在当地政府的支持下，积极推动"一镇一品"建设，充分利用荒山丘陵，鼓励当地农民种植乌饭树，形成有特色的产业经济带，届时形成万亩乌叶树林、百种乌叶系列产品，繁荣了当地的种植业和旅游餐饮业等配套产业。

（三）市场策略

公司以乌饭米汉堡为契机，以中央厨房为核心、连锁餐饮店为着力点，发展乌饭餐饮产业。注册了乌饭宝宝商标，开发了自己的电子商务平台，抓住线上线下的销售渠道。结合大学生创业计划，用公司的品牌和产品大力吸收和支持大学生创业。为了方便广大消费者，积极发展连锁餐饮店销售模式，在南京市区开设5家直营店和30家连锁加盟店，计划在上海、杭州、苏州、合肥等周边城市开设100家乌饭宝宝连锁餐饮店。

（四）中央厨房

公司拥有中央厨房食品生产基地，具备每天2万份冷冻餐、每天4万份冷冻点心、每天200吨蔬菜及肉类加工生产能力，是目前南京市规模最大、硬件最好的中央厨房之一，是国内米制品、冷冻餐生产规模最大的企业之一。以江苏特产乌叶为特色，研发出具有中华传统产业的乌饭米汉堡。通过乌叶汁、糯米、黑米蒸煮形成米饼，再配以特殊工艺烹调的蔬菜、鸡肉、鸡蛋、牛肉等，形成营养丰富、美味香糯的米汉堡。主要产品有鸡肉米汉堡、牛肉米汉堡、猪肉米汉堡、鸡蛋米汉堡、蔬菜米汉堡共5大类30

多个品种，日产 4 万份销往全国各地。航空套餐生产线见图 6-5。属于旅行专供型中央厨房。

图 6-5　南京味洲公司航空套餐生产线

案例 6：深圳中央大厨房物流配送有限公司

（一）企业概况

该公司以"绿色食材，极速送达"为经营理念，以质检、加工、仓储、流通等基础硬件为支撑，建立集订单采购、运输、加工、冷藏冷冻、包装、配送、销售于一体的农产品全程冷链流通体系，构建"线上线下有机结合，虚拟实体双核互动"的农产品流通新模式。拥有集约化的中央厨房、冷链流通配送、生鲜农副产品销售、农产品电商等领域。

（二）流通配送

中央大厨房拥有 300 多台售卖与配送车辆、500 多个流动网点，结合线上商城，每天以低价格、高品质的集约化模式为 10 万多个家庭提供生鲜食材的供应配送服务。通过自有的中央厨房，为企事业单位和知名连锁餐饮企业提供食材配送服务。公司实行 ISO 9001：2008、ISO22000 和 HACCP 体系认证，研发 ERP 系统，建立健全冷链流通操作管理体系。公司拥有载重 3 吨大型冷藏车 5 辆，载重 1.25 吨配送车辆300辆，其中冷藏车60辆。拥有流通配送园区冷库1700平方米，大型周转平台2000平方米，净菜肉类加工车间1000平方米。

（三）中央厨房

公司以"中央厨房实体平台＋互联网"模式为切入点，依托深圳市平湖海吉星物流园，坚持"以蔬菜及肉类深加工为主、冷链仓储流通为辅"的集约化中央厨房业务模式，结合流通周转平台（图6-6）、肉类加工厂、净菜加工车间及其配套冷库设施设备，已形成快速将生鲜食品送达消费者手中的基础条件。属于在线平台型中央厨房。

图6-6　深圳中央大厨房流通周转平台

案例7：广州蒸烩煮食品有限公司

（一）企业概况

该公司是专业从事冷冻调理包研发、生产的企业，也是中国标准化餐饮业的龙头企业。现有产品1300多种，涵盖全国各大菜系及西餐特色菜式。实行ISO9001质量管理体系认证。被广州酒店餐饮委员会评为"中国酒店餐饮业优秀供应商"，被广州市人民政府评为"最佳供应商企业"，拥有广东省著名商标。

（二）基地建设

该公司食材统一采购，采取"公司＋农户＋基地"的订单模式运作。农户按照公司制订的计划进行喂养、种植，蒸烩煮公司派工作人员进行监督，以此保证原材料的质量和供应的稳定。主要供应商有山东仙坛、莱阳冠诚、山东故乡、河南商丘天宇等食品公司。从田间地头直接将蔬菜送进中央厨房，保证了蔬菜的品质与食品安全。

（三）销售模式

该公司自营分店和合作快餐店，所有品种的菜式半成品、便当餐品和调料包全部由中央厨房为各餐厅配送，适合规模连锁经营管理模式。与国内团餐巨头千喜鹤、金丰等开展了战略合作，进行互联网销售，特别是与"饿了么"等网络平台合作。在业内率先引进了 ERP 管理系统，实现了快餐"零库存"管理。对合作品牌，保证免费送货上门，而且实行破包、胀包退货的承诺。建立了自己的物流体系，同时整合第三方物流。

（四）中央厨房

该中央厨房每天生产数十万份调料包和配套的便当，为5 000 家餐厅、200 家食品公司，以及多家酒店、机场、咖啡连锁店和便利连锁店等提供产品。主要思路是把便当中的主食和配菜或者配料分开，即食即混合，可以更好地保持便当的风味。采用现代化的先进技术，将各菜系的菜品、调理包量化分解，工艺参数（如咸度、甜度）全部数字化、标准化，确保菜品的口味始终如一。在餐厅内，操作员只需将半成品进行简单加热和组合即可，复杂、艺术化的中餐烹饪变成了标准化的工业制造过程（图 6-7）。属于代工生产型中央厨房。

图 6-7　广州蒸烩煮调料包生产线

案例 8：浙江五芳斋实业股份有限公司

（一）企业概况

该公司是百年"中华老字号"企业、全国最大的粽子生产企业（图 6-8）。主要从事农产品加工及销售，已形成以"五芳斋"粽子为主导，集中式点心、中式快餐及卤味食品为一体的多元化产品体系。依托传统中式美食、点心领域的品牌声誉、制作技艺与管理模式，已建立了完善的供应链体系、中央厨房体系、物流配送体系和经营管理体系。

图 6-8　浙江五芳斋产业园

（二）基地建设

该公司是农业产业化国家重点龙头企业，已建立了"从农田到餐桌"的食品产业链。公司拥有稻米、粽叶两大原料基地，建有五芳斋专用及订单粮食基地 25 万亩。在粮食基地运作中，公司与农户通过订单方式形成了利益联结机制。为了保护农户利益，合同规定，五芳斋最低以高于国家保护价向农户收购；如市场收购价格高于国家保护价时，按高于市场价的价格随行就市收购。

（三）销售体系

公司已建立起全国性的营销网络和市场管理体系，建立起上海、浙江、江苏、华南、华北、西北、华中 7 个销售大区，产品还出口美国、加拿大、澳大利亚、日本、南非等国家和中国香港。五芳斋中式快餐连锁餐厅已覆盖上海、杭州、嘉兴、宁波、苏州等长三角核心城市以及高速服务区、高铁站点，并辐射至港澳地区。"早餐工程"在嘉兴、湖州、上海布局了 660 多个经销网点，成为全国早餐工程示范企业。联动线上线下，推动老字号品牌从"产品品牌"向"产品＋服务"品牌转型，形成企业官方网站、App、微博、微信等联动的自媒体运营架构。

（四）中央厨房

引进日本米饭生产线，采用国际先进的调理包热灌装技术或工艺，引进具有日式蒸汽炒锅、真空冷却机、调理包灌装线设备，购置双螺旋速冻隧道、净化水系统及 3 组 30 万级的净化车间等国产设备。现已形成年产 1 600 万份调理包的生产能力，产品具有长时间保存菜肴原有风味、安全、健康的特点。已通过 HACCP、食品 GMP、ISO9001、ISO14001、ISO28001、ISO22000、卓越绩效、诚信体系等体系认证，达到出口食品安全标准，年产 3 亿只粽子、3 000 吨快餐和卤味等系列产品。属于特色产品型中央厨房。

案例9：山西田森农副产品加工配送有限公司

（一）企业概况

该公司是集农副产品收购、加工、储藏、配送、销售于一体的企业。先后获得"山西转型发展创新企业""中小学质量教育社会实践基地""山西十佳特色肉制品""中国餐饮产业链发展贡献奖""全国主食加工示范企业""市级农业产业化龙头企业"等荣誉。

（二）基地建设

在太原、榆次、太谷等地建成2 000余亩的蔬果生产基地，生产各类无公害的蔬果14 000吨；同时在榆次、太谷等地与农村合作社、种植基地、养殖基地签订常年的农副产品购销协议，年收购农副产品20 000吨。实行"基地＋农户＋公司"产业模式，采用统一种子、统一肥料、统一规程、统一技术、统一收购。在种植上，采用有机肥、农家肥，确保产品无公害。

（三）物流配送

建成物流配送中心，年配送货物1 000万标准箱，存货量4 000万元，日配送30 000箱。采用流利架DPS自动分拣系统，购置了常温配送车20辆、低温食品冷链车10辆，实现了食品从加工、储存、配送到销售的全程冷链，确保了食品安全、卫生、保鲜。形成两大典型销售渠道：一是超市、便利店、社区店零售渠道。公司自有3个大卖场、6个标准超市、95家便利店、86家社区店。所有主食系列、烘焙系列、熟食系列均实现中央厨房配送。二是餐饮销售渠道。为餐饮单位及连锁餐饮企业提供餐饮加工配送服务，给大学食堂配送半成品菜、主食、原辅料、调味料等。推出了"粮田铺"餐饮连锁门店，主营各类山西名吃。

（四）中央厨房

建成华北规模最大、设备最先进的中央厨房，建筑面积

10 000 平方米，生产 8 大类 1 000 多个品种，日产量 60 吨。中央厨房包括蔬菜、水果、主食、烘焙、豆制品、熟食、半成品、风味小吃 8 大类（图 6-9），囊括消费者一日三餐需求。建成技术研发中心，包括主食、熟食、烘焙、菜肴四大研发中心。积极与省内著名餐饮企业联合，共享各种优势资源，进行技术创新，先后研发出"无糖系列产品""五谷杂粮系列产品"，如"虞美人红糖开花馒头"和"老面大馒头"等，成为当地家喻户晓的名牌产品。属于配料加工型中央厨房。

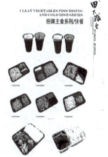

图 6-9　山西田森中央厨房及产品

第七章
副 产 物 加 工

　　我国是个农业大国，农产品资源丰富，农产品加工业逐渐成为国民经济发展中颇具潜力的增长点。在农产品加工过程中，许多加工副产物被作为废物丢掉。这不但造成资源浪费，而且还污染环境。在发展农产品加工业的同时，应重视农产品加工副产物的二次利用，提高资源利用率，实现农业可持续发展。

第一节　副产物加工内涵

一、副产物加工概念

　　加工副产物是一个相对概念，又称下脚料、废弃物等，是在加工生产主产品后原料的剩余部分或加工过程附带生产出的非主要产品。主要包括大宗农产品在采后加工利用过程中产生的皮渣等废弃物，如根茎类蔬菜加工后产生的蔬菜叶，苹果榨汁后的苹果皮渣和苹果籽，粮油加工中提取大豆蛋白和大豆油之后的豆粕，水产品加工后的鱼皮、鱼鳞，畜禽加工后的皮毛，以及茶饮料加工后的茶渣等。

　　农产品加工副产物的主要特点：一是副产物为次要产品，不是加工生产活动的主要目标；二是销售价格较低，销售收入大大低于主产品；三是大部分副产物具有与主产物相当的营养价值，但没有得到很好的利用。

二、副产物加工意义

（一）有利于满足农产品加工资源的有效供给

通过综合利用，有利于拓展食物资源，起到削峰平谷的效应；有利于开发副产物中碳、氢、氧等能源资源，缓解能源紧缺；有利于开发副产物中的工业元素，生产各类食品、医药保健品等工业产品。通过副产物综合利用，提高农产品加工产业的附加值，保障农产品加工资源的有效供给。

（二）有利于解决加工过程中的环境污染问题

当前，我国生态环境的承载能力已经十分脆弱，粗放式加工业发展走到了尽头。通过综合利用，把农产品资源"吃干榨净"，使其物尽其用，不仅有利于形成一举多得的农业循环链，而且有利于减少最终废弃物的排放量，同时还有利于搬掉秸秆、残次果、动物骨血等农村常见的巨量副产物这"几座大山"，促进美丽乡村建设。

（三）有利于提高农产品附加值和农民收入

当前，低水平的资源利用或废弃已成为企业、合作社和农户节本增收、提质增效的巨大障碍。通过综合利用，变无用为有用、变一用为多用、变废物为宝物，有利于提高农产品二次增值效益，实现农产品副产物多重转化增值和农民多层次增收。在每个链条的每一个链节上分化出更多的就业岗位，为农民就地就近就业提供了便利。

三、副产物加工创新

（一）产业模式创新

1. 提升副产物综合利用的技术水平　加强对农产品资源综合利用的研究，开展农产品深加工技术和装备攻关。鼓励应用先进的技术，通过大力发展农产品精深加工，二次延长加工产业链，"吃干榨净"各种可利用资源。充分利用加工副产物，努力实现农产品资源零浪费的目标。利用现代生物技术和食品加工技术，重点对蔬菜加工副产物、水果加工副产物、粮油加工副产物、畜禽加工副产物、水产品加工副产物、蚕桑加工副产物和茶叶加工副产物进行综合开发利用，提高产业效益。

2. 提升副产物的梯次化、全值化利用水平 通过采用先进的加工技术，对废弃物中的有用物质进行梯次利用，吃干榨净，实现零排放；为开发利用其丰富的营养成分，除用作食品、饲料、肥料等外，还要加大投资力度来研发精深加工设备，增加其开发利用深度；通过与中小企业建立副产物收集、处理和运输的绿色通道，实现加工副产物的有效供应与加工。

（二）产品创新

1. 副产物产品开发健康化 挖掘副产物中的活性成分，开发新型健康产品。粮油、果蔬及畜禽水产品的加工副产物中多含有特殊活性的功能性组分，应根据物料特性的不同，研发不同的分离提取纯化工艺，获得具有不同生理活性的营养成分，进而开发出具有特殊功效的健康食品。

2. 副产物产品开发饲料化 由于加工副产物中含有结构多糖、蛋白质及其他活性成分，可通过酶解发酵工艺制成多种富含营养成分的有机饲料，如氨化饲料、青贮饲料、生化蛋白饲料、酶化饲料等。

3. 副产物产品开发基料化 把农产品加工副产物，如果蔬皮渣、发酵糟渣、提取残渣等，经过一定的工艺处理后可成为基体材料；同时加入适当的添加剂，通过一定的处理和复合工艺形成以纤维及改性纤维为基础的复合材料，用于保鲜膜、活性成分吸附载体等高价值可食用材料的开发。

第二节　副产物加工技术模式

随着农产品加工技术的不断进步，一些新的加工方式不断涌现，如超微粉碎技术、高效分离提取技术、纳米改性技术等。为了实现农产品及加工副产物的循环利用、全值利用和梯次利用，通过先进的提取、分离与制备技术，不断挖掘农产品加工增值潜力、提升增值空间。

一、粮油加工副产物综合利用

（一）粮油加工副产物概况

粮食、油料是世界上主要的农产品原料，给人类提供了最重要的食物来源。这些原料中含有人体生长发育所需要的碳水化合物、蛋白质、脂肪及多种营养成分。据统计，70%～80%的粮油原料经过提取等工艺加工成为成品粮油或食品工业原料。粮油原料经过加工后，会产生20%～30%的副产物。粮油加工过程中产生皮壳、米糠、胚芽、残渣、油脚等加工副产物，这些副产物中富含蛋白质、脂肪、维生素等营养成分和黄酮、多肽、膳食纤维等活性成分，但目前这些副产物尚未得到充分利用。实际上，粮油加工副产物中某些营养物质的营养和利用价值并不一定低于主产品，有些甚至超过主产品。

（二）主要粮油加工副产物介绍

1. 稻谷加工副产物

（1）米糠。稻谷是我国的第一大粮食作物，每年生产1.88亿吨，占全国粮食总产量的42%。世界上稻谷产量占粮食总产量的37%。稻谷在加工成精米的过程中，要去掉外壳及占总重10%左右的种皮和胚。米糠由种皮和胚加工制成，是稻谷加工的主要副产品。我国年产米糠可达900万吨。国内外的研究结果表明，米糠中富含各种营养素和生理活性物质。

由于加工米糠的原料和所采用的加工工艺不同，所以米糠的组成成分也不完全一样。一般来说，米糠中平均含蛋白质15%、脂肪16%～22%、糖3%～8%、水分10%，热量大约为125.1千焦/克。脂肪中主要的脂肪酸大多为油酸、亚油酸等不饱和脂肪酸，并含高量维生素、植物醇、膳食纤维、氨基酸及矿物质等。

（2）稻壳。稻壳是稻谷外面的一层壳，通常稻谷的谷壳率约为加工原粮的20%。稻壳是由外颖、内颖、护颖和小穗轴等几部分组成。外颖顶部之外长有鬃毛状的毛。稻壳则是由一些粗糙的厚壁细胞组成，其厚度为24～30微米。稻壳主要是由纤维素、木质素、二氧化硅组成，其中脂肪、蛋白质的含量较低。我国稻壳年生产量约为

3 000万吨，主要用于燃烧发电和稻壳制板等，有少部分用作酱油、酒的辅料，也可以用于平菇种植。

（3）大米胚芽。大米胚芽是精米加工中的副产物，当糠层从糙米剥离时，胚芽也随之一起除去。胚芽约占3%，混在糠中。胚芽可利用比重差选法分开，全国米胚的蕴藏量估计可达10万吨以上。大米胚芽含有丰富的蛋白质、脂肪、维生素和矿物质，可广泛应用于各种营养保健品。

2. 小麦加工副产物

（1）麦麸。小麦是我国第二大粮食作物。麦麸也就是麦皮，小麦籽粒皮层和胚经碾磨后的混合物，为小麦加工面粉的主要副产物。麦麸的得率一般是小麦重量的15%～25%。麦麸富含纤维素和维生素，目前我国每年麦麸产量为3 000万吨，是主要膳食纤维来源。主要用途有食用、入药、饲料原料、酿酒等。

（2）麦胚。麦胚占麦粒总重的1.5%～3.5%，位于麦粒背面基部皱缩部分内。麦胚与小麦的主体——胚乳连接较松，在小麦制粉加工过程中进入麦麸和次粉中。麦胚作为小麦制粉的副产品，以其资源丰富、营养价值高、应用广泛等特点引起国内外食品界的特殊兴趣。麦胚是所有谷物中的维生素E含量之王，具有抗氧化、延缓衰老、提高人体免疫力、促进血液循环作用，被营养学家们誉为"人类天然的营养宝库"。

3. 玉米加工副产物

（1）玉米胚芽。玉米是我国第三大粮食品种，也是世界三大粮食作物之一，年产量1.4亿吨左右。玉米胚芽的体积和重量占整个籽粒体积的25%左右，重量占10%左右。玉米胚芽的脂肪含量很高，其含量一般不低于30%。因此，玉米胚芽作为玉米加工的主要副产物，其综合利用主要是制取玉米胚芽油。

（2）玉米皮。玉米皮是玉米深加工过程中产生的一种副产品，即玉米制粉过程中，颗粒经过浸泡、破碎后分离出来的玉米表皮。其主要成分是纤维、淀粉、蛋白质等，主要用于饲料行业。

（3）玉米芯。玉米芯是玉米脱去籽粒后的果轴，也称玉米核。一般占玉米穗的 20% 左右，按该比例计算，全国有玉米芯资源达 1 500 多万吨。目前，玉米芯工业化综合利用的主要方式是生产糠醛。

4. 豆制品加工副产物

（1）大豆皮。大豆皮是大豆制油加工过程中产生的副产物之一。大豆皮占整个大豆体积的 10% 左右，整个大豆重量的 8% 左右。近年来，随着大豆脱皮制油工艺的普遍应用，产生了大量的副产物——大豆皮。大豆皮中粗纤维含量高，达到 35% 左右；粗蛋白含量达 9.4% 左右；铁含量也相当高，达到 300 毫克/千克左右，占了整个大豆铁含量的 30% 以上。

（2）大豆胚芽。大豆胚芽占大豆总重量的 25%，其营养丰富。大豆胚芽中含蛋白质 28%、油脂 10% 左右，油脂中不饱和脂肪酸含量高达 80%；此外，还含有多种生理活性物质，如大豆异黄酮、大豆皂苷、大豆低聚糖、维生素 E 和甾醇等，它们具有特殊的生理作用和营养价值。

（3）豆粕。豆粕是大豆提取豆油后得到的副产物，按照提取方法的不同，可以分为一浸豆粕和二浸豆粕 2 种。其中，以浸提法提取豆油后的副产品为一浸豆粕；而先以压榨取油，再经过浸提取油后所得的副产品称为二浸豆粕。按照国家标准，豆粕分为 3 个等级，即一级豆粕、二级豆粕和三级豆粕。国内豆粕加工总量大约为 100 万吨，其中一级豆粕约占 20%，二级豆粕占 75% 左右，三级豆粕约占 5%。豆粕一般呈不规则的碎片状，颜色为浅黄色至浅褐色，含有蛋白质、氨基酸等活性物质。作为一种高蛋白，豆粕不仅是制作畜禽饲料的主要原料，还是用于制作糕点和健康食品的原料。

（4）豆渣。豆渣是生产豆奶或豆腐过程中产生的副产物。中国是豆腐的发源地，具有悠久的生产历史。豆腐生产量较大，相应的豆渣产量也很大。大豆中有相当一部分营养成分残留在豆渣中，主要是蛋白质、脂肪、膳食纤维和多糖；此外，还含有钙、磷、铁等矿物质。豆渣可用来提取大豆蛋白，也可作为食品、保健品、饲料原料进行加工利用。

（5）大豆乳清。大豆乳清是豆制品生产过程中产生的有机废水，为棕黄色胶体混合物，俗称黄浆水。大豆乳清含有较多的营养物质，排放后不但造成可利用营养成分的损失，还为微生物繁殖创造了条件，造成环境污染。

5. 花生加工副产物

(1) 花生壳。花生壳为花生的果壳，占花生果重量的 30％左右。花生果为荚果，呈蚕茧形、串珠形或曲棍形。我国年产花生壳近 400 万吨，大部分被白白扔掉。花生壳主要成分是粗纤维，含量为 65.7％～79.35％；其他营养成分也很丰富，含粗蛋白 4.8％～7.2％、粗脂肪 1.2％～1.85％、还原糖 0.3％～1.8％、双糖 1.7％～2.5％、戊糖 16.1％～17.8％、淀粉 7％；还含有矿物质，如钙、磷、镁、钾、铁、锰、锌、铜等。此外，花生壳还含有胡萝卜素、木糖等药用成分，可提取重要的化工原料，如醋酸、糠醛、丙酮、甲醇和植酸等。

(2) 花生饼粕。花生饼粕是以脱壳花生米为原料，经压榨或浸提取油后的副产物。花生饼粕的营养价值较高，据报道，每 100 克花生饼粕含蛋白质 42.5 克、脂肪 6 克、碳水化合物 25 克，并含维生素 E 及钙、磷、铁等矿物质。花生饼粕是良好的蛋白质源，可采用综合利用的方式提取花生蛋白等。

(3) 花生红衣。花生红衣，即花生种皮，因绝大多数花生品种的种皮为红色而得名。生的花生红衣有补血作用；花生煮熟或者炒熟以后，红衣的补血效果会大为减弱。花生红衣中含有多种活性物质，具有防治多种疾病的作用。因此，用红衣可制成多种药物和食品添加剂。

6. 油菜籽加工副产物　　油菜是草本十字花科作物，是世界五大油料作物之一，也是我国主要油料作物和蜜源作物之一，分布甚广。油菜除用油菜籽榨油外，还有菜饼、油脚、茎秆、荚壳等副产物。一般每 100 千克油菜籽可榨油 40 千克，得油菜籽饼 60 千克。此外，种植油菜还收获茎秆和荚壳等副产品。我国是世界上最大的油菜生产国，每年种植面积为 3 400 万公顷，按平均每公顷产油菜籽 1 000 千克计，年产油菜籽 340 亿千克，可得菜籽饼 200 亿千克、茎秆和荚壳

1 000亿千克。这是一种宝贵的再生资源，进行综合开发利用潜力很大。

7. 油茶籽加工副产物　油茶籽是指茶及其同属山茶科植物（油茶、山茶和茶梅等）的种子。我国是世界主要产茶国之一，盛产茶和油茶，茶籽资源极为丰富。油茶籽榨油后的茶籽饼粕含蛋白质18.2%、无氮提取物70%左右及约10%的茶皂素。

（三）粮油加工副产物综合利用

1. 稻谷加工副产物综合利用

（1）米糠综合利用技术。米糠的综合利用方式很多，主要有2种：一种是直接利用提取营养物质，开发香料、保健品和化妆品等；另一种是提取米糠油，提油后的脱脂米糠粕还可以用来制备植酸钙、膳食纤维和米糠蛋白等。

米糠的综合利用如图7-1所示。

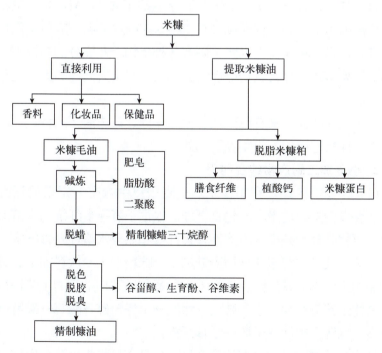

图7-1　米糠的综合利用

米糠油的提取方法主要有压榨法、碱炼法、低温浸出法、有机溶剂萃取法、蒸馏脱酸精制法。

稻米蛋白是一种低过敏的优质蛋白，是一种营养价值较高的植物蛋白。尽管米糠中蛋白质含量为 12%～20%，相对于其他油料种子（如大豆、花生等）较低，但由于稻谷是我国第一大粮食作物，种植面积广、产量大，因此其蛋白质资源的数量是不容忽视的。

米糠蛋白质的营养价值虽然较高，但在天然状态下，与米糠中植酸、半纤维素等的结合会妨碍其消化与吸收。为了提高米糠蛋白质的利用价值，应将其从米糠中提取出来。

目前，米糠蛋白的提取方法主要有酶法和碱法 2 种。另外，在这两种方法的前提下，辅以研磨法、均质法、超微粉碎法、挤压变形等物理方法来提高蛋白质的提取率。

（2）大米胚芽综合加工利用技术。大米胚芽中富集数十种生物活性成分，其中，谷胱甘肽（GSH）和 γ 氨基丁酸（GABA）含量特别高，分别为 1.1～1.2 克/千克和 0.25～0.50 克/千克。运用现代食品加工高新技术，在保持大米胚芽固有各种生物活性成分的前提下，制备 GSH 或 GABA 高含量功能性食品或饮料，可大大提高大米胚芽的利用价值。

大米胚芽汁饮料具有纯天然、营养保健、口味清新的特点，以及抗衰老、保持健康的养生和保健功效。

2. 小麦加工副产物综合利用

（1）小麦麸皮综合利用技术。小麦麸皮中含有一定量的活性多糖，活性多糖主要是指小麦膳食纤维。根据小麦膳食纤维的水溶解性不同，可将其分为麸皮水不溶性膳食纤维和麸皮水溶性膳食纤维。麦麸食品加工技术主要包括食用麦麸加工、味精加工、饮料加工、高纤维食品加工。小麦麸皮膳食纤维采用酶解和碱解相结合的工艺进行提取，具体工艺流程为：小麦麸皮→水洗→干燥粉碎→酶解→碱解→离心分离→水洗至中性→干燥→膳食纤维。

麸皮多糖的制备常见方法有 2 种：一是先从麸皮中分离出细胞壁物质，然后再从中制备麸皮多糖；另一种是从麸皮中制备纤维素，然后再制备麸皮多糖。以第一法制备多糖为主，其主要工艺流程为：麸皮→SDC（脱氧胆酸钠）均质处理→湿球磨处理→残渣用 PAW（苯酚/乙酸/水）提取→残渣用 DMSO（二甲基亚砜）处理→离心→不溶物→干燥→细胞壁物质→碱液提取清液→中和→浓缩→醇沉淀→麸皮多糖。

麸皮多糖具有较高的黏性，并且具有较强的吸水性和持水性，可用作食品添加剂，如保湿剂、增稠剂、乳化稳定剂等。

（2）小麦胚芽综合利用技术。近年来，对小麦胚芽的综合利用越来越热，产品越来越多，主要综合利用方式有小麦胚芽油制备、生物活性物质提取开发、食品开发、饲料开发等。在食品、日化、饲料、营养、保健等方面有很多应用。

小麦胚芽的综合利用方式如图 7-2 所示。

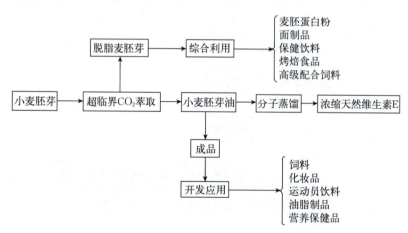

图 7-2　小麦胚芽综合利用总体技术路线

小麦胚芽油含有油酸、亚油酸、亚麻酸等不饱和脂肪酸达 84% 左右，其中亚油酸比例约 50%。亚油酸具有降低血清胆固醇、防止动脉硬化、预防心血管疾病等重要作用。因此，小麦胚芽油还具有很好的保健功效，深受消费者喜爱，市场前景广阔。

小麦胚芽油制备方法主要有溶剂萃取法和超临界 CO_2 萃取法 2 种。其中，超临界 CO_2 萃取法利用 CO_2 在高压下液化的特性萃取胚芽油，然后利用其在低压下气化的特性与胚芽油分离，获得小麦胚芽油。该方法操作简单、方便，溶剂安全无毒，整个过程均在常温下进行，所以安全性较高，物料中活性成分也能够得以充分保持。

超临界 CO_2 萃取法制备小麦胚芽油工艺流程为：小麦→干燥→粉碎→过筛→称重→装料密封→升温、升压至设定萃取条件→超临界 CO_2 流体萃取循环→减压分离→小麦胚芽毛油→离心→小麦胚芽油。

有机溶剂浸提法制备小麦胚芽油工艺流程见图 7-3。

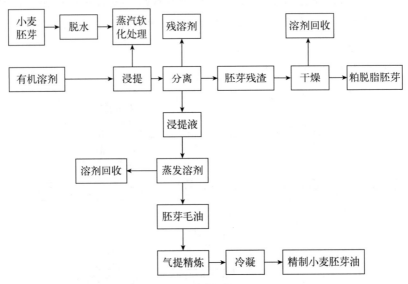

图 7-3　有机溶剂浸出法制备小麦胚芽油工艺流程

小麦胚芽蛋白具有良好的氮溶解度、起泡性、乳化性、保水性和平衡的氨基酸比例。可将小麦胚芽蛋白添加到多种食品中，提高食品的营养价值和均衡性，也可应用到膳食和医药等产品，具有广泛的用途。

小麦胚芽蛋白中必需氨基酸的比例与 FAO/WHO 推荐模式值及大豆、牛肉、鸡蛋的氨基酸构成比例接近，易于人体吸收，是一种具有开发价值的重要蛋白质资源。同其他蛋白质一样，小麦胚芽蛋白的深加工首先是提取小麦胚芽蛋白，然后以该蛋白质为原料直接加工食品，或制备肽类物质和氨基酸等，最后用于医药、食品、化妆品等加工。

目前，小麦胚芽蛋白提取技术已经有盐溶法、碱溶酸沉法、超声波法、反胶束萃取法、酶解法、试剂盒法等几种。不同提取方法各有优势，要获得好的提取效果，通常要几种方法结合进行。下面介绍两种常用小麦胚芽蛋白的提取方法。

碱溶酸沉法提取小麦胚芽蛋白工艺流程如图 7-4 所示。

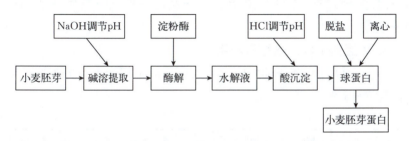

图 7-4　碱溶酸沉法提取小麦胚芽蛋白工艺流程

酶解法提取小麦胚芽蛋白工艺流程为：小麦胚芽→粉碎→调整→酶解（碱性蛋白酶）→酶水解液→离心→浓缩→灭酶→喷雾干燥→水解小麦胚芽蛋白粉。

小麦胚芽饮料生产工艺流程为：精选小麦胚芽→浸泡→磨浆→浆渣分离→酶解→灭酶→调配（蔗糖、柠檬酸、稳定剂）→均质→灭菌→冷却→灌装→检验→成品。

3. 玉米加工副产物综合利用

（1）玉米胚芽综合利用技术。玉米胚芽位于玉米籽粒基部，占玉米籽粒重量的 10％左右，是玉米籽粒中营养成分最丰富的部分；同时也是玉米籽粒发育生长的起点，为玉米籽粒生物体的重要组成部分。加工利用的玉米胚芽原料是在玉米加工中从籽粒上分离出来的。玉米胚芽集中了玉米籽粒 84％的脂肪、8％的无机盐、65％的糖和 22％的蛋白质。玉米胚芽综合利用途径主要可以从玉米胚芽油、玉米胚芽饮料、玉米胚芽蛋白几个方面进行考虑，可以起到较好的增值作用。

压榨法榨取玉米胚芽毛油的工艺流程为：玉米胚芽→预处理→干燥→轧胚→蒸炒→压榨→毛油。

玉米胚芽饮料生产工艺流程为：玉米胚芽→分选→除杂→干燥→浸泡→洗涤→磨浆→过滤→调配→均质→脱气→灌装→杀菌→冷却。

（2）玉米芯综合利用技术。从玉米芯中提取木糖醇工艺流程为：玉米芯→粉碎→预处理→水解→过滤→中和→过滤→洗涤→过滤→脱气→过滤→蒸发→木糖浆树脂净化→氢化→脱气→浓缩→结晶→分离→成品。

4. 大豆加工副产物综合利用

（1）大豆乳清综合利用技术。大豆乳清中提取大豆异黄酮工艺流程如图7-5所示。

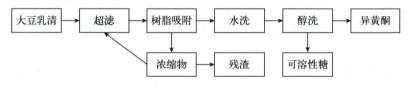

图7-5　大豆乳清中提取大豆异黄酮工艺流程

大豆乳清中提取大豆低聚糖工艺流程为：大豆乳清→预处理→电渗析→离子交换→脱色→浓缩→高压泵→喷雾干燥→低聚糖干粉→筛粉→包装→低聚糖产品。

（2）豆渣综合利用技术。提取豆渣蛋白的工艺流程为：新鲜大豆→加水和碱→搅拌→离心分离→上清液→调等电点→离心→沉淀→蛋白渣→蛋白粉。

发酵豆渣饲料的工艺流程为：新鲜豆渣→压榨（含水70%）→配料（干麸皮）→灭菌→接种→培养→干燥→粉碎→质检→成品包装。

豆渣膨化食品加工工艺流程为：豆渣→蒸熟→粉碎→配料→高压蒸→低温冷却→切片→干燥→破渣→调节水分→膨化→调味→干燥→装袋→成品。

（3）豆粕综合利用技术。豆粕分离蛋白制备工艺流程为：豆粕→碱液萃取→离心分离→酸沉淀→离心→沉物解胶→水洗→离心→中和→巴氏杀菌→喷雾干燥→筛选包装→成品。

5. 花生加工副产物综合利用

（1）花生红衣综合利用技术。花生红衣色素提取工艺流程为：花生红衣→清杂→预处理→萃取→过滤→真空浓缩→真空干燥→粉碎→成品。

乙醇提取花生红衣色素工艺流程为：花生红衣粉碎→乙醇→过滤→滤渣→乙醇提取→过滤滤液→旋转蒸发→真空→成品。

（2）花生粕综合利用技术。花生粕是花生仁经压榨提炼油料后的副产品，富含植物蛋白。其适于在禽畜水产饲料中使用，也可以提取优质花生蛋白。

花生粕内含黄酮类、酚类、氨基酸、蛋白质、鞣质、油脂类、糖类、三萜或甾体类化合物。其中，蛋白质含量48.68%、可溶性总糖含量32.50%、脂肪含量0.80%、总黄酮含量1.095毫克/克。另外，花生粕中的氨基酸不仅种类齐全，而且含量丰富，每100克花生粕总氨基酸含量高达37.504克，其中人体必需氨基酸的含量占总氨基酸含量的38.29%。

水溶法提取花生蛋白的工艺流程如图7-6所示。

6. 油菜籽和油茶籽加工副产物综合利用　油菜是世界四大油料作物之一，也是我国最主要的油料作物，产量居世界第一，占世界油菜种植面积和总产量的30%左右。菜籽饼粕是以油菜籽为原料经过取油后的副产物，含有35%～45%的粗蛋白，是重要的植物蛋白资源；而且蛋白质中氨基酸组成合理，富含赖氨酸、半胱氨酸和甲硫氨酸。菜籽饼粕中氨基酸的组成和含量接近联合国粮农组织（FAO）和世界卫生组织（WHO）的推荐值，是一种具有开发潜力的优质蛋白，其饲用价值可以与大豆饼相媲美。此外，还含有糖分38%、脂肪1.8%～4.0%。菜籽饼的钙、磷、镁含量是大豆的3倍，硒是大豆的8倍；菜籽饼也是维生素的良好来源，胆碱、烟酸、叶酸及维生素 B_1、维生素 B_2 的含量都很丰富。

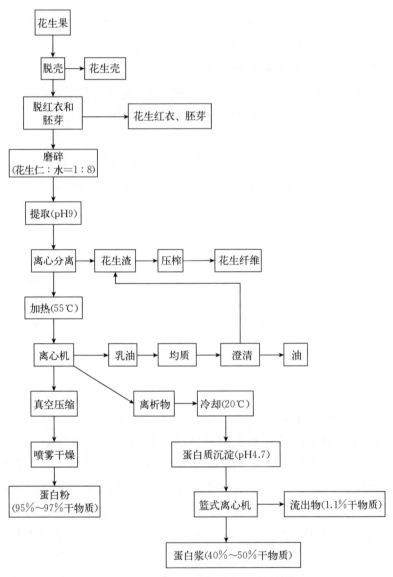

图 7 - 6　水溶法提取花生蛋白工艺流程

（1）菜籽饼粕综合利用技术。菜籽饼粕营养丰富，是潜力很大的优质蛋白饲料资源。但是，菜籽饼粕中含有硫苷，硫苷本身无毒，而在芥子酶的作用下会转化成异硫氰酸酯、恶唑烷硫酮、硫氰酸酯或腈类等毒素，对动物机体有很大的毒害作用。正因为这样，严重地影响了菜籽粕作为饲料及潜在食品的应用。在我国，每年生产约 350 万吨以上的菜籽粕，其中所含蛋白相当于 2 000 万头肥猪所需的饲用蛋白或 5 000 万人口的年蛋白需求量。可是，这样一个巨大的蛋白源由于有毒或抗营养物质的存在，只有不到 15% 的饼粕用于家禽、家畜等的限量喂养，其余均作为肥料使用。

普通油菜饼粕中硫代葡萄糖苷的含量为 4%～7%，这种物质在水和芥子酶作用下水解为异硫氰酸盐、噁唑烷硫酮和腈等有毒物质，使动物甲状腺肿大并出现多种中毒症。此外，还含有植酸、单宁、芥子碱等毒性物质或抗营养物质，阻碍蛋白质的消化吸收，降低矿物质的溶解性，影响其消化吸收利用，钝化了某些维生素，使维生素需求量增加。因此，菜籽饼粕直接用作饲料会导致禽畜中毒，降低菜籽粕中其他营养物质的利用率，限制其作为植物蛋白的利用。因此，菜籽粕进行综合利用前应先进行脱毒处理。目前，菜籽饼粕脱毒方法总体来说可分为四大类：物理脱毒法、化学脱毒法、微生物脱毒法和遗传育种法。

菜籽饼粕中粗蛋白含量一般为 35%～45%。菜籽蛋白为全价优质的植物蛋白，具有必需氨基酸平衡性强的组成模式。蛋白质生物价（BV）高于其他植物蛋白，与各油料蛋白质、谷类蛋白质相比具有明显营养互补的优势，一些功能指标优于大豆蛋白。菜籽蛋白可用于蛋白饮料、肉制品添加剂、面食添加剂、天然保鲜剂和其他食品添加剂，其酶解产物还可获得功能性多肽。

目前比较适用的菜籽蛋白提取方法主要是有机溶剂法和碱提酸沉法。有机溶剂法因工艺复杂、成本高及溶剂对蛋白质营养价值和食用安全性有一定影响，工业化生产困难较大；碱提酸沉法工艺简单、成本低，易于工业化生产。

菜籽饼粕提取菜籽蛋白工艺流程如图 7-7 所示。

菜籽肽是菜籽蛋白经蛋白酶作用，再经特殊处理后得到的水解产物。菜籽肽由许多分子链长度不等的低分子小肽混合物组成，还含有少量游离氨基酸、糖类和无机盐等成分。菜籽不仅具有良好的酸溶

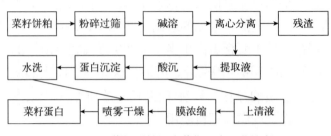

图 7-7　菜籽饼粕提取菜籽蛋白工艺流程

性、抗凝胶形成性，以及消化吸收快、蛋白质利用率高等特点；而且，具有抗原性，不会产生过敏反应；此外，还具有良好的理化性质及生理活性，可作为运动营养剂及减肥食品、老年食品的添加剂。

目前，以菜籽粕或菜籽蛋白为原料获得菜籽生物活性肽的方法主要有化学法和酶法。

(2) 菜油脚综合利用技术。菜油脚制备磷脂和中性油的工艺流程如图 7-8 所示。

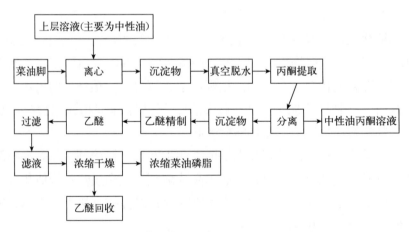

图 7-8　菜油脚制备磷脂和中性油工艺流程

(3) 油茶果壳综合利用技术。油茶果壳可提取多糖和花青素。原花青素是植物中广泛存在的一大类多酚化合物的总称，这类化合物的基本组成单元是儿茶素基和表儿茶素基。最简单的原花青素是儿茶素基与表儿茶素基形成的二聚体，此外有三聚体、四聚体，直至十聚体。研究表明，原花青素具有广泛的生化活性和药理活性，如抗氧化、清除自由基、提高人体免疫力、护肝解毒、抗菌及抗癌等功能，目前已经成为医药、保健品的重要原料及食品、化妆品的重要添加剂。

油茶果壳中提取多酚类物质。油茶果壳中含有大量多酚类物质，具有良好的抗氧化作用，能清除自由基，具有较高的开发价值和潜力。茶多酚一般为淡黄色至茶褐色的无定形粉末或结晶，具有涩味，略有吸潮性，其水溶液 pH 3～4。在 pH 2～7 时十分稳定。茶多酚由于具有提供质子的分子结构，具有很强的还原性，对一些引起食物中毒的常见致病菌具有明显的抑制作用，是一种不可多得的天然氧化剂。

茶果蒲和茶果壳中茶多酚的含量分别为 1.39％及 0.51％，可作为提取茶多酚的原料。油茶果壳经干燥、粉碎后，用乙酸乙酯萃取，经减压浓缩，馏出溶剂，得粗茶多酚提取物，经精制可得到茶多酚。目前，多酚类化合物的提取分离方法有离子沉淀法、有机溶剂浸提法、柱吸附分离法、超临界流体萃取法等。

油茶果壳提取黄酮类化合物。溶剂法提取油茶果壳黄酮类物质工艺流程为：油茶果壳→干燥→粉碎→溶剂浸泡→超声波辅助萃取→抽滤→浓缩→喷雾干燥→黄酮。

油茶果壳提取木糖工艺流程为：油茶果壳预处理→水解→石灰乳中和→活性炭脱色→一次浓缩→二次浓缩→结晶→木糖。

（4）油茶饼粕综合利用技术。油茶饼粕中茶皂素提取工艺流程为：油茶饼粕→粉碎→浸提→过滤→浓缩→加热水→干燥→除渣→粗制茶皂素。

二、水果加工副产物综合利用

（一）仁果类水果加工副产物综合利用

1. 苹果加工副产物综合利用技术　苹果的加工产品以浓缩汁、果酱、苹果片为主。我国苹果由资源优势向经济优势转化的主要途径是加工浓缩苹果汁。随着苹果加工产业的蓬勃发展，在加工过程中，无论是苹果清汁还是浊汁的生产，在压榨单元中产生了大量的苹果加工副产物，主要是含有果皮、果肉、果核、果籽等的果渣。

苹果清汁加工工艺流程为：苹果→输送→拣选→浮洗→破碎→压榨→预浓缩→酶解→超滤→树脂吸附→浓缩→批次罐→巴氏杀菌→罐装→储运。

苹果浊汁加工工艺流程为：苹果→输送→拣选→浮洗→破碎→压榨→巴氏杀菌→分离→浓缩→批次罐→罐装→储运。

(1) 苹果渣固态发酵饮料加工工艺流程为：苹果渣→配料→蒸料→黑曲霉培养→果胶酶→糖化→液化→灭菌→冷却→接种→固态发酵→发酵产物。

(2) 苹果渣膳食纤维化学提取法工艺流程为：苹果渣→干燥→粉碎→干苹果渣→水洗→碱提→水选滤渣→脱色→干燥→粉碎过筛→膳食纤维。

(3) 苹果渣膳食纤维粉加工桃酥工艺流程为：苹果渣→干燥→粉碎→除杂→漂洗→干燥→粉碎→过筛→苹果渣膳食纤维粉→面粉配伍→面团调制→切块→成型→烘烤→冷却→包装。

(4) 苹果渣提取果胶工艺流程为：苹果渣→干燥→粉碎→酸解→过滤→浓缩→沉析→干燥→粉碎→检验→标准化→产品。

(5) 苹果渣发酵柠檬酸工艺流程为：苹果渣→干燥→粉碎→酶解→调整→灭菌→接种→发酵→成品。

(6) 苹果渣发酵果醋工艺流程为：苹果渣→糖分调整→酒精发酵→榨汁→明胶澄清→接种醋酸菌→液体喷雾→回流醋酸发酵→陈酿→澄清→杀菌→成品。

2. 梨加工副产物综合利用技术

(1) 梨鲜果制备。梨清汁工艺流程为：梨鲜果→清洗分选→破碎→护色→压榨→粗滤→澄清→精滤→成分调整→装瓶→排气→密封→杀菌→冷却→成品。

(2) 梨鲜果制备。梨浊汁工艺流程为：梨鲜果→清洗分选→破碎→护色→压榨→过滤→梨汁→调配→排气→均质→杀菌→罐装→

成品。

（3）梨渣制备可溶性膳食纤维工艺流程为：湿梨渣→干燥→破碎→水洗→碱提→液固分离→调节 pH→浓缩→醇析→干燥→粉碎→粗膳食纤维→成品。

（4）梨渣果醋工艺流程为：湿梨渣→糖分调整→灭菌→酒精发酵→过滤陈酿→接种醋酸菌→陈酿→澄清→杀菌→质检→成品。

（二）柑橘类水果加工副产物综合利用

柑橘产品的加工必然伴随大量副产物，包括皮渣、籽渣、囊叶、树叶等，比例高达 30%～50%。以柑橘为例，国际上有 35% 的柑橘用于加工，加工副产物皮渣除含有水分、纤维素、木质素外，还含有丰富的香精油、果胶、色素和类黄酮等生物活性物质，其综合利用价值极高。

1. 柑橘皮渣青贮饲料加工技术　柑橘皮渣中含有丰富的碳水化合物、脂肪、维生素、氨基酸和矿物质营养成分，但由于柑橘渣中有苦味苷等物质的存在，苦味较重，适口性差，蛋白含量不高，动物吸收不好。利用发酵技术克服上述缺点，将皮渣资源转化为饲料，既有利于养殖业的发展，也有利于环境保护，最终获得好的经济效益与社会效益。

青贮是将营养丰富但不能常年均衡供应的物质在一定条件下保存下来的一种方法。其原理是在适宜条件下，通过厌氧发酵产生酸性环境，抑制或杀死各种微生物，从而达到保存的目的。鲜柑橘皮渣的加工特性适宜青贮。为了充分发挥鲜柑橘皮渣的营养作用、降低养殖户的饲养成本，可在加工厂周边牛、羊养殖基地进行青贮，供养殖者在饲料短缺的冬春季节使用。

2. 柑橘皮渣单细胞蛋白饲料加工技术　柑橘皮渣制备蛋白饲料工艺流程如图 7-9 所示。

3. 柑橘果胶及膳食纤维加工技术　柑橘纤维在香肠加工中应用的工艺流程如图 7-10 所示。

4. 柑橘皮渣中生物活性物质加工技术　压榨法提取柑橘精油工艺流程如图 7-11 所示。

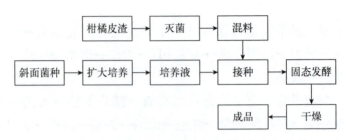

图 7 - 9　柑橘皮渣制备蛋白饲料工艺流程

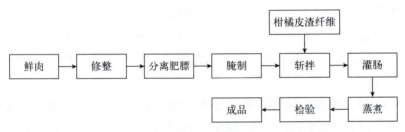

图 7 - 10　柑橘纤维在香肠加工中应用的工艺流程

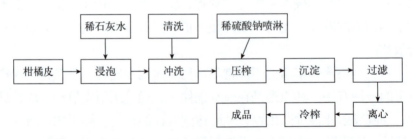

图 7 - 11　压榨法提取柑橘精油工艺流程

5. 柑橘皮粉加工技术　柑橘皮粉工艺流程为：柑橘皮→浸泡→盐水煮→漂洗→干燥→粉碎→过筛→成品。

6. 柑橘果酒加工技术　柑橘果酒工艺流程为：柑橘渣→添加 SO_2 →加果酒酵母→前发酵→后发酵→储存→加胶→勾兑→粗滤→精滤→罐装→巴氏消毒→检验→包装→成品。

7. 柑橘皮休闲食品加工技术　柑橘果丹皮工艺流程为：柑橘皮→脱苦→破碎打浆→浓缩→摊皮烘烤→趁热揭皮→切片→干燥→包

装→成品。

　　柑橘皮脯工艺流程为：柑橘皮→切片→脱苦→水煮→糖渍→烘烤→调味→包装→成品。

　　橘皮酱工艺流程为：柑橘皮→清洗浸泡→破碎→水煮→打浆→糖煮→调味→罐装→成品。

（三）浆果类水果加工副产物综合利用

　　1. 葡萄加工副产物综合利用技术　压榨法生产葡萄籽油工艺流程为：葡萄籽→筛选→破碎→软化→炒胚→预榨饼→压榨→粗滤→毛油→脱酸→水化→脱色→脱臭→冷却→精制葡萄籽油。

　　2. 蓝莓加工副产物综合利用技术　蓝莓花青素提取工艺流程为：蓝莓果渣→破碎→浸提→过滤→离心→花青素提取液→树脂吸附→溶剂洗脱→溶剂萃取→回收溶剂→干燥→成品。

（四）热带及亚热带水果加工副产物综合利用

　　1. 杧果加工副产物综合利用技术　杧果皮是杧果加工过程中的废弃物，占鲜果重的 9%～16%，富含丰富的膳食纤维、没食子酸、生物酶、杧果苷、果胶和多酚类物质。如果将杧果皮进行再加工提取出其中的有用物质，再作为添加剂或者抗氧化剂应用到食品工业中，不但可以变废为宝创造更多的经济价值，还可以解决环境污染和资源浪费问题。

　　2. 菠萝加工副产物综合利用技术　菠萝可健脾益胃、增强食欲，还具有治疗咽炎、胃炎和消化不良等疾病的功效。目前，菠萝主要用于罐头或果汁的加工，但在加工过程中几乎 50%～60% 的菠萝皮和渣未被利用，其加工副产物含有同菠萝果实同样丰富的汁液、风味和营养成分。近年来，菠萝的专业化种植、标准化生产、采后商品化处理、综合利用和市场营销等日益受到重视，菠萝产业开始走上了综合利用和产业化经营的道路。菠萝的综合开发新产品如菠萝蛋白酶、菠萝纤维、菠萝凉果、菠萝饲料、菠萝酒和菠萝生物有机肥等正在逐渐形成规模生产，进入国内外市场。

　　3. 杨梅加工副产物综合利用技术　我国杨梅主要以鲜销为主，加工用的比例约为 40%。目前，我国的杨梅果汁、杨梅酒、杨梅罐头、果脯蜜饯等产品均已进行了工业化生产，每年产生大量的杨梅渣。杨梅渣除一小部分用作饲料加工外，大部分被扔掉。不仅造成一定程度的环境污染，也造成资源浪费。

杨梅中的色素含量比较高，花青素类物质达 5%。总色素的 91% 左右存在于果皮中，榨汁后的皮渣中还残留近 75%。其中，还有大量的花青素类物质。因此，对杨梅中的花青素进行提取和利用，具有很大的实际意义和发展前景。花青素作为一种天然食用色素安全无毒，而且具有一定的营养和药理作用，在食品、化妆、医药等方面有着巨大的应用潜力。

4. 香蕉副产物综合利用技术 香蕉在生产过程中会产生 75% 左右的茎叶副产物。传统生产中，大部分茎叶资源被随意丢弃，只有少部分用作肥料和燃料。

香蕉茎叶含有多种维生素和较高的可溶性碳水化合物，尤其是香蕉叶富含粗蛋白，香蕉茎秆、叶梢中有良好性能的纤维，可作为造纸、粗纤维加工的原料。香蕉副产物可广泛应用于多个生产领域，如开发新型饲料、生产有机肥、栽培食用菌等。香蕉茎叶中的有效成分较为丰富，可通过对其有效成分的研究而开发生物质能。因此，充分利用香蕉茎叶资源可以避免资源浪费，具有很大的市场价值。

三、畜禽水产品加工副产物综合利用

(一) 畜禽加工副产物综合利用

畜禽加工副产物综合利用新技术主要包括超微粉碎技术、分离纯化技术（盐析技术、膜分离技术）、生物酶技术。

1. 畜血综合利用

(1) 血粉加工。家畜血液制备食用血粉工艺流程为：鲜血→脱色→滤取→洗涤→干燥→粉碎→成品。

家畜血液制备饲用血粉工艺流程为：凝固猪血→切块→预煮→压榨→搓散→晒干→磨细→过筛→包装→成品。

(2) 畜血中提取超氧化物歧化酶（SOD）。畜血中提取 SOD 工艺流程为：抗凝血→离心分离→洗涤→红细胞破碎→SOD 萃取→纯化→冷冻干燥→成品。

（3）畜血中提取血红素。醋酸钠提取法制备血红素工艺流程为：抗凝血→离心→红细胞→洗涤→溶血→沉淀血红蛋白→溶解血红蛋白→分离血红素→结晶→洗涤→干燥→精制血红素。

（4）畜血中提取凝血酶。畜血中提取凝血酶工艺流程为：抗凝血→分离血浆→提取凝血酶原→激活→溶血→沉淀凝血酶→洗涤→粗品→除杂、沉淀→干燥→精制凝血酶。

2. 畜骨综合利用　畜骨综合利用的形式主要有两种：一种是全骨利用，也就是整骨的利用。这种方法能够较全面地利用骨中的营养成分，主要的产品是骨粉、骨泥等。既可以作为食品添加剂，又可以作为肉类食品的替代物。另一种是骨提取物的利用，也就是提取骨中的各类营养物质分别利用，主要的产品是骨油、骨胶和骨素等。

畜骨综合利用总体工艺流程如图 7 - 12 所示。

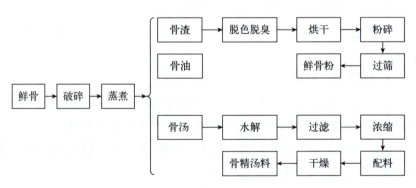

图 7 - 12　畜骨综合利用总体工艺流程

（1）骨粉综合利用技术。骨粉按照干燥方式的不同可分为粗制骨粉加工、蒸制骨粉加工和晒制骨粉加工。

（2）骨油综合利用技术。骨油精制的加工工艺流程为：粗制骨油→溶油→过滤→水化→碱炼→脱色→过滤→脱臭→干燥→精制骨油。

（3）骨糊综合利用技术。用骨头磨成的骨糊口感润滑、味道鲜美，其营养成分比肉类更丰富。其中，含有丰富的磷脂、磷蛋白、骨胶原、软骨素和各种氨基酸，铁含量为肉类的 3 倍。骨糊一般用于制作肉丸、肉饼、灌制香肠、包子、饺子和肉馅等；同时，骨糊作为配料添加到强化食品中，以满足人们对新潮食品日益增长的需要。骨糊食品也是国际市场上近年崛起的新潮食品。骨糊新产品的开发已经成为企业尤其是肉类加工企业和新潮食品企业新的经济增长点。制作骨糊投资小，方法简单，产品市场空间大，技术易于掌握，原料来源广泛。主要通过清洗、绞碎和细磨等过程。

（4）骨胶综合利用技术。骨胶加工工艺流程为：鲜骨→粉碎→提油擦油→熏骨→洗骨→脱胶→清胶→浓缩→滴粒→干燥→包装。

（5）骨水解蛋白综合利用技术。骨水解蛋白工艺流程为：原料骨→预处理→熬制→干燥（明胶）→明胶吸水膨胀→加热溶化、调节pH→酶解→过滤→浓缩→防腐处理→喷雾干燥→包装→粉状胶原多肽。

（6）硫酸软骨素加工技术。硫酸软骨素加工工艺流程为：动物软骨→碱性浸提→盐解→脱除盐性蛋白→脱除碱性蛋白→清液→醇沉→干燥。

3. 脏器综合利用

（1）动物胰脏综合利用技术。胰酶的加工工艺流程为：胰脏→破碎→胰浆→过滤→胰乳→激活→沉淀→脱脂→干燥→粗酶。

胰蛋白酶加工工艺流程为：胰脏→提取→盐析→激活→分离→结晶→重结晶→冷冻干燥→产品。

胰岛素加工工艺流程为：胰脏→破碎→胰浆→酸醇提取→碱化→酸化→浓缩→脱脂→盐析→锌沉淀→结晶→干燥→成品。

（2）胃肠的综合利用技术。胃膜素加工工艺流程为：胃黏膜→破碎→胃黏膜浆→酸消化→离心→胃膜素分离→干燥→成品。

肝素加工工艺流程为：小肠黏膜→碱解→盐解→过滤→清液→离子交换→吸附→洗脱→沉淀→干燥→成品。

盐渍肠衣加工工艺流程为：取肠去油→排除肠内杂物→冲洗→浸

洗→灌水检查→量尺码→腌肠→扎把→储藏。

干制肠衣加工工艺流程为：肠→浸漂→剥油脂→漂洗→腌肠→吹气→干燥→压平→储藏。

（3）胆汁加工技术。胆红素加工工艺流程为：猪胆→破碎→胆汁→皂化→干燥→干粉→超临界 CO_2 脱脂→乙酸乙酯萃取→上层液→浓缩→低温析品→重结晶→洗涤、干燥→精品胆红素。

4. 畜皮毛综合利用

（1）明胶加工利用技术。明胶加工工艺流程为：原料预处理→加热→过滤→离心→浓缩→干燥→成品。

（2）动物毛综合利用技术。动物毛水解蛋白加工工艺流程为：猪毛→清洗去杂→干燥→水解→过滤→沉淀→过滤→洗涤→干燥→粉碎→成品。

5. 禽类加工副产物综合利用

（1）蛋壳综合利用技术。蛋壳制备溶菌酶加工工艺流程为：蛋壳→抽提→过滤→上清液→聚丙烯酸富集→聚凝物→氯化钙溶解→结晶→重结晶→过滤→沉淀→干燥→成品。

（2）鸡毛综合利用技术。鸡毛水解氨基酸加工工艺流程为：鸡毛→预处理→粉碎→酸解→中和→过滤→浓缩→干燥→成品。

（二）水产品加工副产物综合利用

1. 鱼类加工副产物综合利用

（1）鱼粉和鱼油加工技术。鱼下脚料制备鱼粉和鱼油工艺流程如图 7-13 所示。

（2）鱼味香精制备技术。酶解热反应制备鱼味香精工艺流程为：鱼头→前处理→酶解→酶解蛋白液→热处理→鱼香风味物→调配→浓缩→鱼味香精。

（3）鱼皮胶原蛋白及多肽制备技术。鱼皮胶原蛋白及多肽制备工艺流程为：鱼皮原料→破碎→除杂→提取→盐析→透析→胶原蛋白→酶解→多肽。

（4）鱼头和鱼骨中明胶的制备技术。鱼头提取明胶工艺流程为：鱼下脚料→破碎→酶解→鱼头骨→干燥→粉碎→浸酸→水洗→预浸→

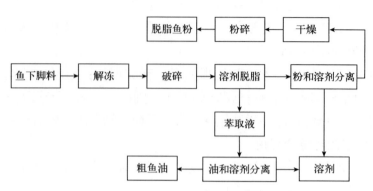

图 7 - 13　鱼下脚料制备鱼粉和鱼油工艺流程

水洗→提胶→离心→过滤→干燥→成品。

（5）香酥鱼骨加工技术。香酥鱼骨加工工艺流程为：鱼骨→解冻→切分→清洗→酶解去肉→调味液煮制软化→烘干→油炸→调味→包装、封口→杀菌→香酥鱼骨。

（6）鱼骨可溶性钙加工技术。鱼骨制备可溶性钙工艺流程为：鱼骨→清洗→蒸煮→清洗→干燥→粉碎→鱼骨粉→酶解→灭菌→离心→可溶性钙液→浓缩→干燥→成品。

（7）鱼酱油制备技术。鱼酱油加工工艺流程为：鱼下脚料→清洗→盐渍→发酵→过滤→滤液→配液→消毒灭菌→检验包装→成品。

（8）鱼鳞制备羟磷灰石技术。鱼鳞制备羟磷灰石工艺流程如图7-14所示。

（9）精巢中鱼精蛋白制备技术。反胶团法分离纯化鱼精蛋白工艺流程如图7-15所示。

（10）鱼皮制革技术。鱼皮革加工工艺流程为：鱼皮→脱脂→盐腌→浸水→浸灰→去肉→脱灰→软件→脱色→浸酸→鞣制→水洗→加油、填充→染色→水洗→干燥→修整→涂饰→干燥→鱼皮革制品。

2. 甲壳类加工副产物综合利用

（1）甲壳类副产物营养价值。甲壳类水产品主要包括虾类和蟹

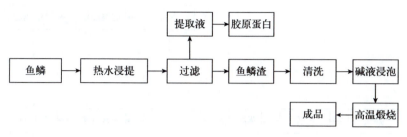

图 7 - 14 鱼鳞制备羟磷灰石工艺流程

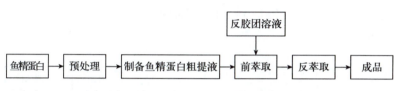

图 7 - 15 反胶团法分离纯化鱼精蛋白工艺流程

类，除鲜销外，大部分虾蟹类水产品被加工成冷冻产品、干制品和罐头制品等。加工过程中产生的虾头、虾壳、蟹壳、蟹脚等下脚料占总加工量的 30%～50%。这些下脚料中仍含有丰富的营养物质，可以通过现代高新技术将其加工成动物饲料、调味品、蛋白粉、壳聚糖和虾青素等高附加值产品，变废为宝。

虾副产物主要包括虾头和虾壳，常规营养成分分别为粗蛋白 36%、粗脂肪 7.78%；蟹副产物主要包括蟹壳、蟹小脚以及附着在蟹壳上的内脏。蟹副产物粗蛋白含量达 21.46%、灰分高达 46.66%，其中钙为 14.58%。

（2）虾副产物综合利用技术。虾头中虾油提取技术如图 7 - 16 所示。

虾壳甲壳素及壳聚糖加工工艺流程为：虾壳→预处理→脱钙→脱脂、脱蛋白→甲壳素→脱乙酰基→壳聚糖。

虾青素提取工艺流程为：虾壳→烘干→粉碎→盐酸浸泡→离心取沉淀→溶剂浸提→离心除杂→浓缩→干燥→虾青素。

虾头酶解制备调味料工艺流程如图 7 - 17 所示。

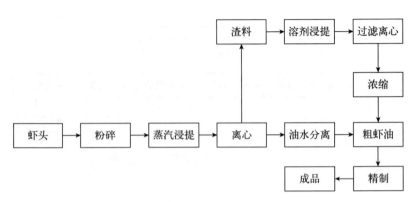

图 7 - 16　虾头中虾油提取技术

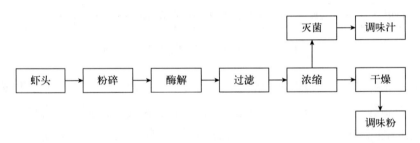

图 7 - 17　虾头酶解制备调味料工艺流程

虾副产物加工成动物饲料工艺流程如图 7 - 18 所示。

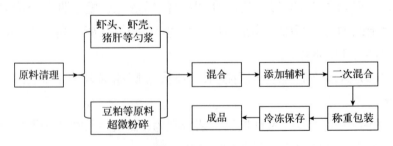

图 7 - 18　虾副产物加工成动物饲料工艺流程

（3）蟹副产物综合利用技术。蟹副产物综合利用途径如图 7 - 19 所示。

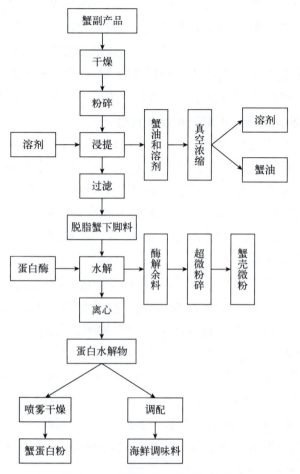

图 7 - 19 蟹副产物综合利用途径

3. 贝类加工副产物综合利用

（1）贝壳综合利用技术。贝壳活性钙提取工艺流程为：贝壳→原料预处理→煅烧→酸溶解→CaCO₃ 沉淀→离心→纯 CaCO₃ 固体→二次煅烧→纯 CaO→葡萄糖酸中和→浓缩→结晶→离心→干燥→葡萄糖酸钙。

贝瓷制造工艺流程为：贝壳→预处理→成型→施釉→烧制→贝瓷。

（2）扇贝裙边综合利用技术。扇贝裙边罐头加工工艺流程为：原料预处理→汤汁制备→装罐→密封→杀菌→冷却检验→成品。

低盐固态发酵法制备裙边酱油工艺流程为：扇贝裙边→清洗→切碎→蒸料→添加小麦→接菌→制曲→低盐固态发酵→淋油→成品。

牛磺酸提取工艺流程为：原料预处理→蒸煮→过滤→沉淀蛋白质→分离牛磺酸成分→离子交换脱盐→浓缩→干燥→牛磺酸。

4. 头足类水产加工副产物综合利用

(1) 鱿鱼皮综合利用技术。鱿鱼属软体动物头足类海产动物，随着我国远洋鱿钓业的发展，鱿鱼已成为我国主要的水产加工原料。据报道，我国鱿鱼的年加工量已达 40 万吨。鱿鱼经加工取得可食部分，剩余的内脏物、皮、鳍部、墨汁等加工副产物，占总比例的 20%～30%。副产物中主要成分为水分 63%、粗脂肪 22.5%、粗蛋白 13.5%、其他 1%。

鱿鱼皮占副产物总重量的 8%～13%，其干物质中蛋白质含量高达 70%～80%，且主要为胶原蛋白。这些副产物中的胶原蛋白得以充分利用，不仅可以提高鱿鱼加工的附加值，同时可以减少环境污染，获得良好的经济效益与社会效益。鱿鱼皮胶原蛋白及多肽的制备技术可以参考本章"鱼皮胶原蛋白及多肽制备技术"。

(2) 头足类肝脏综合利用技术。鱿鱼肝脏鱼油提取纯化工艺流程为：鱿鱼肝脏→提取鱼油→脱胶→脱酸→脱色→脱腥→鱼油。

鱿鱼酱油制备工艺流程为：鱿鱼内脏→破碎→发酵→渣液分离→巴氏杀菌→罐装→成品。

鱿鱼肝脏牛磺酸提取工艺流程为：鱿鱼肝脏→预处理→自溶→除蛋白→纯化→浓缩→干燥→成品。

(3) 头足类墨囊综合利用技术。鱿鱼黑色素提取工艺流程为：墨汁→水洗→调碱→酶解→调酸→干燥→黑色素。

墨汁多糖提取工艺流程为：墨囊→预处理→酶解→过滤→乙醇沉淀→干燥→纯化→墨汁多糖。

(4) 头足类精巢综合利用技术。鱼精蛋白提取工艺流程为：精巢组织→预处理→酸解→乙醇沉淀→干燥→纯化→鱼精蛋白。

(5) 鱿鱼眼综合利用技术。鱿鱼眼透明质酸提取工艺流程为：鱿鱼眼→预处理→浸提→盐析→脱蛋白质→离心→浓缩→乙醇沉淀→超滤→干燥→透明质酸粗品→降解→低相对分子质量透明质酸。

5. 海藻加工副产物综合利用

（1）海藻渣综合利用技术。藻渣膳食纤维提取工艺流程为：藻渣→浸洗→粗纤维制备→酶解→脱水→干燥→粉碎→成品。

（2）海藻废弃液综合利用技术。褐藻胶废渣液生产高黏度海藻粉工艺流程为：废渣液→钙析→脱钙→脱水→中和转化→造粒→烘干→成品。

第三节 案例分析

案例1：山东龙力生物科技股份有限公司

（一）企业简介

山东龙力生物科技股份有限公司（简称龙力生物）成立于2001年6月。公司是以玉米芯、玉米为原料，采用现代生物工程技术生产功能糖、淀粉及淀粉糖等产品，并循环利用功能糖生产中产生的玉米芯废渣生产第二代燃料乙醇等新能源产品及木质素等高分子材料产品的生物质综合利用企业。

公司被评为国家高新技术企业、全国低碳发展突出贡献企业、中国食品添加剂和配料行业百强企业、中国轻工业食品配料行业十强企业、全国淀粉糖行业二十强企业、中国营养产业三十强企业、全国食品安全示范单位。荣获"环境企业影响力大奖""全国轻工业卓越绩效先进企业特别奖"，获得"山东省名牌产品"称号，龙力生物荣获"绿色典范"、节能环保示范企业奖等。在2015年由国家质量监督检验检疫总局、中国品牌建设促进会和中央电视台等单位联合举办的中国品牌价值评价中，龙力生物以42.49亿元居全国自主创新品牌第七位。

（二）典型模式

该模式以玉米、玉米芯、玉米秸秆为原料生产功能糖、淀粉糖等产品，并循环利用功能糖生产中产生的玉米芯废渣生产第二代燃料乙醇等新能源产品及木质素等高分子材料产品，通过对产生的污水治理回收沼气进行发电，最终将玉米芯"吃干榨净"、变废为宝，实现节能减排和绿色循环。2016 年主营业务收入 64 562 万元，纳税 2 515 万元。

案例 2：湖北省潜江市华山水产食品有限公司

（一）企业简介

湖北省潜江市华山水产食品有限公司成立于 2001 年，是一家具有自营进出口资格的外向型民营企业。公司主要产品有淡水小龙虾仁、整只虾、美国斑点叉尾鲴、罗非鱼以及龙虾副产品如甲壳素及其衍生物等生物制品。华山水产现有 3 座独立的无菌恒温加工车间，年加工水产品能力为 4 万吨；1 座龙虾副产品加工车间，年处理废弃虾壳能力为 2.5 万吨。公司是农业部确定的"第一批全国农产品加工示范企业""全国农产品加工出口示范企业"，被湖北省人民政府授予"优秀龙头企业""守合同重信用企业""出口十强龙头企业"。2007 年，公司被湖北省科技厅认定为湖北省高新技术企业。2008 年 8 月，已被农业部等八部委联合认定为农业产业化国家重点龙头企业。

（二）典型模式

该模式利用废弃虾壳加工成甲壳素及其衍生产品，衍生品有氨基葡萄糖、壳聚糖、高密度壳聚糖、N-乙酰-氨基葡萄糖等高附加值产品，并将废水中壳蛋白和虾色素回收利用。2016 年生产甲壳素 4 000 吨，氨基葡萄糖盐酸盐粉剂 1 000 吨，钾盐、钠盐 400 吨，高密度壳聚糖粉剂 200 吨，N-乙酰-D-氨基葡萄糖粉剂 400 吨，实现产值 3.2 亿元。

案例 3：安琪酵母（德宏）有限公司

（一）企业简介

安琪酵母（德宏）有限公司成立于 2011 年 11 月 7 日，注册资本 1.2 亿元人民币，位于云南省德宏傣族景颇族自治州陇川县景罕镇，占地 113 亩，是由安琪酵母股份有限公司、英茂糖业共同出资组建的合资企业。公司一期项目固定资产投入 3.5 亿元，流动资金 8 000 万元，致力于延伸蔗糖产业链，增加产品附加值，引进酵母、生物有机肥等新项目，积极为地方经济社会发展作贡献。

（二）典型模式

该模式利用糖厂副产物糖蜜生产高活性干酵母，高浓度废水生产有机肥料。2016 年消化糖蜜累计 135 200 吨，生产酵母 24 574 吨，利用高浓度废水生产有机肥料 33 017 吨，实现销售收入 35 697 万元，产值 36 133 万元，上缴税金 1 070 万元。该模式延长了蔗糖产业链，起到了有效的示范作用。高浓度废水制肥的实施，充分发挥了节能减排的潜力。

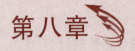

第八章

农 产 品 流 通

随着我国农村一二三产业的融合发展，农产品加工流通业新业态、新模式不断涌现。以引领消费需求为导向、现代信息技术为支撑、全产业链融合创新为核心构建大物流平台，是新时代农产品加工流通业发展的趋势和要求。

第一节　农产品流通内涵

一、农产品流通概念

农产品流通包括农产品从产地向销地的实体流动中所涉及的生产、收购、运输、储存、加工、包装、配送、分销、信息处理、市场反馈等众多环节。农产品流通对农产品生产具有重要意义，特别是对保鲜、时效等要求较高的农产品，如果没有高效的流通模式和完善的物流体系，将导致农产品流通不畅，从而直接影响农业产业化的进程和农民收入的增长。

二、农产品流通时代需求

进入新时代，高效、安全、健康、绿色、智能、生态发展是农产品流通的发展趋势。

1. 由高速增长向高质量发展的现代农产品流通　农产品流通正由高速增长向高质量发展转变，不仅追求速度和规模，而且要求质量和效益并重。随着数字生产、数字流通、数字消费的出现，以消费和市场为中心的"拉式供应链"成为趋势，农产品流通迎来新发展阶段。

2. 国家宏观调控下的农产品有序流通体制　农产品流通的目标是国家宏观调控下的商品有序流通。农产品流通既需要靠政策、靠投资，更要靠市场。应处理好政府与市场的关系，充分发挥市场的作用，同时还要考虑到政府产业政策及其有效引导。公益性农产品流通市场的建设只有以市场为基础，才能够发挥好的作用。

3. 数字农产品电商发展

（1）农产品数字化。现代商品由实物商品、服务商品、体验商品构成，数字化商品是"三位一体"的体系，通过农产品数字化，实现农产品安全健康的标准化、信息化、可追溯，保护消费者利益。

（2）交易数字化。当网上交易尚未发生时，数字化已把即将交易的品种、数据、时间告诉给提供者。于是就有了一些新概念：前置仓概念出现；C2B（Customer to Business，即消费者到企业）、C2F（Customer to Factory，即消费者对工厂）、S2B（Supply chain platform to Business，即供应链平台到企业）、CSA（Community Supported Agriculture，即社区支持农业）、B2B2C（自营＋商家入驻）、O2O（Online To Offline，即在线离线/线上到线下）模式创新出现；交易指数出现。

（3）支付数字化。农产品批发市场的卡基支付、网络支付、移动支付、其他支付（电话支付、自动取款机支付、刷脸支付等生物支付）广泛应用。

（4）物配数字化。交易场内的物流管理、车流管理、ETC 不停车电子收费系统、冷链库管理、产品区块链管理、质量检测管理等。

（5）商户（会员）数字化。商户（会员）动态管理、摊位收费及租转管理、商户（会员）的数字化服务、商户（会员）水电气管理、商户（会员）广告管理、商户（会员）自由报税管理等。

（6）市场功能数字化。交易功能、支付功能、物流功能、信息功能、旅游功能的数字化等。

（7）供应链数字化。市场供应链经历了链主供应链、平台供应链、生态供应链，其最终目标是数字化供应链，探索"拉式供应链"的模式创新。

4. 中国特色的"金字塔"农产品市场体系　我国逐渐形成了具有中国特色的市场体系，拥有全球最多的农产品市场、拥有各类农产品市场、拥有最大的市场集群。当前，农产品实体批发市场仍然是主要流通渠道，占70%左右。从农业信息化到农产品电商的发展过程中，我国各类农产品网上交易十分活跃，农产品电子商务体系包括网上农产品期货交易、网上农产品期权衍生品交易、大宗农产品电子交易、农产品网络 S2B（Supply chain platform to Business，即供应链平台到企业）、农产品"新零售"、实体企业 O2O（Online To Offline，即在线离线/线上到线下）交易、农产品网上交易会等，即所谓农产品电商的"金字塔"结构体系已经形成并在发挥巨大作用。

第二节　农产品流通主要模式

借鉴农产品供应链理论，围绕农产品供应链核心企业，通过对信息流、物流和资金流的控制，把农产品从农资供应、农产品生产、采购、加工、运输，最后由销售网络把产品运到消费者手中，进而将生产者、核心企业、分销商直到消费者连成一个整体的功能性网链结构模式。基于现代批发市场的推动式供应链体系，包括核心企业主导模式、批发市场主导模式、加工企业主导模式、零售企业主导模式、第三方物流整合模式 5 种模式。

一、核心企业主导模式

在农产品供应链的自组织过程中，总会有一个供应链节点参与者充当整个供应链的发起者，这个节点的参与者可以是生产者、加工企业、批发商、零售企业或者第三方物流等。而该供应链上的核心企业是否具有良好的协调能力，关系着这条供应链最终运作效果的好坏以及整体竞争力的大小。核心企业主导管理模式是农产品供应链上的核心企业通过自身的行为，在市场机制的调节下，对农产品物流实行全程管理、全员管理、全程优化，使得农产品在生产、储藏、加工、运输、销售等诸多环节有必要的保证。

二、批发市场主导模式

在我国传统的农产品物流模式中，农产品物流是生产者、加工企业、零售企业分段执行，都是小规模的零星物流。物流配送的成本高、效率低，配送的可靠性得不到保障。

当运行以批发商为主导的供应链模式时，其主要流程是批发商通过农户集散农产品。这种模式主要用于农产品中类似粮食等大宗农产品的流通中。在这种模式的运行下，批发商一边与小生产者（农民、农民合作组织、家庭农场等）以及农产品加工企业对接，另一方面与零售企业对接。因此，农产品批发商可以接受零售订单并且直接转向生产者（农民、农民合作组织、家庭农场等）和加工企业订货，见图 8-1。

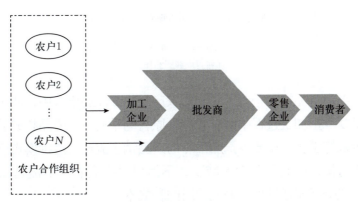

图 8-1　以批发商为主导的农产品加工流通模式

（陈丽华等，2015）

这种模式中，批发商设立专门用于信息采购的部门以及专门搜集整理农产品需求和价格信息的部门，并且利用现代化信息技术将信息及时准确地回馈至供应链成员,以便于帮他们作出正确的决策。以批发市场为主导的农产品加工流通模式并不属于传统的"两阶段"批发市场模式,它是集合了信息搜集、共享功能于一体的现代化模式。

三、加工企业主导模式

以加工企业为主导的农产品加工流通模式是指农产品不经过传统的批发商这个中间环节,而是由主导供应链的加工企业直接销售给各级零售商,见图8-2。

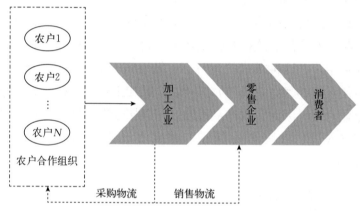

图8-2　以加工企业为主导的农产品加工流通模式

(陈丽华等,2015)

在以农产品加工企业为主导的农产品加工流通模式中,加工企业不仅仅要承担加工过程中所有农产品原料的采购、半成品和成品的加工、运输等工作,还要承担加工后的产品销售流通。这种模式产销直接联系对接,中间环节大大减少,不但可以提高农产品流通配送速度,还能降低流通过程中消耗的时间和成本。

加工企业与农户建立"利益共享、风险共担"的紧密联结关系,以低投入获得稳定的加工原料供应,还可以根据市场行情进行二次结算。这种方式可以提高农民参与市场的能力和生产积极性,同时也能分享到农产品加工和流通环节的增值收益。这种模式必须把流通职能融入农产品加工企业内部，科学管理内部化的流通职能，提高整个供应链效率。

四、零售企业主导模式

在以零售企业为主导的农产品加工流通模式中，零售企业可以直接面对消费者，见图 8-3。这种模式的优点是，零售企业能获得第一手最直接的信息资料，如市场需求等。当零售企业持有详细充分的信息、强大流通信息网络时，加工企业与零售商充分合作，可以实现信息共享、利益双赢的局面。环境的变化使得加工企业越来越倾向于加强与零售商的合作，并使零售商在供应链中拥有比以往更重要的主导权。

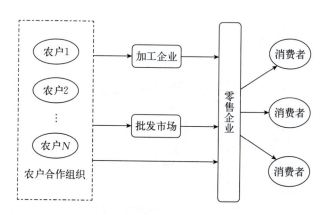

图 8-3　以零售企业为主导的农产品加工流通模式

(陈丽华等，2015)

投资建设自己的现代化农产品物流配送中心是目前大型零售企业的必行之路。这种隶属于自己企业的物流配送中心实行统一的配送，可以在企业内部形成一个稳定运行、完全受控的物流系统，从而满足零售点对农产品的各种要求，如多个不同品种、不同批次、一定数量并且及时配送等。与传统农产品加工流通模式相比，这种新模式减少了很多中间繁杂环节，更便于实施生产源头卫生安全控制，使产品的品质、数量与价格最大限度地适应市场需求。

五、第三方物流整合模式

(一) 第三方物流整合模式流程

由于生产与流通之间缺乏有效的协作互动，目前物流的整体优化还有待继续完善。因此，农产品加工流通的核心企业主导模式虽然从局部看是高效的，但实际上是比较散乱且缺乏效率的。我国目前农产品加工流通的发展趋势是将农产品流通配送功能从加工企业和零售商处剥离出来，单独交给专业的第三方物流企业来完成。使整条物流链的各个节点参与者都能转至自己的工作，农民合作组织和各个分散的农户转至农产品生产，加工企业转至农产品后期加工，零售企业转至农产品进入市场后的销售，见图 8-4。

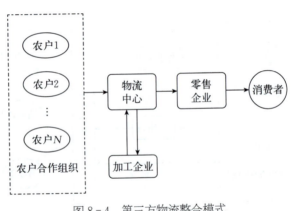

图 8-4　第三方物流整合模式

(陈丽华等，2015)

(二) 第三方物流整合模式优点

1. 依靠契约制度保障运行　第三方物流商通过完成合同规定的服务方式来获取报酬，而客户则支付费用享受第三方物流商提供的物流服务。契约把合作双方联结在一起，实现利益共享。而第三方物流商在运作时，从采购、配送、交验、结算、付款等都有严格的约定和评价考核标准，这为农产品加工流通业务的顺利开展提供了保障。

2. 专业化　第三方物流企业所提供的农产品物流服务与技术都

是相对专业化的，它比其他生产企业、加工企业等都更专注于物流方面的技术和设施建设。例如，购置专门的冷链冷藏集装箱、建设冷链冷藏仓库进行农产品的储存保管等。

3. 对农产品市场的响应迅速　规范科学作业的农产品物流，可使整个物流时间大大减少。第三方物流企业借助其专业的物流设施、计算机信息系统和自动化系统，可使资源调度在短时间内完成，从而对农产品市场作出及时迅速响应。

4. 准确、及时、全面的农产品物流信息　充分利用市场信息，将供应商与销售商联系起来，促成交易，平衡需求。因此，这种市场信息必须真实可靠、及时全面。第三方物流企业的信息优势比较明显，通过建立专属的信息网络系统，快速收集相关信息并科学处理信息。这种方法可以及时全面地了解农产品市场的相关信息，并且加以使用。

第三节　农产品流通平台

农产品流通平台包括农产品生产系统、供需调度系统、信息系统。

一、农产品生产系统

对接居民营养健康需求，建设集成生产标准、组织管理、质量安全"三位一体"的现代农产品生产系统，从源头保障农产品稳定供应和产品品质。

二、供需调度系统

通过建立农产品加工物流需求数据库、生产数据库、供应数据库和运输数据库，利用供需大数据信息构建供需调度系统。需求数据库对通过每条供应链渠道上收集的信息分析后，按照分析结果预测出产品和服务需求；生产数据库包括定制、定装、加工、批量、定存等环节；供应数据库包括需求量、期初库存量和期末储备量、供应量等；

运输数据库应考虑配送日期、交通状态、运输公司等不同限制因素，提出最优化的产品交运、配送等过程安排，如所需重量、体积、货盘数等。

三、信息系统

利用"5G＋大数据＋云平台"等现代信息技术、信息平台、信息装备等，围绕农产品的生产、加工、流通、消费等全过程进行信息的采集、交换、传输和处理，构建健康食品数据库、人类营养健康指标数据库、食品营养与人类健康平衡模型，实现农产品（食品）供应方、需求方、配送方、储存方等的有效协调和无缝连接，构造出高效率、高速度、低成本的农产品加工流通供应链。信息系统主要由信息化标准、基础信息技术及设施、事务处理系统、信息管理与决策系统、电子商务系统、资源计划系统等构成。

集成农产品生产系统、供需调度系统、信息系统等于一体的"5G＋大数据＋云平台"的公益性和开放性的农产品流通平台，见图8-5。

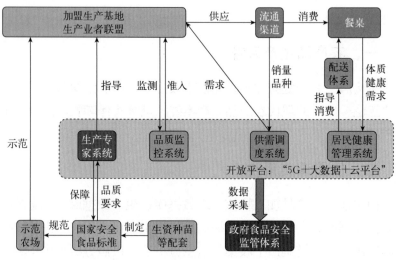

图8-5 农产品流通平台构建

(陈丽华等，2015)

第四节　案例分析

案例1：中国洛川苹果批发市场

洛川是国内苹果的最佳优生区，洛川60万亩耕地上种了50多万亩苹果，农民人均果园面积3.1亩，居全国之首；"洛川苹果"品牌价值逾30亿元。把批发市场建在优势农产品产地是国际大趋势。2011年2月26日，时任农业部部长韩长赋在洛川调研后，认为洛川苹果产业基础较好，具备建设大市场的条件。随即把全国唯一的建在农产品原产地的国家级苹果批发市场建在了洛川。2011年10月11日，国家级洛川苹果批发市场正式启动建设。

国家级洛川苹果批发市场规划总占地13平方公里，核心区占地5 000亩，概算总投资58亿元。自2011年开始建设以来，截至2015年3月，已累计投资15亿元。总投资2.65亿元的中国·洛川苹果国际会展中心已建成投入使用；总投资2 300万元的中国洛川苹果博览馆和洛川苹果信息中心，自开馆以来接待全国各地果农、果商及企业参观达3万人次，对全国苹果产业的带动示范作用初步显现。会展中心、信息中心等主体建筑拔地而起，高标准地完成了绿化、亮化、排水、排污等工程项目。市场里到处绿意融融，自在随意的花草、精致的盆景苹果、功能性与休闲性一体的设计，使洛川苹果批发市场与别的农产品批发市场呈现出截然不同的面目。

继续建设完善苹果标准化生产示范区、会展中心区、交易仓储区、物流配送区、农资交易区、产业加工区、科技研发区、苹果文化展示区、配套服务区及金融服务区十大功能区。建成后将成为中国乃至国际苹果标准化生产示范中心、物流集散中心、价格发现中心、信息传播中心、科技交流中心、会展贸易中心、文化交流展示中心及金融服务中心，全国唯一的国家级苹果批发市场，成为引领中国苹果产业走向世界的"航母"。

案例2：山东昌邑生姜产地批发市场

昌邑的生姜流通集散功能尤为突出，是全国最大的生姜集散地。2017年，昌邑生姜市场年交易总量达166万吨，集散交易规模已占山东生姜总量的27%、全国生姜总量的16%，对整个环渤海生姜优势区起到了极其重要的带动作用。昌邑现已形成以大型交易市场为中心，紧密联结乡镇中小型批发周转市场稳定互动的市场网络体系。其中，山东宏大生姜市场年交易量106万吨，占昌邑生姜年交易量的63.9%；琨福生姜批发市场年交易量30万吨，占昌邑生姜年交易量的18%；其他小型市场年交易量共30万吨，占昌邑生姜年交易量的18%。以产地市场为主导的产业规模与产业集聚已显现初态，辐射周边县市的带动效应显著。2014年，全国唯一生姜价格指数"中国生姜指数网"落户昌邑，成为全国生姜每日价格的发布中心和风向标。主要做法：

（一）构建生姜全链条标准体系

1. 完善生姜种植标准体系　加大生姜品种选育力度，完善生姜品种品质特性及加工适宜性分析，制定特定生姜品种种植标准，用以指导规范化种植。健全和完善以农药残留限量、精准施肥减量为重点，覆盖生姜种植产地环境、生产过程控制、采收储藏运输等关键环节的农业标准体系。完成生姜采后预处理、储藏保鲜、分等分级、商品化处理等标准的制修订。在农机领域重点研制生姜耕种收储相关机械产品标准和保护性耕作、深松作业技术标准。

2. 加强生姜加工标准化体系建设　完成生姜加工制品标准的制修订，完成与原料控制、产品质量控制相关的检测方法标准的制修订。鼓励企业和科研单位把技术创新与生姜加工标准基础研究结合起来，提高标准制定的科学性和适用性。整合生姜加工标准信息资源，建立并完善生姜加工标准服务平台与相关行业网络的链接，逐步改变生姜加工标准信息资源分散、交流不畅等问题，为推动生姜加工产业升级、提升生姜及其加工制品国际竞争力、促进生姜加工业健康发展，提供有力的技术支撑。

3. 提升现代生姜服务业标准化水平　以生姜商品物流、城乡配送物流标准体系建设为重点，加快物流信息化和物流技术装备标准的制定，综合运用标准化手段，带动生姜绿色物流产业发展。运用"标准化＋旅游"的理念，推动旅游业与生姜种植、加工、仓储物流等相关环节相融合，推动生姜康养文化旅游业与金融、互联网的融合发展，加快生姜产业相关文旅企业的标准体系建设。加大标准推广服务力度，加大宣传贯彻和培训力度，促进社会各主体正确、有效地执行标准。

（二）加快发展生姜加工业

1. 延伸加工链条　延长生姜加工链条，提高生姜产业经济效益。重点发展五大品类生姜产品加工，即厨房系列产品，包括姜汁、姜丝、姜粉等产品；休闲食品，包括姜糖片、姜脯、姜条等；康养食品，包括姜茶、姜洗发水、姜面膜等；精深加工产品，包括姜酚、姜酒、姜黄素等活性成分分离提取及相关功能性产品；副产物综合利用产品，主要包括姜皮、姜芽菜、膳食纤维等相关产品。生姜加工链条见图 8-6。

2. 提升精深加工水平　在改善现有传统生姜加工工艺技术的基础上，引进绿色节能干燥、超微粉碎、新型非热加工、新型杀菌、高效分离等先进加工工艺，降低能耗，提高加工效率及活性成分的提取效果，增加姜精深加工利用率；开展酶工程、发酵工程及蛋白质工程等生物制造技术研究与装备研发，提高生姜加工生产技术装备水平；开展姜芽、姜皮、姜渣等副产物梯次加工，实现生姜全组分高值化利用。

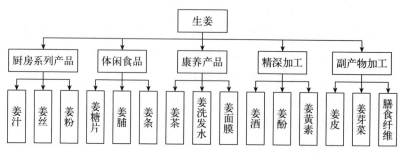

图 8-6 生姜加工链条

3. 引导产业集聚发展　以生姜加工园区建设为重点，打造农产品加工产业集聚的平台，结合昌邑城镇发展态势，突出产业特色。配套完善水、电、路、气、厂房等基础设施。以园区为载体，在税收、费用减免、金融服务及征用土地上制定相关优惠政策，通过优惠政策和产业协作，创造良好的招商引资政策环境，吸引生姜加工及其配套企业向园区聚集。横向拓展产业规模，纵向完善产业链条，形成一批特色明显、产品知名、上下游紧密联结的生姜产业集聚群。

（三）提升现代流通水平

1. 完善仓储设施建设　以"安全、便捷、共享、集中"为原则，合理布局，加快现代化仓储设施建设，突出发展冷藏保鲜库。以生姜交易市场为主体，建设大型仓储设施；以生姜合作社为主体，建设生姜产地初加工中心；以生姜专业村村集体为主体，充分利用闲置的集体建设用地，建设集中的仓储设施，包括改良式储藏窖、简易冷藏库（通过增加保温材料、制冷设备等，将现有闲置房屋、窑洞改建为冷藏库）和组装式冷藏库。

2. 促进交易方式现代化　完善现货交易，推广网上交易，探索发展期货交易和中远期交易。促进生姜现货对手交易采用统一的电子结算方式。从实用、快捷、高效的角度出发，应用 IC 卡电子结算系统，建立交易台账数据库，由市场服务管理机构对每笔交易进行统一结算。建立网上交易平台，推广网上现货交易，探索网上拍卖。利用主产区、集散地、价格指数发布地等优势，探索发展生姜期货，实现生产经营套期保值，满足避险需求。探索标的非现期生姜中远期合同交易，通过合约在较长的时间内锁定生姜价格，规避风险。

3. 发展新兴流通业态　推动生姜流通现代化与信息化，发展农超对接、农社对接、电子商务等新型流通业态。鼓励合作社及专业村与国内大型连锁超市建立直销关系，建设生姜农超对接基地。发展农社对接，支持合作社、专业村或企业与周边地区的大型社区建立紧密的产销合作机制，直供包括生姜在内的系列生鲜农产品，形成生姜地产销对接的短链流通。发展电子商务，引导相关商业网点以信息技术改造传统营销模式，大力推广应用时点销售系统、管理信息系统，全面提高企业管理水平，提升整体效率。

（四）质量安全保障体系

1. 生姜质量检测中心　建设生姜质量检测中心，强化检测与研发能力提升，打造集检验检测、标准信息、科技创新、质量提升于一体的综合公共技术服务平台，提供多元化、国际化的生姜产品检测服务，为企业转型升级提供有效的科研服务，为企业发展提供引导性的服务。加大对市农产品质量检测中心及乡镇质量检测站的资金投入力度，引进先进检测技术和设备，增加生姜功能指标检测能力，提高检测精度；组织开展良好实验室操作规范（GLP）认证工作，建立和完善生姜质量安全评价体系，实现生姜质量监测水平与国际接轨，为生姜出口贸易服务。

2. 质量安全追溯监管平台　按照"生产有记录、信息可查询、流向可跟踪、质量可追溯、责任可追究、产品可召回"的基本要求，建设生姜生产质量安全追溯监管平台门户网站，开发设计易用的生姜追溯终端App。运用二维码等信息技术，通过建设生姜质量安全追溯管理平台，配备质量安全追溯管理的软硬件设施，重点加强对农产品生产、经营记录、档案登记，以及生产者、基地环境、投入品使用、田间管理、加工包装等信息的登记管理，实现生姜生产全过程的信息可追溯、生产物料可追溯、生产责任可追溯，确保生姜产品质量安全。

案例3：首都某集团下属农场安全健康食品供应平台

为深入实践新版《食品安全法》，依托首都某集团农业品牌影响力，对接行业发展新趋势，挖掘其下属农场发展新动能，该农场 2019 年与在农业科技和信息技术单位联合，制定并实施"从田头到餐桌"全链条的安全健康食品标准，打造基于"5G＋大数据"的首都安全健康食品运营平台，保障首都食品安全和稳定供应，引领首都市民健康消费升级，形成以首都北京为核心辐射带动京津冀世界级城市群乃至全国的典型模式。

（一）首都安全健康食品供应体系建设内容

1. 打造基于"5G＋大数据"的首都安全健康食品运营平台 建设首都安全健康食品运营云数据中心，以新业态组合运营品牌、政策、科技、产业、文化，保障首都食品安全和稳定供应，引领首都市民健康消费升级。

2. 构建具有示范和服务功能的支撑体系 定位为运营平台的技术和信息服务功能，是运营平台的支撑平台。以首都某集团为核心，制定并实施"从田头到餐桌"全链条的安全健康食品标准，探索形成"总部＋全国基地"的典型模式。

（二）建设项目组织保障体系

该农场拟联合相关领域涉农科研单位和企业，发挥各自优势共同建设（图8-7）。

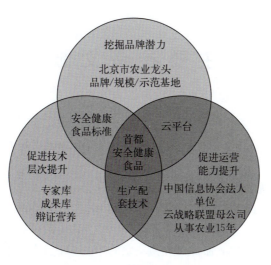

图 8-7 项目组织保障体系架构

主 要 参 考 文 献

陈丽华，金弘泰，侯顺利，等，2015. 农产品流通体系创新管理［M］. 北京：北京大学出版社.

陈林，2019. 果蔬储藏与加工［M］. 成都：四川大学出版社.

金昌海，2016. 果蔬储藏与加工［M］. 北京：中国轻工业出版社.

李新华，董海洲，2009. 粮油加工学［M］. 北京：中国农业大学出版社.

刘丽莉，2019. 畜禽与水产品副产物的综合加工利用［M］. 北京：化学工业出版社.

刘新社，聂青玉，2018. 果蔬储藏与加工技术．［M］. 2版. 北京：化学工业出版社.

刘秀玲，王中华，2017. 畜产品加工技术［M］. 北京：中国轻工业出版社.

卢元翠，2015. 农产品加工新技术［M］. 北京：中国农业出版社.

秦文，张清，2019. 农产品加工工艺学［M］. 北京：中国轻工业出版社.

单杨，2010. 中国果蔬加工业现状及功能特性研究［J］. 农业工程技术（农产品加工业）：6 - 8.

孙君社，秦垂新，等，2016. 优质道地药材种植管理模式及实践［M］. 北京：中国农业科学技术出版社.

孙君社，王民敬，等，2016. 现代农产品加工产业升级模式构建及评价［J］. 农业工程学报，32（21）：13 - 20.

孙君社，王民敬，等，2020. 辩证营养学及营养与健康工程体系构架研究［J］. 农业工程学报，36（6）：317 - 322.

孙君社，郑志安，等，2015. 现代道地中药材生产工程模式构建及评价［J］. 农业工程学报，31（17）：308 - 314.

王民敬，孙君社，等，2016. 基于四属性的现代农产品加工模式构建及评价［J］. 农业工程学报，32（11）：1 - 7.

邹礼根，赵芸，等，2013. 农产品加工副产物综合利用技术［M］. 杭州：浙江大学出版社.